Mujeres: la sexualidad secreta

Patricia Politzer
Eugenia Weinstein

Mujeres: la sexualidad secreta

Grijalbo

Mujeres: la sexualidad secreta

Primera edición en España: septiembre, 2005
Primera edición en México: enero, 2010

www.rhmx.com.mx

Comentarios sobre la edición y el contenido de este libro a:
literaria@rhmx.com.mx

ISBN 978-607-429-774-4

Impreso en México / *Printed in Mexico*

A nuestros hijos y sus parejas

Índice

El amor es el fruto del conocimiento y crece a medida que ese conocimiento es más verdadero.

Leonardo da Vinci

Para empezar a conversar

¿Vas a firmar el libro con tu nombre? La primera vez que me lo preguntaron pensé que era una broma y me reí a carcajadas. A la tercera, comprobé la imperiosa necesidad de publicarlo cuanto antes. Y, por supuesto, con mi nombre.

Sé —porque también lo escuché en los últimos meses— que más de uno se preguntará: ¿qué hace una periodista como ella escribiendo un libro como ése? Lo primero que habría que subrayar es que los periodistas como yo, y también los que son muy distintos a mí, tienen mucho que decir sobre sexo. Al igual que los ingenieros, los banqueros, los panaderos, los gerentes, los obreros, los magos, los ricos, los pobres, los altos, los bajos, los ministros, los alcaldes, los genios, los necios, los bellos y los feos. Los jóvenes y los viejos. Nadie se salva, ni siquiera los que optan por la castidad, que es simplemente (o complicadamente) otra forma de encarar el asunto. No importa cuáles sean nuestras características personales, nuestra cultura o nuestra religión, todos los seres humanos estamos marcados por nuestra sexualidad. Incluso aquellos que frente a la pregunta de sus hijos o nietos arrugan la nariz y responden que «de eso» ellos no tienen.

Sin embargo, el hecho de que todos tengamos sexo no significa que se pueda hablar de él abiertamente y, lo que es peor, tampoco asegura que se practique con placer y sabiduría.

Por el contrario, al comenzar el tercer milenio, en el mundo entero abundan las investigaciones en las que millones de hombres y mujeres reconocen no disfrutar demasiado de este manjar divino. La frigidez, la eyaculación precoz y, últimamente, la falta de deseo afectan a una cantidad enorme de seres humanos.

Durante años escuché a mi amiga Eugenia Weinstein —prestigiosa psicoterapeuta— lamentarse de la ignorancia en torno a la sexualidad femenina. Contaba que hay mujeres que ni siquiera saben dónde está el clítoris. Pero lo más insólito era descubrir que los ignorantes no eran seres extraños sino la más amplia gama de hombres y mujeres, incluyendo a sus alumnos de psicología y hasta médicos que siguen creyendo que si el orgasmo no es vaginal, no vale.

Una hermosa tarde de enero, en 1997, al oírla por enésima vez quejarse sobre esta realidad que la obligaba a dictar verdaderas clases de conocimientos básicos en su consulta, le propuse emprender esta aventura conjunta para ampliar el número de sus beneficiarios.

No demoró ni un segundo en aceptar la oferta, y tres días después estábamos grabando las primeras conversaciones sobre «la sexualidad secreta».

Durante un año, nos juntamos aplicadamente cada semana para descubrir en qué está el sexo después de un siglo irreverente, que trasladó la cama desde la privacidad del dormitorio a la sobremesa del salón.

Un siglo remecido, primero, desde Viena por el gran Sigmund Freud y, luego desde Estados Unidos, por el zoólogo Alfred Kinsey que se atrevió a preguntarle a más de dieciocho mil norteamericanos cómo se comportaban a la hora del sexo. Y como si esto fuera poco, los famosos William Masters y Virginia Johnson decidieron llevar el sexo al laboratorio para escudriñarlo hasta lo más profundo. Las feministas lanzaron sus sostenes al aire y la píldora anticonceptiva permitió a millones de mujeres gozar por primera vez sin temor al embarazo. Un siglo que termina con la invención de otra píldora, esta vez para la erección infalible. Esa erección que los pueblos primitivos unían al espíritu y la trascendencia, y a la que los hombres posmodernos se aferran desesperados en busca de seguridad, poder y quizás también felicidad.

Pero nuestro objetivo no era teorizar sobre la revolución sexual del siglo xx sino examinarla para hablar del sexo femenino sin ambigüedades ni eufemismos. Pensamos que mi oficio como comunicadora y su experiencia clínica hacían el matrimonio perfecto para adentrarnos en la intimidad humana, no sólo para entenderla sino también para poder transmitirla a los demás en un lenguaje claro y directo. El mismo que usan sus pacientes cuando, por fin, se atreven a confesar, en el secreto de la consulta, lo que realmente sienten y quieren.

Algunos encontrarán en estas páginas verdades que duelen, más vale que las consideren en vez de negarlas. No son producto de ninguna nueva teoría ni estudio de laboratorio, son realidades que, en los últimos veinticinco años, han salido de la boca de cientos de mujeres que buscaban ayuda para una vida mejor.

La reacción de algunos de nuestros amigos no ha dejado de sorprendernos. Aquellos hombres modernos y liberales, de quienes esperábamos efusivos aplausos por nuestro trabajo, nos miraron con recelo, se sintieron agredidos, como si de repente alguien pudiera descubrir que no eran tan conocedores ni expertos. Por el contrario, aquellos otros a quienes considerábamos más bien machistas, anticuados y conservadores nos recibieron con los brazos abiertos, agradecidos y ávidos de saber.

Amablemente, algunos nos advirtieron lo peligroso que resulta que una mujer aparezca como experta en materia sexual. Agradecemos la observación, pero creemos que a estas alturas de nuestras vidas quizás pueda resultar atractivo ser viejas sabias... Ojalá a nadie se le ocurra mandarnos a la hoguera y quemarnos en la plaza pública.

PATRICIA POLITZER
La Reina, Chile, 30 de julio de 1999

POSDATA

La primera vez que un hombre nos agradeció que hubiésemos escrito *Mujeres: la sexualidad secreta* nos colmó de satisfacción. Aún temíamos que hablar tan directamente de la sexualidad de todos los días podría llevarnos a la hoguera.

Nos equivocamos drásticamente, nadie quiso quemarnos en la plaza pública, ni siquiera se amilanaron los hombres frente a estas dos mujeres que parecían saber tanto de sexo. Por el contrario, esta criatura sólo nos ha traído sorpresas alentadoras.

Después de cuatro años de ventas ininterrumpidas, todo indica que se trata de un long-seller de esos que no se agotan porque siempre hay alguien que quiere saber, o alguien que quiere que otro sepa... Son muchas las mujeres que encontraron en estas páginas información, explicaciones, novedades, experiencias y, sobre todo, comprensión ante sus propias vivencias. Algunas profirieron alabanzas desmedidas más propias de su entusiasmo que de su realidad. Otras, en cambio, fueron de una profunda sinceridad, como aquella joven psicóloga que nos escribió para contarnos que «el libro me abrió los ojos frente a algunos mitos que a los treinta y un años, y siendo una profesional universitaria, todavía tenía».

Escribimos *Mujeres: la sexualidad secreta* con especial cuidado y afecto hacia los hombres, no queríamos un libro feminista y antihombres. Creemos que el sexo de calidad es aquel que se practica entre dos y bien, con responsabilidad y sabiduría compartida aunque sólo sea en un encuentro casual. Pero la verdad es que no imaginamos que el éxito entre los hombres sería tan rotundo. Lo regalan, lo leen y hasta afirman sin tapujos —como lo hizo hace apenas unas semanas el gerente de un medio de comunicación— que el libro le cambió la vida. Hemos oído ese comentario cientos de veces. Nos emociona y enorgullece por la contribución que pudimos hacer a la felicidad de muchas personas.

Si bien los hombres estaban dentro de nuestro público objetivo, lo que no previmos fue la avidez con que lo recibieron las nuevas generaciones. Pensábamos erróneamente que los temas aquí tratados ya eran asunto resuelto y banal para los jóvenes del siglo XXI. La realidad parece ser otra.

Sin duda, los jóvenes de hoy son mayoritariamente más liberales que sus padres y abuelos. Las parejas llegan a la cama sustancialmente más rápido. Los miramientos para tomar la decisión se desvanecen sin demasiada reflexión. Sin embargo, la falta de trabas para tener sexo no parece asegurar la calidad de la relación. Por el contrario, la presión social que los obliga a ser auténticos tigres y panteras en sus encuentros eróticos suele convertirse —igual que en las generaciones anteriores— en vacío y frustración. Con un tremendo agravante: los jóvenes de hoy no pueden confesar que no les gusta el sexo o que son malos para la cama.

Son innumerables los jóvenes —de ambos sexos— que nos han revelado que *Mujeres: la sexualidad secreta* fue un alivio inconmensurable, un verdadero descubrimiento: ¡no eran los únicos en esa situación!

Quienes suelen estar más cerca de los jóvenes tenían esta película más clara que nosotras. El libro se ha convertido en regalo de padres a hijos e hijas, y en lectura recomendada por profesores, incluso de colegios católicos.

Las anécdotas sobran. Como en aquel colegio público de la comuna de Las Condes en que frente a cientos de alumnos y una treintena de profesores insistí una y otra vez en que lo más importante era lograr que el sexo dejara de ser tabú, hablar sobre lo que nos pasa y permitir una mayor comunicación entre hombres y mujeres en un aspecto tan esencial de nuestras vidas. Al responder preguntas, presumo que llegué a ser majadera sosteniendo que el tema debía hablarse abiertamente en la familia y sobre todo en el colegio. Mi tesis sonaba magnífica, las cabezas estudiantiles asentían con entusiasmo, hasta que un profesor —honesto y especialmente valiente— me preguntó ante sus alumnos cómo quería que hablara del tema si él tampoco sabía y además tenía conciencia de sus numerosas limitaciones... Después de unos segundos eternos encontré la respuesta: «Lea y discuta con sus alumnos *Mujeres: la sexualidad secreta*».

El libro ha tenido múltiples lecturas. Cada cual le ha dado el uso que necesitaba. Quizás el que más nos hizo sonreír fue el de aquella pareja, incapaz de hablar del tema, que optó por mantener un ejemplar en el baño. Allí cada uno podía leer algunos párrafos: ella dejaba marcadas las páginas cuya información él necesitaba, y él hacía lo propio cuando le tocaba su turno.

Entre las críticas que recibimos destacan las quejas sobre tres aspectos no tratados: las relaciones homosexuales, la sexualidad en la tercera edad y el sexo en relación con la comida.

Las relaciones homosexuales —que respetamos en forma irrestricta— no se consideraron porque nuestro trabajo está dedicado a la sexualidad de la inmensa mayoría de las personas. La homosexualidad, en cambio, es una forma de sexualidad particular de un grupo minoritario de seres humanos cuyas características y problemas merecen mucho más que un capítulo en un libro como éste.

En esta nueva versión, sí recogemos la inquietud en torno al sexo y la alimentación y, también, aquélla del sexo después de los sesenta. Esto último para responder en forma especial a quienes lamentaron con un dejo de tristeza no habernos leído algunas décadas atrás. Para ellos, buenas noticias: ¡el buen sexo no tiene por qué acabarse con el paso del tiempo!

La Reina, Chile, julio de 2003

I

La sexualidad femenina o ese olvido fatal

1. El sexo oculto

¡Qué fácil ha sido ignorar la sexualidad femenina durante siglos! Pareciera que la naturaleza nos jugó una mala pasada, cubriendo nuestra sexualidad con un manto de misterio que se mantuvo inamovible durante miles de años. Un misterio que envuelve tanto a hombres como a mujeres, porque lo cierto —y quizás lo más grave— es que muchas mujeres saben tan poco sobre sí mismas como sus compañeros.

Razones sobran. La más obvia es —sin duda— la biológica. A diferencia de los genitales masculinos que están a la vista, los genitales femeninos están ocultos, y bien ocultos.

Esta característica se manifiesta de manera rotunda desde el momento mismo del nacimiento cuando el médico o la matrona mira al recién nacido y anuncia «¡tiene pirulín, es niñito!» o, simplemente, «¡es niñita!».

Desde ese instante, un conjunto de realidades de la sexualidad masculina quedará para siempre a la vista y se hablará de ellas en los más diversos tonos. Las verdades de la sexualidad femenina, en cambio, permanecerán escondidas y silenciadas. Porque el sexo de la mujer no sólo está oculto de los demás, sino también de sí misma. Las niñitas no pueden ver sus propios genitales, pero observan con absoluta facilidad los órganos de sus amiguitos.

La idea de que los hombres tienen sexo y ellas no se apodera de las mujeres desde muy pequeñas, con todas las consecuencias que esta percepción tiene en su desarrollo futuro.

Mirar y examinar el propio pene no tiene mayor complicación y puede hacerlo hasta el niño más pequeño. La mujer, en cambio, tiene que buscar para descubrir su sexo. Debe abrir las piernas, ayudarse de un espejo y, sobre todo, debe dotarse del valor necesario para explorar zonas profundas sin sentir que está curioseando indebidamente en su intimidad. Indagar en la propia intimidad no es tarea fácil. Menos en sociedades en las que hablar de sexo es mal visto o está simplemente prohibido.

Sin un pene que se manifiesta elocuente, muchas veces es más natural y sencillo ignorar la propia sexualidad que intentar descubrirla. Existen innumerables mujeres que jamás han mirado sus genitales. ¡Qué fácil resulta olvidar ese sexo que se vuelve insondable en una anatomía laberíntica y esquiva!

Ante la complejidad de dicha exploración, se van acumulando temores, dudas, candores, vergüenzas, pudores, todo un conjunto de emociones y sentimientos, que serán determinantes en nuestra conducta sexual.

La fuerza de lo oculto —unida a factores religiosos y culturales— se arraiga de tal manera que, aunque sus genitales no están a la vista, rápidamente las niñitas comienzan a taparse y a dejar de exhibir el cuerpo, incluso cuando están entre ellas. Por el contrario, los hombres aprenden a lucirlo y a compararlo con el de sus pares.

No hay que pensar, sin embargo, que la sexualidad visible de los hombres no conlleva mayores complicaciones. Por el contrario, durante la adolescencia esa exhibición es fuente de tremendas angustias al comparar tamaños y formas.

Presionado por la apariencia, el rendimiento y el desenfado de su fisiología, el hombre jamás podrá ocultar lo que está sintiendo ni lo que está ocurriendo con su sexo. Ni sus genitales ni sus orgasmos podrán pasar inadvertidos.

La mujer, con su sexo inescrutable, puede perderse en el recato, vagando por un camino equivocado tanto de la anatomía como de las emociones. Ni sus genitales ni sus placeres serán ostensibles.

¡¿Cuántos hombres y cuántas mujeres no saben, por ejemplo, que la vagina es distinta a la uretra?! Sorprende el gran número que cree que las mujeres orinan y hacen el amor por el mismo lugar, por un mismo hoyito.

«Hasta los dieciséis años, yo no sabía que tenía vagina —confiesa Raquel, cuarenta y tres años, profesora—. A esa edad, sola, algo me hizo click. Por deducción, nadie me había dicho nada, pensando cómo se hacían los hijos, por lo que había escuchado de mis amigas y de algunas clases del colegio, deduje que algo tenía que ver ahí abajo. Si el hombre tiene eso, en algún lugar de la mujer tiene que meterlo. Ahí empecé a investigarme y descubrí la vagina. Lo curioso es que yo sin saber que existía la vagina ni nada, me masturbaba como loca. Pero no asociaba esa sensación rica con lo erótico sexual. Era sólo una sensación física agradable que no tenía nada que ver con lo otro.»

Lo biológico marca desde el comienzo gran parte de las ansiedades que giran en torno a la sexualidad tanto femenina como masculina. Mientras el hombre se siente exigido por la evidencia de su sexualidad, la mujer se ve atrapada por el secreto que encierra su propio cuerpo.

Un secreto acentuado por la anatomía de nuestros genitales que es mucho más compleja que la del hombre.

Los genitales masculinos están formados básicamente por el pene y los testículos. Más aún, en lo que se refiere a la actividad y al placer sexual, el 80 % de la función se concentra en el pene.

Es propio de los seres humanos atribuir igualdades más que diferencias. Por tanto, cuando se pensó en ese sexo oculto de la mujer, se lo imaginó y asimiló a la genitalidad masculina. Sin embargo, el avance de la ciencia ha demostrado que allí dentro de las mujeres no hay una esencia similar.

Los genitales secretos de la mujer atesoran una tremenda complejidad. Para comenzar, los órganos sexuales preponderantes son dos en vez de uno: la vagina y el clítoris. Dos órganos sexuales que son absolutamente esenciales, y a los cuales se agregan los labios mayores, los labios menores, el capuchón que tapa el clítoris, el orificio uretral, el orificio vaginal, el monte de Venus, en definitiva, la vulva completa. Todos ellos, puntos fundamentales en la excitación y en el orgasmo, es decir, en el sentir femenino.

Sin embargo, cuando se habla de los genitales femeninos, generalmente la información se restringe a la vagina. Siguiendo el modelo masculino, la vagina es considerada como la contraparte del pene, aquel espacio que éste requiere para cumplir con la penetración y satisfacer su placer sexual.

Si bien en la actualidad el hombre parece necesitar cada vez más del placer femenino para su propia satisfacción, desde el punto de vista biológico, le basta con la vagina. La multiplicidad del sexo de la mujer no es requerida para el placer masculino.

En este punto, además de las diferencias anatómicas y de la innegable manifestación del placer masculino, la naturaleza le reservó a la mujer otra jugada traicionera: el goce femenino no es necesario para la reproducción.

Si un hombre no tiene erección y no tiene orgasmo, no puede cumplir con su función reproductora. El placer masculino es tan vital, que no puede ser ignorado. Por el contrario, desde tiempos inmemoriales ha existido especial preocupación por satisfacerlo adecuadamente a fin de preservar la especie humana. Para consumar el matrimonio —esa unidad básica de la sociedad humana— la erección y el orgasmo masculinos son indispensables.

Si del mismo modo el placer femenino estuviera íntimamente ligado a la reproducción, ¡qué duda cabe de que su satisfacción también habría despertado esmeradas atenciones y cuidados!

Pero la realidad es muy otra. Una mujer puede tener numerosos hijos sin sentir placer en toda su vida sexual. Para cumplir con su rol reproductor no necesita experimentar una fuerte atracción hacia su compañero, ni estar feliz, ni hallarse plena, ni tener un orgasmo. La supervivencia de la especie humana no pasa por su placer. No hay, por lo tanto, una poderosa razón social para descubrir sus misterios.

Peor aún, en muchas sociedades, el placer en la mujer ha sido visto más bien como un problema, como una tentación al adulterio y, por ende, como un peligro para la manutención de la familia, de la propiedad y de la herencia. Tan poderosa ha sido la necesidad de evitar ese goce que, en el siglo XXI, en numerosos países —especialmente africanos— se sigue practicando la mutilación del clítoris.[1]

La preocupación por el placer femenino surge recién en la segunda mitad del siglo XX, cuando las mujeres conquistan el derecho a rechazar al hombre. Al decir «no quiero» comienzan a gobernar sobre su misión reproductora. Sólo entonces su satisfacción sexual se convierte en un asunto digno de ser tomado en cuenta.

Sin embargo, al terminar el milenio, la mujer va incluso más lejos y, ante el asombro y el temor masculinos, da un salto cualitativo y se atreve también a declarar abiertamente: «Hoy, quiero tener sexo».

El placer femenino está estrechamente unido a la voz femenina. Sólo cuando recupera la palabra puede empezar a reivindicarlo. La mujer sin voz, aquella que estaba encerrada en el hogar, cuyo entorno se limitaba a lo doméstico, sin derecho a voto, que no participaba en las decisiones sociales, aquella cuya opinión era irrelevante, no inquietaba a nadie con su insatisfacción.

1. La ablación, llamada eufemísticamente circuncisión femenina, es una práctica tradicional o religiosa que aún se lleva a cabo comúnmente en países de África y de Asia, como Indonesia y Malasia. A través de diferentes procedimientos quirúrgicos se extirpa total o parcialmente el clítoris, los labios menores y/o parte de los labios mayores.

Atrapado en su escondite, con toda su complejidad, con el goce capaz de pasar inadvertido y totalmente libre de obligaciones productivas, el sexo de la mujer quedó en el olvido durante miles de años.

2. Como todo un hombre

Si bien el siglo XX fue para las mujeres una liberación de la represión sexual que les había impuesto la época victoriana, esto no significó necesariamente que se abriera el candado que durante siglos ha encerrado la sexualidad femenina en la cultura judeocristiana. Sin saberlo, en la mayoría de los casos, la mujer liberada se encontró con una imposición casi tan tiránica como la represión anterior: para estar a tono con los tiempos debía funcionar sexualmente como si fuera un hombre.

Aunque nos cueste aceptarlo, la sexualidad femenina sigue rigiéndose por el modelo masculino, lo que ha hecho sentirse culpables y defectuosas a miles de mujeres de todas las latitudes.

Junto con romper las cadenas del puritanismo, se ha producido un tremendo malentendido del que no ha estado ausente la literatura científica. Desde Freud, quien revolucionó la psicología al alertar sobre los riesgos de la represión sexual, hasta Masters y Johnson, quienes investigaron la sexualidad directamente en el laboratorio, la ciencia fue dictando una serie de normas sobre cómo las mujeres debían sentir y funcionar en sus dormitorios. Así, junto con liberar sus posibilidades de gozar del sexo, las mujeres fueron acumulando un conjunto de nuevas obligaciones.

Durante siglos, el sexo sólo tenía importancia en el hombre, sólo se sabía cómo funcionaba la sexualidad masculina. La de la mujer estaba satanizada, era síntoma de pecado, prostitución y brujería. Hasta que apareció el gran Sigmund Freud y revolucionó al mundo entero estableciendo la trascendencia de la sexualidad en la psiquis humana.

Y, como si esto fuera poco, se atrevió a plantear que el sexo también era esencial para las mujeres. Fue sin duda un valiente. No sólo legitimó la sexualidad femenina sino que, además, mostró la gravedad de la represión sexual y su impacto en la salud mental de las personas.

Sin embargo, como todo investigador, el profesor Freud fue un hombre de su tiempo y sus teorías no pueden sustraerse de la época en la cual vivió. Una época en que la ignorancia y los prejuicios en torno al sexo de la mujer eran absolutos. El propio Freud advierte que sólo el hombre presenta una vida erótica accesible a la investigación, mientras la de la mujer «se halla rodeada de un tupido velo».[2]

Con toda su sabiduría, tenía muy claro el carácter secreto del sexo femenino: «Si se quiere aprender más sobre la femineidad, hay que interrogar a la propia experiencia, apelar a los poetas o bien esperar que la ciencia esté en condiciones de darnos información más profunda y coordinada».[3]

Junto a sus enormes avances, nos dejó una herencia que ha sido tremendamente inquietante y disruptiva. Asimilando el sexo de la mujer al del hombre, Freud sostuvo que las mujeres «sexualmente inmaduras» necesitaban estimulación del clítoris, mientras aquellas que alcanzaban una madurez sexual tenían orgasmo vaginal.

Sin desmerecer su genialidad, lo cierto es que Freud no conocía a fondo la fisiología ni la psicología del orgasmo. En medio de sus grandes descubrimientos, esta división entre mujeres más o menos maduras sexualmente, entre orgasmos vaginales o clitorideanos, es apenas un detalle. Pero, por desgracia, es un detalle que

2. Sigmund Freud, *Tres ensayos para una teoría sexual, Obras Completas*, Biblioteca Nueva, Madrid, 1972.

3. Sigmund Freud, *Nuevas lecciones introductorias al psicoanálisis, Obras Completas*, Biblioteca Nueva, Madrid, 1972.

a fines del segundo milenio sigue penando despiadadamente sobre millones de mujeres.

Con el avance del conocimiento, muchos de sus planteamientos están hoy pasados de moda. Sin embargo, su importancia a lo largo del siglo ha sido tan enorme que una parte sustantiva de nuestro conocimiento sobre los seres humanos proviene de las teorías elaboradas por Freud.

Este pensamiento ha sido transmitido con una fuerza avasalladora durante generaciones. Las mujeres no se han atrevido a confrontar lo que realmente sienten con estas «verdades». Ante el temor a la descalificación, las mujeres acataron esas teorías y —con mayor o menor incomodidad— consintieron en participar de ese esquema, permitiendo que el modelo masculino siguiera reproduciéndose como ocurría desde tiempos remotos. Ya en 1862, antes de Freud, Gustave Flaubert en su *Madame Bovary* describía magistralmente la conducta obligada del sexo femenino: «Si una mujer era feliz en el amor, debía fingirse fría para parecer "como se debe". Si el sexo de una mujer era elocuente, debía permanecer muda acerca de lo que sentía».

Hasta que llegó la mítica década de los sesenta y la eclosión de los movimientos feministas. Las mujeres sacaron la voz y empezaron a preguntarse qué les pasaba. La sorpresa fue enorme. Descubrieron que siempre habían sido catalogadas por los hombres y que la cantidad de mujeres que se sentían defectuosas e inmaduras era absolutamente desmedida.

Se inició un desesperado rescate del rol femenino en todos los ámbitos, en lo público y lo privado, y las mujeres empezaron —por primera vez— a hablar de su sexualidad.

Se multiplicaban las investigaciones, los estudios y las encuestas. Hacía ya una década que la escritora francesa Simone de Beauvoir había dado el puntapié inicial con *El segundo sexo* (1949). El libro, que rompió todos los récords de venta y provocó un escándalo estruendoso, clamaba por la igualdad entre hombres y mujeres, sosteniendo que ni la biología ni la psicología definen el destino de la mujer.

El *Informe Kinsey* (1953) también se convirtió en todo un hito. A partir de largas e intensas entrevistas —cara a cara— con más de doce mil mujeres, intentó describir el comportamiento sexual femenino (previamente lo había hecho con el comportamiento sexual masculino) evitando todo juicio moral o médico en sus especificaciones de la conducta sexual humana.

Dos décadas más tarde, en 1976, el *Informe Hite* va más allá, encuestando a mujeres de diversos estratos económicos, sociales y culturales, en torno a lo que ellas sienten, a lo que quieren, a lo que les gusta y lo que les desagrada. Hite explora directamente en lo que las mujeres pensaban y anhelaban.

En medio de este destape, los investigadores William Masters y Virginia Johnson realizan un espectacular aporte: derriban el mito de la distinción entre orgasmo vaginal y orgasmo clitorideano.

Con un estilo muy norteamericano, se abocaron a intensos estudios de laboratorio. Se adentraron meticulosamente en los distintos tejidos que conforman los órganos sexuales, en la fisiología de la excitación y del orgasmo, estudiaron a las parejas mientras hacían el amor, colocándoles electrodos y midiendo todo cuanto puede ser medido.

Sus resultados niegan la existencia de un orgasmo vaginal y otro clitorideano, planteando que éste es uno solo, y que tanto la vagina como el clítoris tienen su función. A partir de este descubrimiento, establecen que el clímax se desencadena con la intensa excitación de una zona plagada de terminales nerviosos que se concentran tanto en el clítoris como en el primer tercio de la vagina. Al mismo tiempo, y probablemente sin proponérselo, aniquilan otro gran mito: el tamaño del pene poco importa para avivar el placer femenino.

Pero Masters y Johnson también eran seres de su tiempo, de los sesenta, los años de la igualdad. Las mujeres ya no estaban dispuestas a ser menos que los hombres. No señor, ¡todos somos iguales! Ésa era la gran utopía.

Impregnados por este espíritu, y basándose en el resultado de sus exhaustivas investigaciones, Masters y Johnson llegaron a su modelo de la sexualidad humana, describiendo un ciclo de respuestas sexuales, prácticamente idéntico para hombres y mujeres. Establecieron así lo que sería el comportamiento sexual «normal», que estaba determinado por cuatro fases específicas: excitación, meseta, orgasmo y resolución.

La excitación se refiere al conjunto de actividades que conforman el preludio o el precalentamiento de la relación sexual y que están destinadas a preparar el cuerpo para la penetración. La meseta es el nivel preciso de tensión requerido para desencadenar el orgasmo, es decir, la culminación del coito. Finalmente, la resolución es el período de pérdida de tensión en el cual se invierten los cambios fisiológicos de la etapa inicial. En esta última fase, se da una diferencia entre hombres y mujeres: mientras ellos entran en un período refractario, ellas tienen la posibilidad de volver a experimentar otros orgasmos a partir de un estímulo adecuado.

Sin duda los estudios de Masters y Johnson significaron un gran avance en la descripción y clasificación de la sexualidad. Pero, al mismo tiempo, sus conclusiones adquirieron un carácter normativo y estricto. Las diferencias innegables entre hombres y mujeres tuvieron que entenderse y ajustarse a dicho esquema, y cualquier salida fuera de este marco comenzó a ser analizada como un trastorno en una de las fases descritas.

De acuerdo al modelo de Masters y Johnson, un acto sexual adecuado es aquel que cabe perfectamente en el camino trazado. Es decir, una buena estimulación masculina, que incluya el clítoris, debe excitar a la mujer, dejándola preparada para que se produzca el orgasmo, muy poco después de que el pene sea envuelto por su vagina. De no resultar así, la mujer presentaría problemas en alguna de las fases descritas. Si no logra estimularse durante la etapa inicial, el obstáculo estaría en la excitación; si la excitación no la prepara adecuadamente para el orgasmo, el problema estaría en la fase de meseta, y finalmente, si cumplidas las dos etapas previas no hay una buena resolución, habría que investigar el orgasmo. Gracias a este esquema se logró diagnosticar con gran precisión dónde radicaba el trastorno y luego prescribir el tratamiento adecuado.

Desgraciadamente, esta exhaustiva pauta de «normalidad» se impuso fundamentalmente en base a la psicología y a la fisiología masculinas, sin considerar más que tangencialmente las características femeninas.

Curiosamente, nadie pareció percatarse de este hecho. Tanto los médicos —cuando eran consultados— como las propias personas —cuando se autoevaluaban en su intimidad— consideraban que había problemas sexuales cuando no calzaban dentro del esquema establecido. Así comenzó a hablarse de frigidez, falta de deseo, dispaurenia,[4] ausencia de lubricación vaginal adecuada, anorgasmia, incapacidad para alcanzar el orgasmo, vaginismo,[5] dolor y contracción de la vagina en la penetración, entre otros.

La terapia sexual se centró básicamente en el orgasmo y en el coito. Y si bien miles de mujeres consultaron a un especialista en la búsqueda de su satisfacción sexual, otras tantas callaron su sensación de humillación y de fracaso al no alcanzar el comportamiento sexual esperado. No sentían deseo cuando se suponía que lo sintieran; no se excitaban con la rapidez esperada; cuando se excitaban, no lograban alcanzar el orgasmo y, cuando lo alcanzaban, era generalmente por estimulación directa del clítoris y no necesariamente por la penetración.

4. La dispaurenia es una disfunción sexual que se caracteriza por un dolor intenso durante la realización del coito.

5. El vaginismo es una disfunción sexual que se manifiesta en la contracción espasmódica e involuntaria de los músculos que rodean la vagina, impidiendo la penetración total o parcial del pene.

Los grandes descubrimientos de Masters y Johnson tuvieron un tremendo impacto en la comunidad de terapeutas sexuales norteamericanos y en la literatura científica sexual, pero la sabiduría popular siguió impregnada por los tabúes que se han ido mezclando con los conceptos freudianos para formar una confusa amalgama con las nuevas informaciones.

A diferencia de lo que ocurre con los temas políticos, económicos o sociales, los de la sexualidad humana no han tenido hasta ahora una discusión pública y masiva. A uno podrá gustarle o no la importancia del mercado en este fin de siglo, pero pocos ignoran su existencia y las reglas básicas de su funcionamiento. Temas tan diversos como el marxismo, el cáncer o la contaminación del medio ambiente han dado origen a grandes debates mundiales. Pero de la sexualidad: poco y nada.

De la gran revolución que se produjo en esta área durante el siglo XX se han enterado obviamente los terapeutas sexuales, y mucha información ha sido publicada por los medios de comunicación, pero nunca se ha producido una discusión abierta en la que puedan confrontarse los distintos descubrimientos, teorías y puntos de vista sobre el tema. Y, lo más importante, la voz de las mujeres sigue ausente del conocimiento popular.

Es cierto que las mujeres —las norteamericanas, para ser más precisas— se expresaron en innumerables estudios y encuestas, pero sus dichos quedaron fundamentalmente confinados al análisis de los científicos. A nivel masivo, esas voces no pudieron contrarrestar la sabiduría popular impregnada por los mitos históricos o las teorías freudianas que siguen transmitiéndose con la fuerza de verdades divinas, especialmente a través de los médicos que —por lo general— saben poco o nada de la sexualidad femenina.

En las consultas de los terapeutas sexuales abundan los pacientes —incluyendo profesionales de la salud— convencidos de increíbles disparates.

A los treinta y dos años, Magaly, una matrona de reconocida eficiencia y profesionalismo, no lograba superar su baja autoestima. «Una de mis fallas es que soy incapaz de llegar al orgasmo sin estimulación del clítoris», sostuvo en una de las sesiones de su terapia. Ni sus conocimientos médicos, ni su práctica profesional fueron suficientes para contrarrestar la opinión de un distinguido psiquiatra que, seis años antes, la había tratado por una depresión y la había catalogado de «sexualmente inmadura» al no lograr un orgasmo sin estimulación clitorideana.

En la inmensa mayoría de los casos, la información que se tiene es parcial: algunos han escuchado que el clítoris es importante, otros saben que las mujeres requieren más tiempo para excitarse, pocos conocen cómo se desencadena un orgasmo.

Estos temas siguen siendo semiclandestinos y los medios de comunicación masivos exacerban el secreto usándolo como una herramienta publicitaria. Es frecuente ver cómo las publicaciones que entregan informaciones sobre este tema llevan un sello de protección o un alerta de «sólo para mayores». Sin duda, un buen gancho publicitario pero, al mismo tiempo, un elemento distorsionador adicional en el camino hacia una sexualidad menos inquietante.

Con todo, una nueva «cultura» sexual se fue generando a través de cientos de estudios, foros, seminarios, reportajes, películas y obras de teatro.

Desde la publicidad hasta las conversaciones privadas, se impregnaron de nuevas verdades. Sutil e implícitamente, los medios de comunicación, el diálogo entre amigas, la educación sexual en las escuelas y hasta los terapeutas sexuales fueron transmitiendo un nuevo conocimiento que, desgraciadamente, está impregnado de un fuerte sesgo masculino. Nos guste o no, en las últimas décadas, hombres y mujeres hemos sido socializados en el modelo sexual masculino.

Quedó definitivamente atrás la idea de que las mujeres eran seres asexuados o, por lo menos, seres para los cuales la sexualidad no tenía mayor relevancia. Se ha dado un salto cualitativo y, al terminar el siglo, no sólo está claro que las mujeres pueden y deben asumir su sexualidad sino que, además, deben ser buenas para la cama.

Eso, claro, pasa por ajustar su sexualidad lo más rápido y eficientemente posible a la sexualidad masculina.

Lo primero es adaptar la velocidad de excitación. La mayoría de las mujeres ha leído cientos de artículos en los que se detalla que el hombre se excita más rápido, pero nunca se dice cuánto más rápidos son ellos. Sin embargo, tanto por lo leído como por la forma en que ellos se precipitan sobre pechos y genitales femeninos, resulta evidente que ellas deben apurarse para no estirar demasiado la primera fase del acto sexual.

Llegado el momento de la penetración[6] (ojalá que la lubricación haya sido suficientemente generosa), se sabe que hay que llegar al orgasmo. En esta nueva etapa, los tiempos tampoco calzan de forma automática. Prácticamente nadie desconoce que la mujer demora más en llegar al orgasmo, pero sólo Dios sabe cuánto más.

Una encuesta realizada en Estados Unidos muestra que el 75 % de los hombres eyacula dos minutos después de iniciada la penetración. Por otra parte, diversos autores, como John Gray,[7] afirman que la mujer tarda de diez a veinte veces más que el hombre en llegar al orgasmo. Sin embargo, a poco andar, una vez iniciado el coito, muchas mujeres —y por cierto también sus hombres— empiezan a sentir que la demora es excesiva. Entonces surge la idea de la anormalidad, de que algo anda mal.

6. Dorothy Baldwin, *Male Sexual Health*, Hippocrene Books, Nueva York, 1993.

7. John Gray, *Mars and Venus in the Bedroom*, Harper Collins Publishers, Nueva York, 1995. (Trad. cast.: *Marte y Venus en el dormitorio: amor y pasión duraderos en la vida de la pareja*, Barcelona, Grijalbo, 1998.)

Las exigencias de este fin de siglo no terminan ahí. No basta con haberse aplicado, haberse adaptado lo mejor posible a las distintas fases del acto sexual y haber logrado un orgasmo, ¡hay más! En la fase final —como lo describieron Masters y Johnson— la mujer parece tener por fin una ventaja: su capacidad para tener varios orgasmos en un mismo coito. Pero, ¿cuántos son normales en una relación? ¿Y si no los tiene? ¿Y si tiene sólo uno?

Y mientras muchas mujeres luchan por cumplir con los orgasmos múltiples descritos por Masters y Johnson, otras tantas aún no se enteran de que los mismos investigadores desecharon la diferencia entre el orgasmo vaginal y el clitorideano que les impuso Freud.

Son innumerables las mujeres que se sienten raras, anormales o defectuosas porque no logran encajar en lo que suponen es una sexualidad normal.

Muchas se autocalifican como frígidas por el simple hecho de tener orgasmos clitorideanos, creencia que suele ser confirmada por las convicciones masculinas. Para el hombre, el clítoris es una herramienta clave para la excitación, pero ese tipo de orgasmo no puede ser equivalente al que se produce por efecto de su pene dentro de la vagina. Es decir, el clítoris está bien para el precalentamiento pero no para el orgasmo. ¡Cómo es posible que el pene no sea indispensable para un orgasmo como Dios manda!

En este contexto, las mujeres suelen encontrarse en un callejón sin salida entre la escasa información seria que poseen, las múltiples creencias que rondan su cabeza y una exigencia de sexualidad que finalmente no saben cómo cumplir.

De alguna manera, pasaron de la obligación histórica de reprimir su sexo a una nueva exigencia: sentirlo todo de acuerdo a un modelo borroso en el cual les cuesta insertarse. Porque lo cierto es que las mujeres no encajan —como se suponía— en el modelo masculino.

Tan masiva ha sido la socialización en esta nueva cultura que hombres y mujeres llegamos a pensar que ésa es la manera de ser de las cosas, «lo natural». Quizás ambos hemos contribuido —ingenuamente— a exacerbar los problemas sexuales de las mujeres más que a solucionarlos. Una mujer sexualmente liberada debe reaccionar de una manera similar. Como todo un hombre.

Generalmente, el salto inicial de los grandes descubrimientos se ve disminuido al cabo de un tiempo por la evidencia de sus consecuencias secundarias, inicialmente imprevistas. El gran avance en torno al conocimiento de la sexualidad producido en las últimas décadas constituyó —sin duda— una ayuda sustancial en la vida de miles de personas y parejas. No obstante, con el correr de los años, ayudó —sin querer— a equiparar erróneamente la sexualidad femenina con la masculina, tendiendo nuevamente un manto de silencio y de leyendas sobre la intimidad de la mujer.

3. Ni tanto ni tan poco

Son muchas las mujeres que ni siquiera se atreven a confesar que no sienten lo que se espera de ellas por temor al rechazo y a perder al ser amado.

En las últimas décadas, la información sobre sexo ha invadido el mundo occidental. Por lo general, sin embargo, se trata de datos fragmentados que más que aclarar las dudas han ido generando falsos parámetros a los que difícilmente las parejas pueden adaptarse.

Los hombres tienen un gran apetito sexual y, en estos tiempos, buscan mujeres capaces de compartir y satisfacer esos deseos. Ante esta realidad, millones de mujeres se mueven en la más absoluta oscuridad, sin saber si deben avanzar a diez o a cien kilómetros por hora. Con extrema cautela, para que no se noten su angustia e ignorancia, avanzan a tientas tratando de descubrir si están mostrándose demasiado sexuadas, si el pudor las hace parecer frígidas, o si realmente lo están haciendo mal.

Es muy propio de la conversación masculina preguntarse cuántas veces en una noche y vanagloriarse al respecto. Curiosamente, y aunque parezca increíble, la mujer cuyo papel es indispensable para lograr ese cuadro de intensa pasión, muchas veces, no sabe cómo debe actuar para ser aplaudida. Más aún, suele sentirse perdida en una sexualidad que presume escasa o excesiva. No sabe realmente cuán sexuada debe ser.

No existe un rango específico y único, varía en distintas culturas y subculturas. Lo que está permitido para unas está prohibido para otras.

No es raro que su educación, sus objetivos vitales, sus emociones, sus sentidos se vuelvan de repente una gran contradicción al momento de enfrentar el sexo.

A los veintiocho años, Sandra ha tenido dos largos romances, pero aún no se ha casado y siente que sus relaciones sexuales fueron más bien una carga que un placer. «Nunca nadie me habló de eso. En el colegio me sentía excluida de esa complicidad que se armaba entre las que ya sabían. Cuando era bien chica me acuerdo que mi papá siempre me decía: "Cuidado, que no se te vean los calzones", y yo nunca entendía por qué. Más grande, me decía que las niñitas que flirteaban mucho eran unas frescas. Ahora mi papá se lo pasa retándome, que por qué ando siempre tan tapada, que por qué soy tan poco sexy.»

Las mujeres reciben mensajes completamente contradictorios. Más allá de las enseñanzas del hogar o del colegio, más allá de lo que se dice públicamente, vivimos en una sociedad donde aún impera la dicotomía entre esas jóvenes respetables con las cuales los hombres finalmente se casan y aquellas mujeres atractivas con las cuales lo pasan bien pero que luego abandonan para constituir una familia con otra.

Dejando de lado el lugar común, esta división conlleva un mensaje muy poderoso y de una tremenda contradicción entre el amor —que es la motivación más primaria de las mujeres— y la sexualidad. El deseo de amar y hacer familia pareciera ser incompatible con la satisfacción del deseo sexual. De alguna manera, la sexualidad femenina adquiere una connotación negativa.

Podría pensarse que basta con reprimir la sexualidad para lograr ser amada. Nada de eso, el asunto es mucho más complejo: una vez casada, la mujer debe desarrollar una sexualidad capaz de atraer y satisfacer a su cónyuge o, de lo contrario, pasa a la más temida de las categorías: ser frígida.

No hay peor insulto para una mujer que ser considerada frígida.

En definitiva, ¡atención con el exceso de sexo! porque puede convertirnos en mujeres para pasarlo bien. Pero, ¡cuidado con la escasa sexualidad! que puede resultar aún más peligrosa. Un marido insatisfecho busca placeres fuera del matrimonio...

«El miedo a ser frígida lo he tenido desde siempre, cuando chica cada vez que veía esa palabra me preguntaba si yo iba a ser o no.» Ana María tiene treinta y un años y está separada desde hace seis meses cuando su marido la abandonó por otra con la cual está conviviendo. «Él me decía a cada rato: "Vas a embarrar este matrimonio", y yo me angustiaba cada vez más, y menos ganas me daban de hacer el amor. Era tanta la presión que yo rezaba para que pasara algo y no fuera otro fracaso del que me iba a culpar. Esa inseguridad me fue matando en todo. En realidad, no creo que sea frígida porque al principio me gustaba y tuve algunos orgasmos, pero no sé por qué se fue haciendo más difícil. No he tenido relaciones con otra persona, si vuelvo a casarme y me pasa lo mismo, bueno... quizás soy frígida...»

¿Dónde está la medida de la sexualidad correcta? A los hombres se les exige siempre una sexualidad pródiga; a las mujeres, en cambio, castidad en un tiempo y pasión, en otro. No sólo tendrán que descubrir cuánto es el sexo correcto sino, además, tendrán que establecer claramente el cuándo. Porque, claro, no se trata de que nazcan sexuadas como los hombres, ellas deben convertirse en tales en un momento determinado.

Ana María fue una de esas miles de niñas y jóvenes sin sexo. Pero es hoy una mujer del siglo XXI, y en los últimos cincuenta años, se ha ido imponiendo la idea de que las mujeres hechas y derechas sí deben ser sexuadas.

Llegada una cierta edad —ojalá marcada por el matrimonio— deben sacar de su interior un algo indefinido que han guardado con gran celo y de lo cual dependerá dramáticamente su futuro como mujer. Es decir, en un abrir y cerrar de ojos, tienen que despertar una sexualidad que han reprimido por veinte o veinticinco años. Milagrosamente, deben saber cómo comportarse en la cama sin haber tenido mayor experiencia previa. Muchos hombres prefieren, incluso, que no hayan tenido ninguna.

Repentinamente, de la mañana a la noche, cuando tropieza con la persona apropiada, y esto es un punto clave: sólo frente al hombre adecuado, ella debe estar a la altura.

Él, por su parte, tiene la obligación de llevarla al cielo.

Si por más esfuerzos que se hagan el cielo no se ve por ningún lado, la mujer empieza a sentirse defectuosa, amenazada y triste. Lo más probable es que se lo calle cuidadosamente para que él no vaya a darse cuenta. Es demasiado grande el riesgo de perder al ser amado, o a esa pareja prometedora que puede no volver a llamarla nunca más.

Un defecto en el plano sexual es determinante para hombres y mujeres.

La sexualidad es un terreno muy especial en el que se conjuga lo biológico, lo psicológico y la comunicación más profunda con el otro. Las fallas en este ámbito afectan directamente la autoestima. La sexualidad está estrechamente ligada al «yo» de hombres y mujeres.

Sin embargo, a pesar de su tremenda relevancia, no hay una educación seria y sistemática al respecto. En muchos casos, el tema jamás se habla directamente y sólo queda en bromas o comentarios al pasar.

La mujer tiene que ir adivinando en el vacío, dando palos de ciego y respondiendo lo mejor posible con las herramientas dispersas que alguna vez recogió en diarios, revistas o temerosas conversaciones a media voz con las amigas. Todo un esfuerzo titánico para ajustarse de algún modo a la sexualidad masculina que, ya vimos anteriormente, es la que posee patente de normalidad.

Como si no bastara con andar a tientas, la mujer que no logra despertar su libido con suficiente rapidez debe soportar un doble peso. No sólo pondrá en riesgo la propia sexualidad sino también la virilidad de su hombre, que se juega con igual intensidad en este despertar sexual. Ella intuye que su frialdad repercute tanto en su propio ser como en el hombre que ama y cuya misión era avivar ese fuego tan guardado y anhelado. Si ella no responde, él también está fallando.

El hombre es el que sabe de este asunto. Ella ha esperado pacientemente que se presente el ser amado y anime ese misterio oculto y prohibido desde niña. Llegada una cierta edad, la sexualidad de la mujer debe ser despertada por un hombre. Cuando ese fenómeno no se produce, aunque ambos han participado del juego, se concluye casi invariablemente que ella está en falta. La responsabilidad masculina rara vez se reconoce en este ámbito. Acecha entonces el peor de los peligros: el abandono.

En definitiva, de un momento a otro, las mujeres tienen que descubrir su sexo, despertar su erotismo y, al mismo tiempo, actuar de manera descollante para no ofender a su galán y no correr el riesgo de ser repudiada.

La tarea es ardua. No es fácil definir la medida exacta de sexualidad que permita, al mismo tiempo, agradar a la pareja y satisfacer los deseos propios. A diferencia de Ana María, cuya experiencia la llevó a reprimir drásticamente su libido, Margarita buscó el modo de avivar la suya, provocando un resultado completamente inesperado.

A los treinta y cuatro años, casada hace quince y con tres hijos, Margarita decidió asistir a un taller de sexualidad organizado por el Programa de Salud Comunitaria de su población. «Aprendí cosas que no sabía de mi cuerpo, escuché a las otras señoras que contaban lo que les pasaba con sus maridos y me di cuenta que yo no hacía nada durante la relación. Empecé a arreglarme más, a ponerme bonita cuando él llegaba y a insinuarle que hiciéramos el amor. Él se enfureció, me preguntó que qué me pasaba, me dijo que estaba muy cambiada, le salieron unos celos terribles y terminó golpeándome porque yo tenía un amante.»

Margarita no es un caso excepcional. Es testimonio revelador de los mensajes contradictorios que las mujeres siguen recibiendo pese a los descubrimientos de Freud, las investigaciones de Masters y Johnson o los escritos de Simone de Beauvoir. Las mujeres de hoy sí deben tener sexo pero… ni tanto, ni tan poco.

La ansiedad por cumplir correctamente, sin saber si está bien o mal gustar de una caricia en los pechos o molestarse por un contacto intenso en el clítoris, suele nublar lo que cada una realmente siente. El placer propio va quedando relegado en forma trágica a un segundo plano.

4. La ley del silencio

El silencio es una de las grandes lápidas que pesa sobre el sexo de la mujer. No existe un lenguaje apropiado para hablar de la sexualidad femenina. Inevitablemente hay que optar entre el lenguaje científico y el lenguaje soez.

Podría pensarse que esta realidad es igualmente válida para los hombres pero, en la práctica, no es así. La visibilidad de los genitales masculinos no sólo hace menos grave la escasez de palabras sino que, además, ha llevado a la sociedad a inventar un lenguaje cariñoso para nombrar el sexo del hombre.

Es usual escuchar a las madres referirse al «pirulín» o la «tulita» de sus hijos, pero nunca se oirá a una madre hablando a su hija de la vaginita y ¡mucho menos de la «chuchita»! Mientras el «pirulín» es todo un personaje en la vida del niño, la vagina permanece en el más absoluto anonimato. Más aún, muchas veces se le llama con el genérico «potito», un chilenismo para nalgas, que refuerza la confusión al aludir a los genitales femeninos haciendo un paquete general y nebuloso centrado en los glúteos. El sexo femenino no sólo no se ve, tampoco se nombra. Y según los griegos, aquello que no se nombra, no existe.

A poco andar en la vida, los hombres exhiben su sexo con absoluta naturalidad y sin mayor preocupación. No requieren de ninguna intimidad, les basta ir a las duchas de un gimnasio para que su sexo quede expuesto y empiece a adquirir una serie de nuevos apelativos que se suman a los cariños maternos. Las jóvenes, en cambio, no hablan del tema, las apasionadas conversaciones con sus amigas giran en torno al amor pero no al sexo. Y cuando llegan a hacerlo, por lo general, se refieren al comportamiento sexual del hombre (qué les hicieron y cómo lo hicieron) y no al funcionamiento propio, a lo que ellas sienten, a sus zonas erógenas, a lo que les hace o no les hace gozar.

Lo que no se nombra, no existe. Y lo que no existe —como ya vimos— no se puede cuantificar. Así, mientras esta realidad social —y anatómica— deja a las mujeres en ese desierto sin rumbo, en esa incógnita en cuanto a los niveles de sexualidad que se espera de ellas, a los hombres les impone la responsabilidad de ser tremendamente sexuados.

Con sus genitales a la vista y una lista interminable de apelativos que dan cuenta de su potencia, los hombres tienen muy claro lo que se espera de ellos: virilidad, una erección impecable cada vez que la situación lo merece, un pene grande (aunque sea innecesario), una intensa atracción hacia las mujeres en general y una vida sexual muy activa.

En medio de la ignorancia femenina y las exigencias desmedidas para el hombre, el silencio se convierte muchas veces en un obstáculo infranqueable.

No sólo por la falta de palabras para nombrar los genitales sino, sobre todo, porque el sentir y las emociones en torno al sexo rara vez pueden expresarse correctamente.

Es ya un lugar común leer en libros y revistas —especialmente femeninas— que la comunicación es un asunto primordial. ¡Hable con su pareja!, es uno de los mandatos más elocuentes y repetidos. ¿Y cómo? ¿Sobre qué exactamente?

No es llegar y hablar, ¡qué duda cabe! Cuando se toma la decisión, después de un esfuerzo contundente, la mujer entrega algunas pistas vagas acerca de sus necesidades, sin ofrecer mayores detalles. Cumplido el trámite, supone, espera y hasta exige que su compañero haya entendido todo claramente. Tal es la dificultad de expresión que simplemente se habla en clave. Y, lo más grave, con códigos que habitualmente el interlocutor no tiene la menor idea de cómo descifrar. Es decir, uno habla en forma oblicua y el otro capta poco y nada.

Así, por ejemplo, después de un viaje de una semana por trabajo, Sergio escuchó que Magdalena, su mujer, le decía: «Si no te apuras estoy tan cansada que me voy a quedar dormida». La oyó un poco a lo lejos, mientras se desvestía y aprovechaba para ver las noticias de la noche en la televisión.

Ella está segura de haber sido clarísima. Está convencida de que habló de sexo, le parece evidente que le dijo: «Apúrate, te eché de menos, quiero hacer el amor». Pero él se quedó mirando la televisión y Magdalena se sintió rechazada porque, después de una semana de separación, él prefirió cualquier cosa en vez de acoger su proposición.

Por cierto, Sergio no se percató del llamado. Simplemente escuchó que era tarde y le pareció lógico que su mujer estuviera cansada.

Magdalena quiso hablar de sexo, trató de expresar sus deseos, pero en realidad no lo hizo. Envió un mensaje cifrado que Sergio no tenía por qué entender. Así ocurre una y otra vez en cientos de parejas. Son infinitas las mujeres —y también los hombres— que se quejan porque sus parejas se niegan a escuchar y a entender algo que se les ha dicho una y mil veces.

Cuando se llega a ese punto, es fundamental preguntarse qué se dijo exactamente, cuándo se dijo y cómo se dijo. No sería raro que el acusado fuera inocente, al no haber recibido conscientemente ninguna de las peticiones o reclamos. «Ven a acostarte» o «apaga la tele» no expresan ninguna necesidad sexual ni son sinónimos de querer hacer el amor.

Esta incapacidad de hablar de sexo, incluso con quien se tiene sexo, no es más que el resultado de esa práctica del silencio que se va gestando desde la infancia.

A los genitales ocultos de la mujer, que permiten el anonimato, se suma rápidamente el tabú que en la mayoría de las sociedades occidentales sigue teniendo el sexo. Por lo general se elude o, simplemente, se prohíbe hablar del tema.

Como inevitablemente hay situaciones en las que resulta indispensable expresarse en esta área, se han desarrollado distintos tipos de lenguaje: el biológico, para las ocasiones serias; el procaz, para la vida social entre amigos; y el cariñoso, para la intimidad y, especialmente, para los niños. Sin embargo, como señalamos anteriormente, el lenguaje cariñoso se ha desarrollado ampliamente para el sexo masculino pero ha quedado bastante atrofiado cuando se trata del femenino. No existe, por tanto, un hablar corriente y cotidiano para expresar la existencia, el deseo, el sentir y la emoción de la sexualidad de la mujer.

Danitza, treinta y siete años, casada, ama de casa, recuerda que su primera menstruación fue a los doce. «Sabía que eso significaba un paso a la vida adulta. Mi mamá me pasó un librito con los típicos dibujos de útero y ovarios, y un montón de palabras que yo no entendía como pene y vagina. No me atreví a preguntar... no sé por qué. Me gustaba mucho leer, leía hasta las etiquetas de los frascos, así que entre una lectura y otra fui atando cabos y averiguando de qué se trataba el acto sexual y cómo se tenían las guaguas, pero no relacioné todo eso con la relación de pareja, con el amor ni menos con el placer. Seguramente, porque la relación de mis padres era muy fría y lejana.»

Por más lecturas que hiciera, difícilmente Danitza habría encontrado lo que echa de menos. La tradición literaria en torno al placer y el éxtasis femenino es mínima. Son muy pocas las novelas sobre la sexualidad de las mujeres escritas por mujeres. No se ha desarrollado, por tanto, un lenguaje consistente para describirla, para detallar sus fantasías, su placer, su sensualidad. Hay novelas clásicas como *El amante de lady Chatterley* o *Madame Bovary*, pero en ellas la fuerza no está tanto en el goce propio de las mujeres sino en el tremendo erotismo de las circunstancias descritas.

Ni los científicos ni el movimiento feminista han logrado aún que se hable de sexo con naturalidad. Siguen siendo millones los seres humanos que jamás han tocado el tema.

Incluso la menstruación, un proceso estrictamente biológico, inherente al ser mujer y tan manifiesto como los genitales masculinos, forma parte del tabú.

Ni siquiera se habla con naturalidad acerca de los cuidados higiénicos que se requieren. A muchas mujeres jamás se les habló de lo que les estaba pasando llegada la pubertad, y a otras simplemente se les dijo, con mayor o menor énfasis, con mayor o menor celebración: «¡Ya eres mujercita!». Sólo Dios sabe qué entendieron con esa frase y cuánta fantasía se desató en su interior.

En los círculos más liberales, los padres suelen agregar —con igual carga emocional— cierta información sobre la posibilidad de embarazo y la necesidad de «tener mucho cuidado». Como se trata de niñas que son aún muy jóvenes, ni siquiera se entra en mayores detalles sobre la anticoncepción, dejando ese asunto para más adelante, para cuando llegue el momento... A la luz del escandaloso número de embarazos, parece evidente que el momento preciso siempre escapa al conocimiento de los adultos.[8]

Tampoco entre las madres más liberales se enfrenta abiertamente la llegada de la menstruación como el inicio de una etapa en que la sexualidad jugará un rol vital. ¿Cuántas madres han hablado con sus hijas sobre la conformación de su sexo, sobre su complejidad, sobre la existencia de labios mayores y menores, sobre el clítoris, sobre sus diferentes zonas erógenas, sobre una relación sexual, sobre la masturbación?

¿Cuántas mujeres han hablado con sus hijos acerca de las diferencias entre la sexualidad masculina y la femenina, cuántas les han explicado las consecuencias concretas de esas diferencias para poder entenderse mejor a la hora de hacer el amor?

Aunque no hay mediciones al respecto, no es difícil adivinar que son poquísimas las mujeres capaces de superar el tabú y entrar directamente en el tema.

Muchas creencias religiosas y la influencia de algunas corrientes ético-morales que le dan una connotación más restrictiva al sexo, cierran casi completamente la posibilidad de una discusión abierta y tranquila sobre esta materia.

Cuando el debate público se produce a raíz de la educación sexual que se imparte en los colegios suele adquirir rápidamente características de escándalo. Por lo general, la presión por acabar con la polémica se hace insoportable y, finalmente, bajo el argumento de incorporar valores y aspectos afectivos a la discusión, se prohíbe —explícita o implícitamente— hablar del cuerpo y de la genitalidad, es decir, de aquello que es propio y esencial de la sexualidad.

8. En el año 1996, de los 264.793 nacidos vivos en Chile, el 14,98 % fueron hijos/as de madres menores de diecinueve años. De ellas, 1.126 tenían menos de quince años, y las otras 38.575 mujeres tenían entre quince y diecinueve años al nacer sus bebés.

En este tipo de controversias, valores y afectos tienen una connotación bastante específica. Normalmente, se alude a los principios y emociones que imperan en un determinado tipo de relación en la que está permitido desarrollar la sexualidad, fundamentalmente una relación amorosa formalizada por el matrimonio. Las emociones y sentimientos de la mujer frente al placer y sus necesidades directamente sexuales no están incluidas. El énfasis se coloca en la relación matrimonial, asumiendo la existencia de la sexualidad, pero hablando nuevamente alrededor de ella, y no de sexo propiamente tal. El placer femenino permanece en las sombras, los aspectos emocionales no parecen contemplar las necesidades de la mujer en torno al sexo. Queda fuera su deseo de ser tocada entera, la necesidad de entender sus fantasías, de expresar la culpa que le produce su imaginación, la necesidad de ser tratada con respeto fuera de la cama para poder excitarse en la intimidad.

En algunos ambientes se habla del orgasmo pero habitualmente se hace en doble sentido, con bromas y alusiones fanfarronas. Rara vez se habla en serio, y cuando esto se logra se le considera como un dato más, sabido por todos y, por lo tanto, sin entrar en detalles. Cada uno debe complementar lo poco y nada que se dice con una imaginación fértil capaz de entender cómo encajan en todo el proceso ese cúmulo de sensaciones, emociones y deseos jamás nombrados.

Así, desinformados y amordazados, millones de seres humanos comparten sus cuerpos durante años, pero son incapaces de mantener una conversación acerca de los aspectos más básicos de su sexualidad.

Es el caso de Adriana, cincuenta años, escritora y profesora de literatura, dos matrimonios, tres hijos, divorciada hace cinco años. «Eugenio no me trata bien, me humilla, viene cuando quiere, deja de llamarme durante semanas, pero me ha dado lo que ningún marido ni amante consiguió antes: placer en el sexo. Y eso… Yo he sido incapaz de decirle a los hombres lo que me gusta y lo que no. No lo hice con ninguno de mis dos maridos. De mi boca no salen las palabras, no puedo no más. Me da pudor hablar, a una le enseñan que no debe pedir porque si lo hace es puta. Por eso siempre sigo con Eugenio, porque con él descubrí la sexualidad a los cuarenta y siete años. De puro ingenioso, supo de mí más de lo que yo sabía, dónde, cómo y cuándo tocarme. Qué decirme... Uno se siente como la Claudia Schiffer. Pero igual yo sigo muda.»

Cuando nos vemos obligados a hablar de sexo, resulta tan traumático, tan complicado, que terminamos expresándonos en forma errática, equivocada y hasta agresiva. El lenguaje en vez de ayudar en la comunicación con el otro muchas veces contribuye a aumentar el desencuentro y a ocultar aún más los secretos en vez de revelarlos.

Hay quienes sostienen que si durante tantos siglos no se ha hablado de sexo, por algo será... Sin embargo, la importancia de la palabra es trascendental en todas las áreas de la vida. ¿Por qué no habría de serlo a la hora del sexo?

Diversos estudios indican que no existe tal excepción.[9] De acuerdo a las investigaciones, las mujeres que son capaces de hablar más abiertamente de sus necesidades sexuales reportan relaciones sexuales más frecuentes, aparecen más orgásmicas y experimentan más placer que aquellas que son verbalmente inhibidas. Una encuesta realizada por la revista norteamericana *Redbook* reveló que en las mujeres el mejor indicador de satisfacción marital y sexual era su capacidad de expresar sentimientos sexuales a sus maridos. A la luz de estos informes, ser capaz de hablar de sexo sería claramente positivo para la propia sexualidad. Quizás debiéramos dejar de valorar esos largos siglos de extremo sigilo y discreción.

9. David Kurlbert, *Journal of Sex and Marital Therapy*, n.° 17, vol. 3, 1991. Carol Tavris y Susan Sadd, *The Redbook on Female Sexuality*, Delacoste Press, 1975.

Desgraciadamente, aventurarse en esa conversación requiere no sólo de audacia para transgredir las prohibiciones milenarias sino, además, una tremenda delicadeza para no herirse mutuamente.

Hablar de sexo no es lo mismo que hablar de gastronomía o de moda. La sexualidad es un terreno muy cercano al corazón del sí mismo. Por eso, es muy fácil entender como críticas las necesidades o demandas que se nos plantean.

Expresar los deseos propios, lo que a uno le gusta, lo que considera sensual y afrodisíaco y, al mismo tiempo, cuáles son aquellas conductas que desestimulan, implica asumir el riesgo no sólo de incomprensión sino —lo que es más grave— de sufrir la agresión de quien se siente criticado en un terreno tan íntimo.

No es fácil decirle al compañero que sus caricias son demasiado bruscas sin que lo perciba como un reproche. Con frecuencia, el hablar se vuelve un boomerang que, en vez de ayudar a una mejor relación sexual, repercute en la autoestima de la pareja que termina inhibiéndose ante esta compañera que comenta el acto sexual (terreno en el cual seguramente sus parejas anteriores prefirieron no aventurarse). ¿Cómo se atreve a descalificar aquello que se ha estado practicando desde hace tanto tiempo? ¡Nunca antes le había sucedido algo así!

Las mujeres prefieren callar antes que correr el riesgo de herir o afectar la seguridad personal del otro. Sólo se lanzan a la aventura de expresar sus deseos después de largo, largo tiempo, cuando ya la acumulación de frustraciones e insatisfacciones desbordan el silencio, en un intento de salvar la relación amorosa.

Recién entonces se ponen valientes y, con toda la dificultad ancestral a cuestas, con los nervios a flor de piel, la angustia en la garganta y la ausencia de palabras adecuadas, lanzan su pedido a borbotones frente a una pareja que, en la mayoría de los casos, mira en el más absoluto desconcierto ya que, hasta ese instante, suponía que todo andaba sobre ruedas. Lo que ella esperaba decir en forma sensata, cariñosa y honesta normalmente retumba como un horrendo y agresivo exabrupto.

Cuando la frustración y la rabia exceden los límites, se cae fácilmente en las generalizaciones: «Nunca eres cariñoso», «Siempre te quedas dormido a la hora de hacer el amor», «Nunca me dices nada bonito cuando me haces el amor». Los «siempre» y los «nunca» copan el discurso, convirtiendo una petición amorosa en una recriminación odiosa que termina en la peor incomunicación: él herido, ella más cerrada y silenciosa que antes. Ambos con una tremenda sensación de rechazo.

Para evitar la hecatombe, muchas recurren a una fórmula que suele resultar aún peor: el camino oblicuo, ¡tan utilizado a la hora del sexo! Por esa vía, es probable que él no sólo quede inhibido porque lo está haciendo mal sino que, además, no entienda lo que se le está pidiendo. La utilización de un lenguaje claro y directo es esencial. Pero ¿cómo evitar que el otro quede herido y sobrevenga el desastre?

No es fácil. Si no hubiese tanta carga emocional acumulada se podría decir sencillamente: «Me gustaría que me tocaras más despacito por aquí» o «Creo que me encantaría que me tocaras por acá». Pero esa simpleza parece enredarse entre las sábanas hasta convertirse en algo tan complejo de pronunciar que más vale mantenerse en silencio.

Los hombres no lo hacen mucho mejor a la hora de hablar de sexo. Si bien son más explícitos en sus gestos no verbales, indicando lo que les gusta a través de actitudes y colocando a sus compañeras en la circunstancia deseada, son aún más reacios que las mujeres a utilizar la palabra.

El asunto se complica todavía más porque a ellos se les supone expertos en las artes del sexo y, por tanto, son los que tienen que guiar la acción. Lo hacen naturalmente de acuerdo a su propia sexualidad, y las mujeres deben dejarse llevar por ellos, que son los que saben...

Y aquí surge un nuevo riesgo a la hora de romper el silencio: perder femineidad al interferir en lo que él está creando. Mientras el rol masculino está definido por la experiencia y la capacidad de determinar cómo se hace el amor, el femenino se basa en la entrega para ser llevada al éxtasis. La osadía de sugerir zonas erógenas o caricias específicas puede resultar apabullante y terminar en una mordaz acusación de «directora de orquesta». Queja frecuente entre los hombres que se sienten confundidos por las demandas de sus parejas.

Las revistas de divulgación masiva crean falsas expectativas cuando —con gran entusiasmo— les recomiendan a sus lectoras: ¡hablen con su pareja! ¡Atrévanse a decirle lo que sienten! ¡Explíquenle lo que les gusta!

No es simple hablar de sexo. Requiere de diplomacia y astucia para proponer alternativas y no sólo criticar. Exige mucho tacto y, sobre todo, gran habilidad para remontar siglos de mutismo y misterio.

El silencio se llenó de tabúes que impiden hasta hoy hablar de ciertas cuestiones que inundan y entorpecen la intimidad. Es tabú reconocer dificultades para llegar al orgasmo, es tabú expresar la necesidad de estimulación del clítoris, hablar de algún problema de erección, de infecciones vaginales, del deseo de cambiar de postura sexual, de sexo oral, de masturbación, de fantasías sexuales, de distintas maneras de llegar al orgasmo. Este último tabú es el que más se encara con una comunicación retorcida, tratando de lograr el objetivo sin que el compañero se dé cuenta, llevándolo disimuladamente, sin que se sienta presionado.

Pero quizás el tabú más complejo y angustiante es el de la disminución del deseo sexual. Aunque —como veremos más adelante— este fenómeno tiene múltiples razones, confesarlo es demasiado peligroso. No querer ir a la cama es la mayor descalificación para el otro, es probablemente la peor de las críticas para el compañero, es definitivamente sinónimo de no amar. ¿Cómo entonces se podría romper la prohibición de hablar de algo tan dañino?

Enfrentada a esa circunstancia aterradora, la mujer empieza a escabullirse, a ordenar toda la casa antes de llegar a la cama, a hipnotizarse con la televisión, a sufrir recurrentes dolores de cabeza (que muchas veces son verdaderos, producto de la angustia de su secreto). Con estas triquiñuelas, por lo general inconscientes, se puede respirar tranquila ya que el «no quiero» se convierte en un «no puedo».

Paradójicamente, frente a una sexualidad poco placentera, a una libido esquiva o a la falta de deseo, el silencio surge como un escudo protector, que si bien no soluciona los problemas, al menos no los hace patentes y evita que se agudicen. Esto es sólo ilusión. Una fantasía que cierra dramáticamente la posibilidad de hablar de los deseos sexuales de la mujer.

5. El clamor femenino: ¡qué lejos de la ciencia y de los libros!

Cuando ya se hace inevitable asumir que las cosas no andan bien, que nada calza con el esquema establecido, cuando no se siente como dicen que hay que sentir, cuando no pasan las cosas que se supone deben pasar, cuando los tiempos propios están lejos de lo esperado, cuando ya no se puede seguir ignorando que el cielo se niega a revelarse, entonces cae como un rayo la certeza de estar fallando.

Sintiéndose defectuosas, las mujeres comienzan a buscarse en revistas y libros. Allí encuentran gran material sobre la salud reproductiva, el control de la natalidad y el sida, pero en cuanto a la relación sexual misma, prácticamente toda la información está ligada a la genitalidad, al rendimiento, a sus fallas y disfunciones, es decir, a sus aspectos cuantitativos.

Centrándose en la cantidad y en los tiempos, los escritos resultan coherentes con las bromas aceptadas socialmente y con aquello que se ha oído furtivamente reforzando la ficción en cuanto al número de orgasmos, a los atributos físicos, al éxtasis instantáneo...

Ante un bajo deseo sexual se descubrirán con facilidad todas las causas biológicas o ambientales que provocan esta situación. Si el problema es la ausencia de orgasmo, habrá amplia información sobre la mecánica de las distintas fases previas. Seguramente se mencionará la relación de pareja, dejando establecido que puede haber problemas en ella pero, por lo general, pocos textos profundizarán en este aspecto que —erróneamente— se considera más propio de otra área de problemas y no consustancial a la vida sexual.

Como ocurre ante los síntomas de cualquier enfermedad, al bucear en los textos no cuesta mucho identificarse con alguna de las patologías. Anorgasmia, dispaurenia, frigidez primaria o secundaria sirven para autoclasificarse y tratar de entenderse. De allí, si las condiciones lo permiten, ¡a terapia sexual!

La terapia suele seguir la misma senda de los libros. Hecho el diagnóstico, vendrán diversos ejercicios de acuerdo a la fase que se quiere mejorar: autoestimulación para conocer el cuerpo, masajes en pareja, prolongación de las caricias iniciales, presión en la cabeza del pene para prolongar el coito y retardar la eyaculación. Es decir, una serie de recomendaciones bastante técnicas para acomodar la maquinaria física. La psiquis, las emociones y la relación de pareja obviamente se incluyen en la terapia, pero básicamente como contexto. Y aun cuando sean consideradas en mayor profundidad, el objetivo terapéutico sigue siendo el ajustarse al modelo establecido: responder a las caricias con suficiente excitación para llegar al orgasmo.

Poco y nada se examinan las dimensiones emocionales y espirituales, que no sólo están ligadas al amor sino que son esenciales en la sexualidad femenina. Por lo tanto, en la búsqueda de ayuda, las mujeres están obligadas a concebirse en función de una visión del sexo que deja fuera características inherentes a su ser.

En la práctica, los ejercicios sexuales y las técnicas de excitación y coito que exige la terapia sólo lograrán ensayarse dentro de una excelente relación de pareja, lo que difícilmente será el caso en esas circunstancias. La relación suele estar bastante deteriorada y esa vida sexual deficiente puede ser precisamente la causa o la consecuencia de ese deterioro.

Frente a una terapia sexual que no da los resultados esperados, las mujeres enfrentan normalmente dos caminos: aceptar la humillación de un trauma psicológico sin solución o simplemente guardar silencio sobre lo que realmente sienten.

Cuando logran sacar la voz, ya sea en una encuesta anónima, en el secreto de una consulta terapéutica o en la confianza de la amistad férrea, resulta que gran parte de sus demandas y reproches no constituyen una extravagancia sino sentimientos, deseos y necesidades compartidos por otros cientos de miles de mujeres.

Algunas de las expresiones más frecuentes que se recogen en estudios, encuestas, consultas o simplemente en la conversación íntima son las siguientes:

- Quiero más amor y ternura y no tantas caricias genitales a destajo.
- Me gustaría que me diera más besos en la boca pero también en el cuerpo, en la cara, en el cuello, en las orejas. Necesito más pasión.
- En general, está tan apurado por la penetración que yo siento que los cariños son casi una obligación para que esté lista rápido.
- Durante días no me habla ni me mira y, de repente, en la noche, ¡paf, se transforma en el lobo feroz!
- Me gustaría que me tocara las caderas y las piernas, no sólo los pechos.

- Tengo la sensación de que mi marido no disfruta nada del estar conmigo, que sólo le gusta la penetración. No hay casi nada de juego sexual y, después, no conversamos nada, se queda dormido o prende la televisión. Yo me siento utilizada.
- Me cuesta relajarme. No me concentro. Me pongo a pensar en otra cosa. Me gustaría ser más desinhibida y tener menos vergüenza.
- Con los niños recién acostados, mi marido en pijama y haciendo zapping, no me interesa, lo menos que me dan ganas es de hacer el amor.
- No me desviste, siempre quiere sacarme la ropa de inmediato.
- Tengo orgasmos pero no son normales, sólo acabo cuando me estimulan el clítoris con la mano.
- Él termina cuando a mí me falta aún mucho rato. En cinco minutos está todo despachado, una lata.
- No puedo relajarme o moverme mucho porque él tiene eyaculación precoz.
- Soy rara, no tengo muchas sensaciones en la vagina. Yo creo que algo me pasa.
- Después de cada relación viene un examen terrorífico: quiere saber si tuve orgasmo o no, qué me gustó y qué no. ¿Acabaste? ¿Te gustó? ¿Estás bien? Si no sé qué decirle se altera mucho.
- Tiene como una obsesión: ¿acabaste?, ¿te falta mucho para acabar?
- Si no me toma la mano en el cine ni me pregunta qué he hecho en el día, ¿cómo me voy a excitar en la cama? Yo quiero que me seduzca, que me invite a tomar un trago, lo que hacía al principio del noviazgo. Como que se olvidó de mí.
- Generalmente está apurado y a lo único que le presta atención es a mi vagina, cree que ahí comienza y termina todo. Yo

necesito más abrazos, más caricias por todos lados, más juegos preliminares, que me dedique más tiempo, hablar más.

- Me encantaría que alguna vez pudiéramos tener un jugueteo eterno y no terminar siempre en relación sexual. Si me pongo mimosa se transforma en una obligación hacer el amor. No existen los cariños gratis, siempre me los cobra en sexo.
- No sé cuántas veces le he dicho lo que me gusta y le da igual, siempre vuelve a lo mismo, insiste en lo que ya sabe que a mí no me gusta.
- No me quiere.

Cada persona tiene sus propias características y peculiaridades, pero la mayoría de las quejas femeninas caben dentro de estas citas. Prácticamente no hay mujer que no se identifique con dos o tres de estas protestas.

El clamor femenino poco y nada tiene que ver con las cuatro fases del modelo de sexualidad humana que vimos anteriormente. Sus angustias están mucho más centradas en lo que ocurre fuera de la cama, especialmente en el antes y después del coito.

La situación raya en el absurdo. Las afirmaciones más comunes de las mujeres no están en los libros de sexualidad ni en la consulta de los expertos. Más aún, la literatura y la ciencia las obligan a insertarse en un molde que muchas veces las hace sentirse anormales por el solo hecho de desconocer su sexualidad.

O, dicho de otro modo, las obliga a sentirse sanas cuando están afligidas y llenas de frustración. Una mujer puede acumular media docena de las quejas antes señaladas pero, si se excita con cierta facilidad y llega al orgasmo en un tiempo relativamente parecido al de su pareja, no tiene cabida en la terapia ni en la literatura sexual. ¡Es absolutamente normal! Y si es normal... ¿qué reclama? Su insatisfacción va quedando silenciada bajo el rótulo de la normalidad. Y este título puede llegar a ser tan lapidario, tan pesado, como el de la anormalidad.

Calificada de «normal», la mujer prefiere mantener silencio y guardar en su intimidad un cúmulo de insatisfacciones y descontento.

Es lo que le ocurre a Marianela, veintinueve años, dentista: «Cuando me meto en el cuento no lo paso mal, pero lo que pasa es que meterme en el cuento me da una lata tremenda porque faltan tantas otras cosas… Muchas veces después de un tira y afloja logro embarcarme y la cosa resulta. Pero es como seguir un manual, todo mecánico, acabo y ¡sanseacabó! Hasta la próxima, que me da la misma lata…».

Muchas mujeres como Marianela cumplen «correctamente» su rol en la intimidad —se excitan y tienen orgasmos— pero lo pasan mal a la hora del sexo. Lo más probable es que jamás lleguen a preguntarles cómo les va en la cama y, por lo tanto, su frustración quedará eternamente ignorada.

Una mujer puede desempeñarse adecuadamente en la relación íntima pero estar sexualmente frustrada. Para ella, placer y orgasmo no son necesariamente sinónimos. El placer va mucho más allá, incluyendo una variedad de respuestas mucho más amplia. Si bien implica un enorme goce, el orgasmo no es la meta obligada de la relación sexual femenina.

Para las mujeres, las caricias y el afecto son tan importantes como el orgasmo. Pueden parecer exageradas en este punto, pero probablemente esto se deba a que este aspecto de su sexualidad ha sido casi totalmente negado. Lo concreto es que miles de mujeres tienen orgasmos pero están insatisfechas y no califican sus relaciones sexuales como una fuente de placer.

Al revés, una mujer puede no llegar al orgasmo durante una relación sexual y no sentir desilusión alguna (por cierto, no nos estamos refiriendo a alguien que nunca llega al orgasmo). Pero una mujer puede experimentar un tremendo desagrado después de haber llegado al orgasmo en una relación rápida, apurada y mecánica.

Sin embargo, esas insatisfacciones no tienen espacio en la consulta del especialista. Si hay excitación y orgasmo todo es normal. Que su compañero vea la tele como hipnotizado, que no hable una palabra desde que llega de la oficina, que la última vez que le dio un beso fuera para su cumpleaños, no parece ser razón para quejarse de la relación sexual.

En un ambiente en el que los hombres y la ciencia han dado su veredicto sobre el cuándo y el cómo del sexo, los reproches y lamentos más frecuentes de la mujer son descalificados y quedan encasillados en lo vano, lo pueril o lo trivial. Los libros más serios se limitan a dejar establecido que toda relación se ve indudablemente afectada por aspectos emocionales. Y hasta ahí se llega. La profundización de penas y frustraciones queda relegada a la conversación entre amigas. Amigas tanto o más desconcertadas.

Para ser oída por «los que saben» hay que tener realmente una disfunción de acuerdo al modelo de sexualidad establecido. En esta perspectiva, existen tres parámetros fundamentales de «normalidad» que poco y nada tienen que ver con las declaraciones recurrentes de las mujeres cuando encuentran el espacio para expresarse.

El primer factor es el coito: las mujeres «normales» tienen el deseo y la habilidad para mantener una cópula. El segundo es el orgasmo: para las mujeres «normales» éste es la meta de una interacción sexual satisfactoria. Y el tercero es la estimulación genital: tanto el orgasmo como el coito se basan en la primacía de la estimulación genital directa.

De acuerdo a estos cánones, una sexualidad femenina «normal» tiene como meta el orgasmo mediante el coito u otra forma de estimulación genital directa.

Frente al clamor de las mujeres, este esquema aparece como

tremendamente restrictivo, ya que no considera la mayor parte de sus necesidades y preocupaciones respecto de su sexualidad.

Existe, por tanto, un evidente desencuentro entre lo que las mujeres exponen como sus problemas y las perturbaciones sexuales descritas por los especialistas. Lo que sucede es que estas perturbaciones han sido catalogadas fundamentalmente en términos del fracaso físico y mecánico en el rendimiento durante el coito, pero están a años luz de las demandas concretas, mucho más cercanas a la relación de pareja y a las emociones.

«Mi pobre marido se ha tenido que acostumbrar a que soy rara —cuenta Ana María, arquitecta, cuarenta y tres años, doce de matrimonio, tres hijos—. Yo me doy cuenta cuando él va a querer algo en la noche, y para mí eso es lo último. Nos queremos, él es súper cariñoso y preocupado, en el día anda todo bien, pero en lo sexual ha ido de mal en peor por esta falta de ganas mías. Me siento culpable, como si le hubiera hecho una trampa. Me costó años decirle que yo no sé tener orgasmos. Me los tiene que provocar masturbándome, pero nunca he podido acabar de verdad. Para mí el sexo es un fracaso, me cansa, lo vivo como un deber en el que repruebo una y otra vez.»

Muchas mujeres tienen un bajo apetito sexual, les cuesta alcanzar el orgasmo o son simplemente anorgásmicas, debido a que no pueden comunicar sus deseos, sus gustos, sus desagrados o sus molestias. Muchas se autocalifican de frígidas o anorgásmicas sólo porque requieren de estimulación manual del clítoris o necesitan más expresión amorosa durante el proceso de excitación.

No se trata, por cierto, de restarle relevancia al coito y al orgasmo, pero los demás aspectos que conforman la relación han sido tan ignorados, tan marginados que fueron adquiriendo cada vez mayor importancia.

La disociación entre sexo y afecto ha ido profundizándose de tal manera que, en muchas parejas, un beso ya no es el inicio de un encuentro amoroso y placentero, que incluye por cierto el coito y el orgasmo. Un beso es más bien la señal de que se ha iniciado el acto sexual y de que es necesario rendir correctamente, es decir, tener una buena actuación excitándose rápido y llegando al orgasmo en el momento adecuado.

Entre tanto rendimiento, probablemente lo que más les interesa y les gusta a las mujeres terminará siendo breve y rápido para llegar a lo que, supuestamente, debiera interesar que es la penetración, la fricción del pene en la vagina y el orgasmo.

Desgraciadamente, este modelo tiende a ocultar la gran variedad de expresiones propias del sexo femenino. Pero ¡qué difícil resulta contrarrestarlo! Las voces femeninas no parecen tener suficiente autoridad. No hay que olvidar que el modelo de «normalidad» sexual tiene patente científica.

A mediados del siglo XX, la investigación sexual se instaló en los laboratorios y desde allí se estudió exhaustivamente qué ocurre en cada momento, cómo se produce el orgasmo, qué función cumple cada órgano o tejido. De esta forma, al insertarse dentro del marco científico, la sexualidad adquirió un aspecto ilusorio de neutralidad.

Frente a dichos estudios, en los que se medía hasta el más mínimo detalle de la respuesta sexual, lo que las mujeres pudieran decir en torno a sus experiencias, sus sentimientos o sus deseos fue perdiendo relevancia. ¿¡Qué importancia puede tener la demanda subjetiva de mayores caricias al lado de la observación científica —supuestamente objetiva— de la realidad!?

Pero la ciencia no es una excepción y, al igual que todo el quehacer humano, está estrechamente ligada al contexto histórico en el que se desarrolla. Por lo tanto, incluso el conocimiento está sujeto al cambio y va evolucionando.

El estudio científico de la sexualidad se produjo en medio de la intensa lucha de las mujeres por la igualdad. Por lo tanto, como veremos con más detalle en el próximo capítulo, equiparar el sexo de hombres y mujeres era una conquista que no podía cojear mostrando diferencias que, en esa época, eran inmediatamente calificadas como discriminatorias.

En ese clima, no se le prestó suficiente atención a un aspecto esencial de la sexualidad humana: las emociones. Para estructurar el modelo de ésta se pasó por alto nada menos que aquello que la distingue de la sexualidad animal. Llevados por la corriente de ser justos y no distanciar a los hombres de las mujeres, las diferencias emocionales se borraron de un plumazo, atribuyéndolas de un modo exclusivo a razones culturales, esencialmente discriminatorias.

Si bien las emociones están efectivamente marcadas por la cultura, su existencia y su trascendencia no pueden limitarse a ese terreno. Al hacerlo, se dejó fuera toda la riqueza de las emociones femeninas en torno al sexo.

Y no sólo las femeninas. También quedaron marginadas las emociones masculinas donde abundan la autonomía, el desafío y el logro.

Curiosamente, al analizar cualquier otra conducta humana, por más científico que sea el método, se considera imprescindible lo que las personas piensan, sienten y experimentan. Cabe preguntarse por qué cuando se trata de la conducta sexual, el laboratorio —con sus electrodos y sus relojes— adquiere una importancia tal que termina aniquilando la voz humana, y aún más la voz femenina, que es la que ha estado históricamente acallada.

Cuán grande es el peso cultural en las emociones que rodean al sexo, cuánto las afecta lo estrictamente biológico, es un asunto que todavía está en discusión. Pero lo concreto es que, al comenzar el tercer milenio, en la vida sexual de los seres humanos las emociones tienen un peso y una influencia decisiva.

Si se presta atención a las voces femeninas, se hace indispensable observar los problemas sexuales desde otra perspectiva, y no sólo en base a su armonía, coincidencia o desajuste con el modelo establecido en el laboratorio. Parece necesario buscar una nueva definición de normalidad en la que los sentimientos, la dignidad y la necesidad de intimidad tengan un lugar destacado.

Con esa mirada, la terapia y la solución de los problemas sexuales no se centrarían sólo en los genitales y los ejercicios recomendados para una excitación mayor, sino en un análisis más amplio que incluya la relación de la pareja, la historia individual y el contexto en que se produce.

Liliana, comerciante, cuarenta y cuatro años, casada hace dieciocho, cuatro hijos, tiene muy claro que la lejanía afectiva de su marido ha repercutido directamente en su vida sexual: «No es lo mismo que cuando recién nos casamos. En esa época, eran las trancas que me habían metido mis papás y las monjas, pero eso lo superamos rápidamente y lo pasábamos muy bien. Ahora, creo que mi falta de ganas es pura insatisfacción, es lata. Juan se dedica sólo al trabajo, anda siempre agotado, no tiene idea lo que pasa en la casa, ni con los niños, ni conmigo. Antes me daba rabia. Pero ya no tengo pica, simplemente dejó de gustarme como hombre, no me atrae, me desagrada hacerle el amor».

El buen sexo no es lo mismo que andar bien en bicicleta. No basta aprender una vez y dar el tema por superado. La vida sexual no es un hecho aislado del ser de cada uno, ni de la relación con esa pareja determinada, ni del momento que se está viviendo. Los reproches no se dan en el vacío, se anclan en un momento particular y con una pareja concreta.

No se trata de descartar o descalificar los aspectos más mecánicos que han estado presentes en la terapia sexual tradicional. Por el contrario, al encarar un problema específico pueden ser de gran ayuda, pueden ser extraordinariamente útiles y contribuir en forma muy eficiente al aprendizaje concreto de una fase de la relación, pero la «técnica» del sexo por sí sola no soluciona los problemas sexuales.

Con esta visión más amplia de la sexualidad, debiera intentarse una reclasificación de los problemas, en la que estén por cierto las dificultades propias de la excitación y el coito, pero también aquellos otros obstáculos que tienen que ver con el contexto, con los antes y los después de la cópula, con la relación humana entre un coito y otro, con las emociones más diversas de la pareja.

Probablemente, a las mujeres que tienen algún problema en su vida sexual les sería más útil una clasificación de esta naturaleza que verse obligadas a identificarse con palabras extrañas y aterradoras como anorgasmia, dispaurenia o frigidez. Podrían definir con mayor precisión si sus dificultades tienen o no relación con la técnica, si se trata de caricias más o menos bruscas, si los cariños están dirigidos al lugar equivocado, si se trata de un asunto de tiempo, o si sus problemas están más ligados con aquello que ocurre fuera de la cama.

Muchos años de trabajo terapéutico y de conversaciones con mujeres están demostrando que, por lo general, la satisfacción sexual está más vinculada a factores emocionales que a un rendimiento perfecto del ciclo de respuestas sexuales establecidas por los expertos.

6. Nueva meta: el placer

Si se escucha con atención lo que las mujeres están diciendo, resulta evidente que hay que cambiar los parámetros que determinan la normalidad sexual y, por lo tanto, modificar las herramientas que se utilizan para conseguirla.

El orgasmo no es garantía para un encuentro humano placentero. Orgasmo y placer no son sinónimos. Como vimos anteriormente, a diferencia de los hombres para quienes la eyaculación y el placer están estrechamente ligados, muchas mujeres sostienen que alcanzan el orgasmo sin mayor dificultad pero no se sienten satisfechas. El orgasmo como objetivo de la relación sexual es claramente restrictivo, de allí la proposición de reemplazarlo por el placer. Una meta quizás más amplia y ambiciosa, pero más realista.

Resulta revelador constatar que el placer femenino es el gran ausente en la educación sexual, especialmente en las clases formales donde abundan los detalles sobre la reproducción y, normalmente, se reclama con energía una mayor profundización en lo valórico. Pero todos parecen olvidar este pequeño detalle: ¿qué les gusta a las mujeres?, ¿cuándo sienten placer?, ¿cuándo llegan realmente al éxtasis?

El placer incluye obviamente el orgasmo, pero va más allá. Considera también la conexión emocional que, de acuerdo a la voz de las mujeres, produce tanto o más goce que el orgasmo propiamente tal. Es indispensable aclarar que cuando las mujeres se refieren a un vínculo emocional no están señalando la necesidad de una relación estable, ni para toda la vida. Lo que reclaman para gozar del sexo —aunque sea por una noche— es un encuentro de calidad en el que los sentimientos, la ternura y la comprensión tengan también un espacio. El buen sexo involucra todo el cuerpo y toda la sensibilidad de dos seres humanos capaces de respetar la individualidad y variedad en el goce de cada persona.

La búsqueda del placer es sin duda una empresa compleja, en la que deben combinarse con sutileza y maestría las necesidades del cuerpo y del espíritu. Porque si bien la cercanía emocional parece ser un requisito indispensable para el goce femenino, no es suficiente. Por más grande que sea el amor, no basta para provocar la estimulación corporal y genital necesarias para lograr una relación sexual íntegra y completa. El orgasmo no es el fin último y sagrado para la sexualidad femenina pero es, por cierto, indispensable e irreemplazable a la hora de una vida sexual plena.

7. El arma secreta: ¡fingir!

A poco andar en su vida sexual, la mujer se sorprende distinta al hombre —otro ritmo, otro tiempo, otras caricias, otras fantasías—, pero el riesgo de explicitarlo es demasiado alto. ¡No vaya a ser rara! ¡Para qué poner problemas! Más vale no hablar. Y manejarse al filo de la navaja, con intuición, sagacidad y sutileza, para que nadie se dé cuenta.

Su gran objetivo es el amor. Ha sido socializada para ser amada y, por lo tanto, su sexualidad se ha convertido en un medio para lograrlo. Para ella, el sexo no es algo realmente propio, no se trata de despertar su deseo, de detectar placeres y llegar al orgasmo, sino más bien de descubrir cómo avivar y satisfacer el placer del hombre para ser amada.

Desde esa perspectiva, la mujer deber ser sobre todo muy femenina. Ésa es la herramienta imprescindible para conseguir su objetivo: despertar el deseo masculino. Esto explica que, desde niña, se valore en ella su belleza, su coquetería y su poder de seducción.

El ser femenina implica estar muy alerta para detectar desde muy joven las claves capaces de atraer al hombre. No hay recetas aprendidas en esta tarea, es intuición pura; la misma que luego debe utilizar para imaginar cuándo y cómo satisfacer el deseo que logró encender.

Cuán femenina es una mujer depende precisamente de esa capacidad, es decir, su femineidad será evaluada y sancionada por el hombre. El ser amada y deseada están íntimamente ligados a su femineidad. Para el hombre, en cambio, el ser amado y deseado son esenciales a su felicidad pero no a su virilidad.

Consciente de la importancia de la sexualidad pero sin saber cómo encararla, la mujer intenta adivinar el camino correcto hacia una buena relación con su pareja. Ya sabemos que anda a ciegas, buscando la medida exacta entre pureza y erotismo, tratando de complacer al compañero y satisfacer los propios deseos.

El camino suele ser áspero y con más obstáculos de los presupuestados. Inesperadamente, se descubre que el príncipe encantado, cápaz de llevarlas al paraíso con un sutil y tierno beso, sólo existe en los cuentos de hadas. La realidad, incluso la del gran amor, es más dura y compleja. En muchos casos, la cama se convierte en un terreno minado. Y lo que es peor, a la pareja se une el fantasma del abandono.

Ante la angustia de ser rechazada y no querida, no hay mujer que no descubra rápidamente el gran escape a esta situación tormentosa: ¡se puede fingir!

Fingir es un arma secreta que puede utilizarse sin inquietud alguna. Dado que los genitales femeninos están ocultos, y que el placer o la frustración femenina no afectan en nada el proceso reproductivo ni tampoco el placer de su pareja, hasta el simulacro más grosero y desmedido resulta completamente inocuo.

Se trata de una herramienta de tanta eficacia que no sólo se utiliza para simular la pasión sino también —con igual o mejor resultado— para encubrirla. Porque la ignorancia con que las mujeres enfrentan su sexualidad es tal que si bien la frigidez es el fantasma más temido, el exceso de pasión puede resultar igualmente arriesgado. Prácticamente ninguna ha dejado de descubrir las ventajas de este engaño piadoso. Aunque a muchas les cueste reconocerlo y a los hombres les cueste asumirlo: no hay mujer que no haya fingido alguna vez el placer, la excitación y el orgasmo.

Es, por lo demás, un arma antiquísima. En la época victoriana las mujeres debieron recurrir a ella porque les estaba prohibido sentir, eso no era propio de una dama. Al acercarse el fin del milenio, hay que seguir fingiendo para no ser calificada como anormal o desviada de los cánones normales establecidos nada menos que por la ciencia. No se puede pretender que cualquier mujer, sin mayor conocimiento que el de su experiencia personal, se atreva a desmentir lo que afirman numerosos y prestigiosos científicos. Más vale seguir usando el arma secreta.

Incluso cuando las cosas andan bien, se suele utilizar para exorcizar otro gran fantasma: el de la comparación.

En medio de la ignorancia, la ansiedad que provoca el definir correctamente el cómo y el cuánto de la sexualidad femenina, se ve exacerbada por el riesgo de salir mal en el examen frente a las otras mujeres que han estado con el hombre amado.

Si a otras que él quiso antes les gustaba esto o aquello, para qué correr el riesgo de pedir algo impropio. Lo que no se piensa es ¡cuánto le habrán fingido esas otras mujeres!

Como enseña la sabiduría popular, en el amor como en la guerra todo está permitido. Y la mujer finge en torno a aquello que estima necesario para su objetivo fundamental: el amor. Y así se va produciendo una cadena infinita de mentiras y medias verdades sobre el deseo y el placer femeninos.

Sin poder definir con claridad cuán sexuadas deben ser, por lo menos en algún momento de sus vidas, las mujeres fingen para mucho, para poco o por si las dudas. Y, en definitiva, con esta arma poderosísima e incontrarrestable, contribuyen, sin quererlo, a aumentar el misterio en torno a lo que realmente sienten y quieren. Colaboran así, inconscientemente, a su propia insatisfacción.

II

De la igualdad a la diferencia

1. El boomerang de la igualdad

A pesar del tiempo transcurrido y de la tremenda intensidad y virulencia que adquirió en el siglo XX, la lucha por la igualdad entre hombres y mujeres todavía no termina. Los avances logrados, especialmente en la sociedad occidental, han sido enormes —nuevos derechos y oportunidades— pero aún queda mucho camino por recorrer para que efectivamente hombres y mujeres tengan las mismas posibilidades en todas las áreas del quehacer humano.

Paradójicamente, antes de llegar a la meta, se han empezado a sufrir algunas de las contradicciones que encierran todos los grandes avances sociales. La palabra igualdad se imprimió con tal fuerza en la lucha de las mujeres que arrasó con cualquier elemento que pudiera interferir en su camino. Sostener que la única diferencia entre hombres y mujeres es su manera de orinar se convirtió en una verdadera conquista.

Al calor de la batalla, en medio de la lucha por alcanzar aquello que les estaba prohibido y que pertenecía al exclusivo dominio masculino, se fue olvidando que la pelea era por conquistar una igualdad de derechos y no por ser idénticos. Esa distorsión entre igualdad e identidad repercutió sobre todo en las mujeres que, en el intento por aniquilar las desigualdades, fueron borrando aquello que les era propio. Sin darse cuenta, fueron descuidando y omitiendo muchos elementos que son esenciales a su identidad y que las distinguen de los hombres más allá de la justa exigencia por la igualdad de oportunidades. Si nos adentramos en serio en las diferencias, quizás la manera de orinar es lo más parecido que tienen ambos sexos. ¡Son tan distintos en todo lo demás! O por lo menos, en todo lo realmente sustantivo.

Este «olvido» de las diferencias no es un asunto menor. Se desconoció una realidad del tamaño de un rascacielos: hombres y mujeres son tremendamente distintos en aspectos tan diversos como la biología, las emociones o la socialización. Menospreciar esta realidad desemboca fácilmente en grandes problemas sexuales. Y no es para menos, al ignorar la heterogeneidad, se cae en el absurdo de pretender que apenas se encuentren en la cama hombres y mujeres se entiendan como almas gemelas. Esperanza que no sólo aumenta la ansiedad y la presión por rendir bien sino que, además, resulta ilusoria.

Durante décadas el debate ha estado centrado en definir si las desigualdades son biológicas o culturales. Surgió así el concepto de género que, partiendo de la biología de cada cual, alude a las características señaladas como femeninas o masculinas por las influencias del medio. Así, por ejemplo, apenas la matrona anuncia «¡es niñita!», se desencadena una serie de conductas que serán determinantes: la ropa rosada, los aros en las orejas, las muñecas en vez de autitos, el traje de enfermera en vez de estetoscopio...

La discusión sigue entrampada sin que se logre precisar qué porcentaje de las diferencias hay que cargar a la biología y cuál a lo cultural. Lo concreto es que ambos factores existen y que, a la hora de irse a la cama, resulta completamente irrelevante tener claro si las diferencias son biológicas o culturales. Para compartir la intimidad, poco importa si las mujeres nacieron para dedicarse a la cocina y al cuidado de los niños, o están hechas para gobernar el mundo. El debate ideológico, por más intenso e iluminador que sea, poco y nada contribuye en la búsqueda de una vida sexual plena. Lo que sí importa —como lo veremos más adelante— es el vínculo que hombres y mujeres establecen en cada circunstancia. Es decir, el tipo de relación —tanto sexual como emocional— que el hombre adopta frente a una mujer que es ama de casa o a una como Margaret Thatcher.

Lo esencial es que tanto lo biológico como lo cultural —en proporciones todavía no establecidas— marcan distinciones relevantes en el grueso de hombres y mujeres. Para llegar a un encuentro sexual placentero, ambos deben atravesar diferencias fisiológicas, emocionales, psicológicas, sociales y culturales.

Quizás sea necesario recordar que ambos son seres humanos y, por lo tanto, una determinada característica —más propia de uno de los sexos— no está necesariamente ausente en el otro. Por el contrario, suele presentarse también independientemente de nuestra biología y de nuestra socialización, de allí que todos tengamos un lado femenino y otro masculino, sólo que predomina un rasgo particular que en el otro se manifiesta más diluido, menos desarrollado.

Pero no sólo hay que distinguir entre hombres y mujeres sino también entre una persona y otra. Las características individuales son fundamentales y, por más obvio que parezca, es indispensable destacar que cada hombre y cada mujer son únicos. La generalización en este tema —tal como lo advertimos en la introducción— es tanto o más temeraria que en otros terrenos.

Cada ser humano es un mundo en sí mismo, y no tiene por qué responder a ninguna generalidad. En ese sentido, cuando se habla de sexualidad, más que encajar en un modelo predeterminado, más que tratar de establecer en qué estoy bien y en qué estoy mal, cada uno debiera preguntarse por sus necesidades y por las del otro, y tratar de entenderlas. Cada uno debiera centrarse en sus deseos y no en la mejor forma de insertarse en una «normalidad» establecida en algún tipo de laboratorio.

Desde esta perspectiva, e independientemente de la lucha por la igualdad de oportunidades que aún libran las mujeres, su sexualidad requiere de una enormc apertura a la diferencia. La clave está en las necesidades de cada uno, que deben ser entendidas sin prejuicios ni descalificaciones basados en modelos y parámetros que muchas veces pasan a llevar su propia esencia.

Absortas en la lucha por la igualdad, las mujeres desdeñaron las diferencias y, sin darse cuenta, han tratado de insertarse en el molde masculino creyendo que es el correcto. Al no encajar como se debe, han colaborado —inconsciente y peligrosamente— a confirmar una idea nefasta que pesa sobre ellas desde hace milenios: a las mujeres no les gusta el sexo.

Esta afirmación es completamente falsa. A las mujeres les gusta el sexo tanto como a los hombres. Simplemente, tienen otra manera de concebirlo, de vivirlo y de gozarlo. Cuando su vida sexual es placentera, disfrutan del sexo con tanta devoción como los hombres.

Lo complicado es determinar lo que cada uno entiende por una sexualidad placentera. Es allí donde emergen las particularidades de cada cual y, lo más grave, ni hombres ni mujeres tienen conciencia de ellas. Por lo general, ninguno de los dos sabe cuán distintos son.

2. Simplicidad masculina, complejidad femenina

La primera diferencia entre hombres y mujeres es la más obvia y, al mismo tiempo, la más ignorada: la anatómica. El aparato genital masculino y el femenino no pueden ser más distintos. Partiendo por lo físico que es lo más evidente, como ya vimos en el capítulo I, el hombre tiene un órgano genital, que es el pene, y la mujer tiene por lo menos dos: la vagina y el clítoris.

Lo físico influye obviamente en aspectos psicológicos, emocionales y culturales. Todos sabemos el impacto que puede tener para una persona el enfrentar una cojera o perder un dedo, cada día aceptamos con mayor naturalidad la práctica de la cirugía estética, nadie ignora el valor de la apariencia física que incluso ha llegado a extremos discriminatorios. Basta mirar a nuestro alrededor para darnos cuenta del poder del cuerpo sobre la mente. Sin embargo, pareciera que pasamos por alto el efecto que las características anatómicas de cada persona tienen en su psicología.

Debiera ser un hecho evidente que las propiedades genitales de hombres y mujeres los hacen necesariamente diferentes. ¿Se puede pensar acaso que no interviene en la psiquis de cada uno el que la función del órgano genital masculino sea penetrar, mientras los órganos genitales femeninos tienen la misión de contener, de envolver? ¡Qué distinta es la mente de quien se introduce, se interna en el otro, a la de quien recibe, admite, acoge al prójimo!

Dejemos un poco de lado las diferencias psicológicas, que irán surgiendo a lo largo del libro, para detenernos específicamente en la diversidad física, para tomar conciencia de la enorme variedad y complejidad de los genitales femeninos.

Durante el coito, las zonas masculinas que intervienen son básicamente el pene y los testículos. En la mujer, en cambio, como ya lo anunciamos en el capítulo anterior, sus genitales incluyen la vagina, el clítoris, la capucha del clítoris, los labios mayores y menores, el hueso púbico con el monte de Venus. La zona vulvar completa participa activamente en el acto sexual. Sin mencionar otras partes del cuerpo de innegable relevancia como los pechos, donde cuesta definir si se trata sólo de una zona erógena o más bien de un área que debe integrarse a la genital propiamente tal.

El refinamiento de cualquier instrumento está estrechamente ligado al número de partes que entran en juego para hacerlo funcionar. Mientras más piezas intervienen mayor es su complejidad y su versatilidad, las distintas partes pueden combinarse de múltiples maneras e intervenir con distinta intensidad en cada momento. Por cierto, también son mayores las posibilidades de que algo pueda fallar.

Es simplemente un problema matemático. Para una buena relación sexual las mujeres deben poner en marcha una cantidad sustancialmente mayor de variables que los hombres. Si su pene anda bien, el hombre puede respirar tranquilo; la mujer, en cambio, tiene que coordinar media docena de elementos que son indispensables, y cuyas posibilidades de combinación son inmensas.

Como si esto fuera poco, es necesario agregar a la complejidad anatómica una cantidad de variables emocionales y de convivencia que intervienen en la sexualidad femenina con mucha mayor fuerza que en el hombre. Sea por razones culturales o biológicas, lo concreto es que las mujeres tienen más unido el sexo al amor, a la emoción y a la relación de pareja. Esto aumenta aún más el número de variables que inciden en la sexualidad femenina en cada oportunidad.

Esta realidad explica no sólo que hombres y mujeres sean distintos entre sí, sino también que las mujeres presenten una mayor diversidad entre ellas que los hombres. Si bien, como hemos dicho antes, no hay dos seres humanos que sean iguales, considerando un comportamiento promedio, las mujeres muestran una mayor heterogeneidad en sus respuestas sexuales.

Otro efecto que salta a la vista a partir de la complejidad del sexo femenino es que las mujeres tienen más prerrequisitos para hacer el amor. Como ya dijimos, a las mujeres les gusta hacer el amor tanto como a los hombres y, tal como ellos, obtienen un alto grado de placer; sin embargo, dada su anatomía y su psicología, la mujer suele tener más exigencias previas para el placer sexual que el hombre. Con el agravante de que éstas se mantienen en silencio, se ocultan o sencillamente se desconocen.

No cabe duda de que para el hombre es más fácil obtener el placer sexual que para la mujer. Al momento de echar a andar su cuerpo, tiene muchas menos exigencias para llegar al éxtasis. Por eso, el ignorar las diferencias físicas y homologar la vagina con el pene es una simplificación aberrante que deja fuera de análisis tres cuartas partes de la sexualidad femenina.

3. El sexo no comienza ni termina en la cama (una obviedad que es letra muerta)

En la década del setenta, el famoso *Informe Hite* provocó un escándalo de proporciones. La investigadora norteamericana Shere Hite realizó una larga y exhaustiva encuesta en la que les preguntó a miles de mujeres acerca de sus experiencias sexuales. El resultado fue estremecedor: sólo tres de cada diez experimentaban regularmente el orgasmo durante el coito propiamente tal. Las otras siete lo hacían antes o después. Dicho de otro modo, entre las mujeres que llegan al orgasmo, la mayoría no lo hace durante la penetración.

Además de romper una serie de mitos, la realidad que surge de esta investigación deja en claro la importancia que tiene para la mujer el antes y el después del coito.

Por cierto, esos momentos también son relevantes para el hombre pero, a diferencia de las mujeres, la inmensa mayoría de los hombres experimenta el orgasmo durante el coito. Las excepciones están en el *coitus interruptus,* la eyaculación precoz u otras interferencias, voluntarias o producto de alguna perturbación.

El *Informe Hite* tiene ya casi treinta años, y es posible que desde entonces los porcentajes hayan variado por razones culturales, psicológicas o simplemente porque se habla más del tema, pero lo concreto es que un porcentaje sustantivo de mujeres —y así lo demuestra la experiencia clínica— no tiene orgasmo durante el coito, sino antes o después de la penetración.

Lo asombroso es que a pesar del tremendo revuelo que produjo el *Informe Hite* en la década del setenta, hasta hoy sus resultados son más bien ignorados, y la mayoría de las parejas sigue actuando como si el sexo se limitara al coito. Del dicho al hecho hay un largo trecho, reza un refrán popular que parece a la medida para esta situación. Aunque todos hemos oído una y otra vez que el sexo no empieza ni termina en la cama, en la práctica esto sigue siendo letra muerta. Pareciera que no queremos —o no podemos— convencernos de que coito y placer no son sinónimos.

Más aún, dado que la palabra coito hace referencia a la penetración del pene en la vagina, las personas sienten que no han hecho el amor si no hay penetración. Esto resulta especialmente evidente entre los adolescentes: no importa cuán excitados estén, si han tenido orgasmos o no; mientras no haya penetración, no han hecho el amor.

Esta idea tiene dos consecuencias nefastas: primero, ha llevado a desvalorizar todo lo que ocurre antes y después de la penetración y, segundo, ha llevado a pensar que basta que haya penetración para tener una verdadera relación sexual.

El modelo masculino de penetración-coito-orgasmo se ha impuesto con tal fuerza que el masaje clitorideano, que es la forma más frecuente para alcanzar el orgasmo en las mujeres, ni siquiera tiene nombre en la terminología sexológica.

Las distintas fases de la relación sexual sólo parecen adquirir sentido en función del coito mismo. Desde esa perspectiva, todo aquello que antecede a la penetración pasó a llamarse «preliminares» y se le considera una etapa de carácter más bien instrumental, sin valor en sí misma. Lo que ocurre después... ni siquiera tiene nombre, ni siquiera existe. ¡Qué manera tan restringida y simplona de mirar la sexualidad femenina! Llamar «preliminares» o «juego sexual» a lo que ocurre pre o poscoito resulta absolutamente engañador. El sexo oral o manual que tiende a producirse en esos momentos no constituye un preludio ni un juego de acompañamiento sino un aspecto central de la sexualidad femenina.

Basta escuchar las quejas de las mujeres para darse cuenta de la tremenda importancia que tienen para ellas todos los aspectos previos. Ésta es sin duda una de las diferencias sustantivas entre uno y otro sexo.

Para la mayoría de los hombres la visión de un cuerpo desnudo y la caricia de sus genitales constituyen un potente estimulante que les produce una excitación casi inmediata. A la mujer, en cambio, esa rutina le resulta habitualmente ineficaz. No le basta con las caricias genitales directas. Por el contrario, muchas veces le sobran. Cuando los toqueteos son prematuros y demasiado bruscos, suelen interrumpir el clima erótico en que se estaban adentrando.

«Pancho no se da cuenta de que a mí la penetración no me excita —reclama Soledad, veinticuatro años, soltera—. Por el contrario, cuando deja de lado los cariñitos que me estaba haciendo y va derecho a la penetración, yo empiezo a enfriarme y a secarme, y la relación me duele. Varias veces he tenido que pararlo en la mitad por el dolor, él se siente súper mal porque no entiende que partamos tan bien, que yo esté tan excitada y después me quede helada.»

La diferencia en este aspecto es tan profunda que a los hombres les cuesta entender que un tipo de caricia, que a ellos los enciende automáticamente, pueda resultar contraproducente para sus compañeras. La identidad masculina está mucho más ligada a su sexo que la femenina. Si algo les pasa a los genitales, los hombres sienten como si aquello le ocurriera a todo su ser. Las mujeres, en cambio, no generalizan lo que sucede con su sexualidad. Al revés, lo que pasa en otros ámbitos repercute en los genitales. De allí la enorme necesidad de caricias emocionales que experimentan las mujeres.

Sea por razones biológicas, fisiológicas o culturales, lo concreto es que la mayoría de las mujeres siente mucha rabia cuando el acercamiento masculino se manifiesta exclusivamente en la genitalidad.

No se trata de que a la mujer no le guste ser tocada en esa zona, sino que el rechazo sobreviene cuando siente que ese contacto está sustituyendo otras caricias, otras expresiones de afecto y otras formas de comunicación que para las mujeres son imprescindibles. Las caricias genitales se convierten en un mal trueque: no te llamé, no te hablé mientras comíamos, hace días que no te tomo la mano, hace meses que no te digo un piropo pero ¡mira con qué pasión te estoy tocando! En ese preciso instante, la mujer se indigna, se irrita y recibe ese contacto físico como una agresión a su ser más íntimo. ¿Qué se cree este tipo, que puede ignorarme completamente, que puede descalificarme en todas mis necesidades y después usarme para su satisfacción sexual...?

La mujer requiere sentirse buscada por su pareja, necesitada y deseada. ¡Éstos son enormes afrodisíacos para ella! Son caricias sexuales no genitales. Son pequeños gestos y detalles que se van acumulando en los momentos o días previos. Son llamadas, mensajes, miradas, un beso repentino, un tomarse de la mano o un regalo, muchas veces insignificante, pero que producen en ella una disposición al sexo tanto o más grande que la caricia que un hombre puede recibir en el pene. Estos cariños tendrán una incidencia enorme en la excitación que vendrá doce, veinticuatro o cuarenta y ocho horas más tarde cuando se encuentren en la cama.

Una aclaración indispensable: esto es válido prácticamente para cualquier relación de pareja, no sólo para vínculos estables y prolongados. Por más breve y esporádica que sea una relación, la mujer necesita ser considerada integralmente y, por lo tanto, este antes y después es tan importante para ella como para cualquier otra que lleva quince o veinte años de matrimonio.

Por supuesto, la intensidad y la duración de ese antes y después dependerá del tipo de unión que se establezca, pero casi nunca es un factor que pueda ignorarse. Por más deportiva que sea una relación sexual, la mujer necesita una señal de aprobación para estar dispuesta a una próxima cita. Aquel hombre que después de una noche de placer no se toma ni siquiera la molestia de una llamada telefónica, está provocando una enorme frustración y una herida que deja cicatrices. Son poquísimas las mujeres para las cuales el encuentro se limita exclusivamente al coito.

No es fácil para los hombres. Su excitación está muy ligada a lo que pasa durante el proceso mismo de excitación y, por lo tanto, no logran convencerse de que aquello que ocurre fuera de la cama es tan determinante en la respuesta sexual femenina. Un disgusto ocurrido dos días antes puede afectar seriamente la disposición al sexo de una mujer dos días más tarde. Y lo mismo pasa cuando ella tiene la convicción de que el «después» será más bien ingrato, ya sea por falta de atención o decididamente por un trato más bien agresivo.

Muchas mujeres experimentan una seria insatisfacción frente a la tendencia natural del hombre a quedarse dormido después del sexo. El sueño masculino se interpreta como un signo de desamor o de aburrimiento. Por eso, aunque hayan tenido un encuentro placentero, incluso hayan gozado del orgasmo, si no les dedican un tiempo de atención y de ternura, las mujeres se sienten fácilmente utilizadas o abandonadas.

Para ellas, ése es un instante perfecto para el diálogo íntimo. ¡Qué contrariedad! Ellos son distintos y, después del orgasmo, tienen un largo período refractario en el que generalmente quieren relajarse y dormir. La mujer no sólo puede tener otro orgasmo rápidamente sino que, además, suele quedar bastante encendida, estimulada y ansiosa de una comunicación profunda que pocas veces se da en otras situaciones.

Precisamente para compensar esta desavenencia fisiológica, propia de la diferencia entre el orgasmo masculino y el femenino, es indispensable que los hombres entiendan que la relación sexual es mucho más que el coito. Si no se pudo conversar una vez terminado el acto sexual, las mujeres consideran que algo falta, quedan a la espera de alguna manifestación de complicidad. A veces basta una llamada telefónica o una pequeña nota. En otras ocasiones, se espera algo más como una invitación al cine o a comer.

Ese gesto es esencial para volver a tener ganas, para excitarse nuevamente, para estar predispuesta a un nuevo encuentro sexual. En esa cadena, hacer el amor es el centro, el núcleo, de una relación de pareja donde el antes y el después constituyen etapas claves en las que abundan las señas cariñosas. Cuando ese guiño se olvida, las mujeres empiezan a helarse. Y la relación sexual se convierte rápidamente en un fastidio.

Cuando se asume que las caricias eróticas van mucho más allá de los órganos sexuales, es más fácil entender que el hablar sea uno de los grandes afrodisíacos femeninos. Por supuesto, no se trata de hablar de cualquier cosa sino de la relación de pareja. Saber que pueden establecer ese tipo de conversación es un estímulo extraordinariamente poderoso. Uno de los reproches más frecuentes es: «Nunca hablamos de nosotros».

Susana, treinta y un años, dos hijos, invitó a su marido al jacuzzi: «Pero le advertí que no era para hacer el amor sino para conversar de nosotros». No era que las cosas anduvieran mal pero, después del segundo parto, había una cierta tensión que ella quería mitigar. Pensaba que en ese ambiente relajado él podría estar más predispuesto. «Se puso lívido. Al principio pensé que lo había pillado y que tenía una amante, pero después empezó a interrogarme, que por qué, que para qué, que qué pasa. Al final, parecía que el amante fuera mío.»

Desgraciadamente, el «hablar de nosotros» no tiene el mismo efecto estimulante en los hombres. Aunque a las mujeres les parezca completamente inexplicable, la mayoría lo recibe con pánico y, contrariamente a lo esperado, suele convertirse en un verdadero paralizante en materia sexual.

Los hombres suelen huir despavoridos ante la posibilidad de tener que hablar de la relación. En general, no entienden muy bien qué se les está proponiendo, se sienten amenazados, temen que la conversación implique entrar en lo que a ella le gusta y, especialmente, en lo que no le gusta. Los hombres tienen terror porque ven en el «hablemos de nosotros» un sinónimo de crítica despiadada.

¡Qué desencuentro! Mientras para el hombre conversar de la pareja representa un conflicto, para la mujer tiene una función emocional clave en su proceso de excitación.

Pero no siempre ha sido así. La verdad es que este y otros importantes afrodisíacos femeninos son utilizados por los hombres durante el cortejo. El drama es que, como veremos más adelante, terminada la conquista los olvidan. Lo que sucede es que estos excitantes no son tales para ellos, no tienen mayor relación con su proceso de estimulación erótica y, por lo tanto, sólo los utilizan como herramientas para llegar a la meta. Una vez conseguido el objetivo, conquistada la pareja, ya no les parece necesario recurrir a ellos y simplemente los olvidan. ¡Ningún hombre se excita comprando un ramo de flores o una caja de chocolates! Pero qué incitante puede ser recibirlos...

De aquí surge otro de los grandes malentendidos. Muchos hombres se quejan de que sus mujeres viven recriminándoles su falta de atención, en circunstancias que ellos están permanentemente buscándolas para hacer el amor. No comprenden que esa persecución no les basta. Por el contrario, como ya vimos, muchas se sienten menospreciadas cuando la acción es demasiado directa. Como dice Cristina: «¡Si ni siquiera se da la molestia de hablarme antes de llevarme a la cama!».

En esta perspectiva, otro afrodisíaco imprescindible son los piropos. A las mujeres les importa —y mucho— que las encuentren bonitas y atractivas, y ¡que se lo digan! No basta con buscarlas sexualmente y con esto dar por entendido que se las considera bellas y seductoras. Los halagos son asombrosamente excitantes.

Desgraciadamente, pareciera que los hombres se empeñan en no darse cuenta. Insisten en que ya le han dicho mil veces que es atractiva, y no entienden por qué deben volver a repetirlo. No se percatan de la eficacia, de las consecuencias favorables que tiene la reiteración de los piropos. Su psicología, más orientada al logro, les hace sentir quc rcpctir por centésima vez lo ya sabido es un absurdo.

Pero las mujeres quieren oír los elogios una y otra vez. ¡Les resulta extraordinariamente erotizante!

Este fenómeno esconde una notable necesidad de reafirmación. Para sentirse segura, la mujer necesita que su pareja le reitere periódicamente que la encuentra atractiva, que la desea, en síntesis, que es importante para él.

Muchas veces, esta demanda de seguridad tiene poco que ver con la seguridad en sí misma que pueda experimentar esa mujer en otros aspectos de su vida. Por más bien que se sienta, por más segura que esté de su atractivo, necesita que sea su pareja quien la vea así y ¡que lo diga!

Ésta es otra de las grandes diferencias entre los sexos. Mientras la seguridad aumenta la sensualidad femenina, los hombres se erotizan ante la conquista, el desafío y la incertidumbre.

Una mujer que se sabe acogida y comprendida por su pareja está mucho más dispuesta al encuentro sexual. Cuando él comparte sus inquietudes respecto de los hijos, del trabajo, de las amigas, en definitiva, de todo lo que a ella le interesa, se sentirá acompañada y querida, y tendrá más ganas de llegar a la cama. Para la mujer es fundamental confirmar que su compañero se interesa por toda ella, y no sólo por su compañía sexual.

¡Ojo! Tal como las mujeres esperan que los hombres entiendan toda esta complejidad, que se convenzan de que su sexo está íntimamente ligado a otras facetas de la relación, es indispensable que ellas también entiendan que a ellos no les ocurre del mismo modo.

A los hombres —a menos que estén muy enojados y resentidos por algo específico y grave— lo que sucedió veinticuatro horas antes no les influye para nada en la relación sexual. Llegado el momento, les basta un cuerpo atractivo y un par de caricias en los lugares adecuados.

Gráficamente, John Gray, el autor de *Los hombres son de Marte y las mujeres son de Venus*, sostiene que ellos se van a la cama para resolver los problemas que tienen con la mujer, mientras ellas no se van a la cama hasta que no estén resueltos todos los problemas. Otra manera elocuente de decir lo importante que es el antes y el después.

Las mujeres requieren de un compromiso por parte del compañero. Esto no quiere decir una argolla matrimonial ni el establecimiento de un noviazgo, sino simplemente sentir que él se involucra realmente con la mujer con la que tiene sexo. Se trata de una cierta preocupación, de una complicidad emocional con quien se va a la cama.

Para las mujeres es un verdadero trauma que aquel hombre con el cual ha estado coqueteando, entrando en una relación, aproximándose a la mutua intimidad, después de llevarla a la cama, no dé señales de vida por varios días.

Probablemente, muchos hombres no hacen contacto posteriormente porque tienen claro que se trata sólo de una relación ocasional, de un estar juntos apenas de vez en cuando. Desgraciadamente, no dimensionan la importancia emocional que tiene ese gesto y, quizás lo más determinante, no entienden que para ella esa señal, esa llamada, no implica una formalización de la relación. ¡Sólo expresa la necesidad de ese después, que es fundamental para las mujeres! Es confirmar que ese pacto emocional que se dio en la cama realmente existió. Que existió con ella como persona, más allá de sus genitales. Basta una llamada, un qué rico estuvo, un qué bien lo pasamos, aunque se vuelvan a ver en un mes más. O quizás nunca.

Por lo general, los hombres ignoran esta necesidad y causan, involuntariamente, daños enormes por simple desconocimiento.

Los hombres, por su parte, se quejan de la incomprensión femenina que los juzga encarnizadamente por los pequeños gestos cuando ellos se esmeran en forma permanente con grandes méritos. Como dice Juan Carlos, ingeniero, treinta y ocho años, casado hace diez: «Estoy sacándome la mugre para comprar la casa nueva, para tener a los niños en el mejor colegio, para viajar en el verano, y me saca la cresta porque no la llamé por teléfono. ¡Me lo paso todo el día peleando en la selva y, en la noche, resulta que no se quiere acostar conmigo porque se me olvidó preguntarle cómo le fue en el consejo de curso!».

A ella, obviamente, no le basta. Como hemos visto, requiere de una atención personalizada, necesita ser destacada como persona y como amante. Todas esas grandes obras a las que Juan Carlos le dedica su atención están efectivamente relacionadas con la familia, pero no son parte de la relación pasional que inició esa unión de pareja. En la medida en que se van perdiendo los pequeños gestos, se va evaporando la sensación de pareja, la complicidad amorosa, la atracción sexual.

Y esto no sólo ocurre dentro del matrimonio. También hay hombres que reclaman la misma incomprensión dentro de un noviazgo pasajero. Manuel, médico, veintisiete años, soltero: «No entiendo por qué siempre está alegando que no le presto atención, que no me interesa la relación, que ella no me importa. Ha estado dos veces enferma, y las dos veces yo estuve ahí, al lado de ella, cuidándola...».

Pero a ella ¡no le bastan esas grandes acciones, quiere ser distinguida del resto, sentirse deseada, buscada, necesitada en la cotidianidad! Ésos son sus grandes afrodisíacos.

Las diferencias son contundentes y requieren esfuerzos por lado y lado para avanzar hacia una sexualidad placentera para ambos. Aunque cueste, hay que entender que él no se durmió por desamor, ni se olvidó de mencionar la noche anterior por desinterés. Y hay que aceptar que ella no se queja por ser insaciable en sus demandas sino por una necesidad afectiva y sexual de esos pequeños gestos que rodean el diario vivir.

4. El ojo erótico del hombre y el oído afrodisíaco de la mujer

Esa necesidad ilimitada de la mujer por escuchar halagos y declaraciones de amor revela el descomunal poder que tiene la palabra sobre ella.

El hablar tiene una función expresiva que le ayuda a ordenar sus sentimientos. La mujer necesita expresarse aunque con ello no obtenga ningún beneficio directo, aunque no lleve a ninguna meta ni resultado práctico. Simplemente para contactarse con sus emociones, entenderlas y organizarlas.

Desde pequeñas, las mujeres se encierran en el baño con sus amigas para contarse los secretos más profundos. Sus juegos están centrados en la conversación. Se entretienen haciendo de mamás o profesoras, visitándose para tomar té, inventando infinidad de situaciones para interactuar y expresar las más diversas emociones.

Los hombres, en cambio, tienen grandes dificultades para hablar de sus sentimientos. No han sido socializados para ello. Cuando niños, juegan al fútbol, al taca-taca o los flippers, corren y trepan a los árboles. Para ellos, la clave está en la acción, no en la expresión.

Instalados en la madurez, los hombres se enredan, se atragantan y se angustian cada vez que tienen que hablar de sus emociones. Si bien en los últimos años muchos han ido descubriendo el poder de la comunicación íntima, por lo general, cuando los sentimientos están por desbordarse, buscan alivio a través de la acción.

Un hombre angustiado por algún problema tiende a concentrarse en sí mismo, a estar callado y retraído hasta que encuentre la solución. Entonces saldrá de su aislamiento para poner manos a la obra y resolver el asunto. Descargan así sus emociones y recuperan la tranquilidad.

El desahogo que ellos consiguen al actuar es similar al que experimentan las mujeres con el hablar. Cuando están sobrecargadas por sus emociones, sólo hallan sosiego cuando comparten con alguien cercano lo que les está pasando. Hablarán una y otra vez sobre el tema, le darán vueltas por todos lados hasta que vaya iluminándose la salida.

Quizás sea ésta una reminiscencia atávica de la familia extendida en la que las mujeres convivían permanentemente con sus pares. Y puede que el silencio doloroso del hombre esté arraigado en su soledad ancestral cuando nadie podía auxiliarlo frente a las fieras que debía cazar o las armas del enemigo que debía esquivar. Pareciera que desde siempre las mujeres hemos estado en redes y los hombres en cápsulas.

Una vez más dejaremos fuera del análisis el debate de cuánto es cultural y cuánto biológico en esta marcada diferencia. Más allá de sus orígenes, lo que nos interesa es cómo esta relación tan disímil con el verbo afecta nuestra sexualidad.

La función de la palabra en la relación sexual es claramente distinta para unos y otras. Por más que un hombre demuestre su amor y su atracción con gestos, la mujer sentirá que algo falta si esas señas no van acompañadas de la voz.

Las palabras son indispensables para el ser femenino. Las mujeres necesitan escuchar que son bonitas, atractivas y deseables. Requieren que las declaraciones de amor pasen por sus oídos y no sólo por las caricias de su cuerpo, por más tiernas y apasionadas que sean.

Pocas cosas son más excitantes que un hombre hablando de amor, que el escuchar frases románticas antes, durante y después de hacer el amor.

Pero la mayoría de los hombres no tiene vocación de poeta. La expresividad no les brota espontáneamente y no la consideran necesaria. Para ellos lo esencial es mostrar, es manifestarse con el gesto y con la acción. Cuando descubren el poder erótico de la palabra, tienen que hacer un esfuerzo para apropiarse de ella y dejarla fluir.

Muchos hombres se sorprenden con los niveles de pasión y voluptuosidad que la palabra es capaz de desatar. Es un descubrimiento estimulante que los alienta a soltarse en la intimidad e ir descubriendo los misterios del habla. Es muy probable que una declaración de amor, una expresión de deseo, una carta o una poesía tengan un potencial de excitación mucho mayor que cualquiera de esos botones mágicos a los cuales los hombres suelen recurrir pensando que es allí donde se enciende la sensualidad femenina. El oír puede ser una caricia mucho más erótica que el ser tocada.

Desgraciadamente, junto a esos hombres que asumen el poder de la palabra en el juego erótico, hay otros tantos que insisten exclusivamente en la acción, ignorando la trascendencia de la expresión verbal. Son los que se sentirán injustamente descalificados cuando una mujer les diga que no se siente querida, luego que él ha exteriorizado toda su pasión a través de múltiples gestos y caricias eróticas. No lograrán entender que, después de todas esas demostraciones intensas y fogosas, ella no esté satisfecha.

Para la mujer, la palabra es una forma de conexión y, por lo tanto, durante el sexo es parte esencial del vínculo erótico. Sin embargo, según numerosos testimonios, ellos en general se quedan mudos, están como idos, reconcentrados en la acción sin ser capaces de decir algunas frases sensuales, bonitas, amorosas. Las mujeres van resintiendo ese silencio y lo van interpretando como desinterés y desamor, lo que termina enfriando su pasión en la cama.

Uno de los momentos dramáticos del choque entre el hablar femenino y el silencio masculino se produce inmediatamente después del acto sexual. ¡Ella quiere conversar, él sólo quiere dormir!

Si la relación sexual ha sido satisfactoria, si se ha logrado una profunda cercanía, la mujer sentirá que es el espacio preciso para escuchar y ser oída. Se sabe querida y está en una situación privilegiada para dejar fluir cualquier emoción, cualquier inquietud o problema que tenga en su interior. Sin mayor planificación o análisis, simplemente permitir que las palabras se escapen sin mayor cuidado.

Sin embargo, como veíamos en el capítulo anterior, para los hombres la relación sexual ha significado un desahogo enorme, un gasto energético tan contundente que fisiológicamente están listos para dormir.

Conscientes de que su pareja se resiente, algunos hacen esfuerzos por mantenerse despiertos, conversar y crear ese espacio sólo para ellos, que parece ser tan importante para la mujer. Sin embargo, muchos reportan con angustia —y cierto enojo— que una característica normal de su fisiología sea considerada como una agresión. Otros aseguran estar dispuestos a combatir su sueño pero se rebelan ante la exigencia. Es el caso de Martín, ingeniero, cuarenta y nueve años, veinte de matrimonio: «Hay veces que me muero de sueño y simplemente ¡no me sale el hablar! Me da mucha rabia que eso eche por el suelo todo lo amoroso que fui durante la relación sexual. Me parece injusto, me siento descalificado y tengo la sensación de que no me entiende».

Cuando se trata de una relación ocasional, el hombre pondrá toda su energía para evitar el sueño. El tiempo es escaso y se esforzará por aprovecharlo al máximo. Pero en la cotidianidad de una relación estable le será difícil mantener ese ritmo. Al no verse exigido por la presión del tiempo y la conquista, se entregará rápidamente al sueño, mientras su pareja cae en el abandono, sin poder comprender cómo él es capaz de desperdiciar ese instante tan único para la comunicación.

Muchas mujeres se quejan de que su pareja no les habla durante el acto sexual. Para ellas es una carencia radical, pero no parece tener acogida entre los especialistas. El silencio masculino no aparece como un problema ni en la fase de la excitación, ni en la penetración, ni en la etapa del orgasmo. En la literatura científica sobre sexualidad esta deficiencia que afecta a tantas mujeres simplemente no existe.

A la hora de describir a un buen amante, rara vez la mujer hará referencia al tamaño de su pene o al número de orgasmos que logró durante el encuentro. Normalmente, contará acerca de la atención que le dedicó, de lo que hablaron mientras hacían el amor. Se centrará en lo que le dijo, cómo se lo dijo, cuándo se lo dijo.

No hay que engañarse, no son sólo las palabras eróticas o amorosas las que impactan en la conducta sexual de la mujer sino también ese diálogo normal y corriente acerca de la vida, la relación y los problemas de cada uno, que se da en la cotidianidad de la pareja.

Pocas cosas repercuten tan favorablemente en la sexualidad de la mujer como una buena comunicación verbal. Una conversación suelta sin rumbo fijo, sin planificación ni temario preestablecido va creando un clima de intimidad en el que la mujer se siente comprendida, escuchada y valorada. «Hablamos de cualquier cosa», es una frase que se repite constantemente entre las mujeres que describen una buena relación sexual.

Y tal como la conversación distendida puede ser un espléndido afrodisíaco, el ruido puede ser un terrible bloqueador de la libido. Muchos hombres no se dan cuenta de que la televisión es uno de sus grandes enemigos. Ellos pueden hacer perfectamente el amor con la televisión prendida, pero a muchísimas mujeres esa «compañía» les produce un bloqueo instantáneo de sus sensaciones sexuales.

Ellas necesitan atención total de su pareja para hacer el amor. Tal como requieren de su concentración cuando le habla o le cuenta algún problema. Nada es más irritante que un hombre que hojea una revista o mira la televisión mientras su pareja le habla. Y no se trata sólo de un asunto de educación sino de un factor que puede incidir nocivamente a la hora del sexo. El no ser escuchada constituye para la mujer un fuerte rechazo que la deja resentida, humillada y a la defensiva. Queda en un estado desde el cual le será muy difícil conectarse sexualmente.

Para cumplir su función afrodisíaca, el hablar debe ser parte de una comunicación íntima sin interferencias. Si tiene atención exclusiva, la mayoría de las mujeres se sentirá valorada y atractiva. Lista para el sexo.

Paradójicamente, ese aislamiento que tanto motiva a la mujer no apasiona al hombre del mismo modo. Pareciera que la fantasía de la isla desierta es sólo eso, una ilusión. Ambos la viven de manera muy distinta.

Entre las mujeres existe una tendencia natural a comunicarse, a crear redes de relaciones, a sentirse siempre parte de un nosotros. Hay muchos «nosotros», el de la pareja, el de la familia, el de las amigas. Y ese «nosotros» se concreta cuando sus integrantes se conectan emocionalmente con gran intensidad. Son instantes muy especiales, que llamamos intimidad. En esos estados, la conexión humana es tan potente que los límites entre la piel de uno y otro pareciera que se funden en uno solo. En general, las mujeres tienden a buscar este vínculo y a experimentar en él un enorme placer.

Aunque cueste admitirlo, a la mayoría de los hombres esa situación les resulta más bien sofocante. Instintivamente, tratará de diferenciarse, de mantener claros los límites entre su piel y la de otros, marcará un espacio propio, donde pueda mostrar sus destrezas y sus capacidades. Hará lo posible por dejar establecida su individualidad y su habilidad para arreglárselas solo, tal como lo aprendió en la prehistoria.

Por más que forme parte de un grupo, el hombre necesita sellar su autonomía.

Obviamente, los hombres también gozan de la intimidad en ciertos momentos, pero mientras las mujeres quisieran perpetuar ese estado —de infinito placer—, ellos empiezan a ahogarse y, a poco andar, se las arreglan para retomar una cierta distancia que les permita recuperar su identidad y su serenidad.

El dormirse después del coito, el quedarse callado, el aislarse, es una necesidad de reencuentro consigo mismo, de volver a saber quién es, cuáles son sus gustos, hacia dónde quiere ir. Pareciera que en la intimidad el hombre se disuelve, se pierde y necesita volver a tomar control.

Esto no quiere decir que la mujer no requiera de su independencia y su espacio propio. Sin embargo, su autonomía no se ve amenazada por los momentos de intimidad y cercanía afectiva con otros. Casi al revés, la intimidad pareciera reafirmar la independencia y seguridad con que se mueve en otras situaciones.

Un alto grado de cercanía puede preparar a la mujer maravillosamente bien para la cama pero, al mismo tiempo, puede inhibir a su compañero. Mientras la mujer quiere fundirse en el otro, el hombre necesita recuperar el control para enfrentar el coito.

Lo cierto es que esta diferencia entre uno y otro sexo tiene una clara conexión con la fisiología de cada uno. La capacidad de la mujer para tener varios orgasmos cuando ha logrado la excitación suficiente, la hará desear que ese estado de unión se mantenga para prolongar el placer. El hombre, en cambio, tiene un período refractario entre un orgasmo y otro. Salvo ocasiones especiales de gran erotismo, necesita tomarse un tiempo para poder reponer sus energías y prepararse para un nuevo coito. En ese período, el exceso de intimidad le incomoda, anhela poner cierta distancia y rescatar su autonomía para recuperar la excitación.

Otro factor que influye en esta necesidad masculina de alejarse para volver a erotizarse está en el poder afrodisíaco que tiene para él la vista. A la inmensa mayoría de los hombres, un cuerpo desnudo, un escote bien llevado o unas piernas contorneadas pueden excitarlo y llevarlos rápidamente a una erección. Podría hablarse del ojo erótico del hombre y el oído afrodisíaco de la mujer.

Si aceptamos que la libido está conectada al ojo masculino, podemos entender que el hombre busque cierta distancia para poder mirar. Cuando se está fundido en el otro se pierde la visión, la comunicación pasa por otros sentidos. Para utilizar otra vez la vista, el hombre debe replegarse, alejarse para ver nuevamente a su pareja, admirar su desnudez y volver a encender su pasión.

Al hombre le cuesta entender —a veces incluso le desagrada— la insistencia de su pareja por prolongar ese estado de intimidad que lo ahoga. Ella, por su parte, se siente rechazada cuando se la aparta, sufre ante el muro impenetrable que él levanta a su alrededor, lo percibe en otros mundos en los que ella no está considerada. No es fácil para la mujer aceptar que su compañero necesite ese espacio y esa autonomía para envolverse nuevamente en un contacto sexual.

5. Todo el cuerpo, no sólo los genitales

Hemos destacado la importancia del antes y el después, centrémonos ahora en el durante. En ese tiempo destinado claramente al sexo, ese momento crucial en el que se juega la calidad de nuestra sexualidad. Aquí también las diferencias son más profundas que las esperadas.

Podría decirse que la gama de respuestas sexuales es tan amplia como el número de seres humanos. Pero, desde luego, hay ciertas constantes que afectan a la inmensa mayoría. Como ya vimos, la sexualidad masculina está más concentrada en los genitales, mientras la femenina está más dispersa a través de todo el cuerpo.

El busto es quizás la zona erógena más evidente. Tal es así que muchos autores lo consideran como un órgano genital. Pero siendo estrictos, los pechos no forman parte de los genitales, simplemente se los incluye debido a su intensa sensibilidad y, sobre todo, por ser la única zona extragenital del cuerpo que los hombres asocian claramente al sexo, a raíz del enorme atractivo que ejerce sobre ellos.

Sin embargo, los pechos son sólo una de las partes del cuerpo femenino que responden voluptuosamente a las caricias extragenitales. Por desgracia, el efecto hipnotizador de los pechos sobre los hombres ha ignorado otras zonas que pueden ser sumamente excitantes. Poco y nada se habla de la cara, del cuello, de la espalda, de las piernas... Los besos en la boca, por ejemplo, son una fuente de gran erotismo para hombres y mujeres, debido a la gran cantidad de terminales nerviosos que se congrega en los labios.

La mujer puede gozar el placer de un beso durante largo, largo tiempo. Para ella, ese gozo es un fin en sí mismo. El hombre, en cambio, suele disfrutar del beso como un medio para llegar a su objetivo final: la penetración. Como ya sabemos, es allí donde se concentra su mayor placer.

Durante la conquista, antes de tener relaciones sexuales, los hombres ponen gran énfasis en las caricias por todo el cuerpo. Pero, por lo general, no lo hacen sólo por placer sino más bien como resultado de la situación que les prohíbe llegar al coito. Una vez conseguida la luz verde, la mayoría va directo a los genitales. Algunos ni siquiera se toman el tiempo de recorrer la zona genital en toda su extensión, acuden de lleno a la vagina, que perciben como el complemento de su pene.

Alicia, comerciante en arte, treinta y seis años, casada, dos hijos, se lamenta amargamente ante esta realidad que la ha ido enfriando a lo largo de sus ocho años de matrimonio: «Cada vez que me busca, que me doy cuenta que quiere sexo, yo me tenso. No me dan ganas, lo hago por obligación, ya no me hace sentir. Quiero que se acueste al lado mío y me toque suavecito, la pierna, los brazos, las manos... ¡no lo quiero encima, no lo quiero en mi cuello chupándome como un vampiro, no lo resisto! Yo quiero que me haga cariño y él me pesca y me pone ahí para tocarme y chuparme los pezones, el cuello».

Son muchos los hombres que recorren rápidamente el cuerpo de su pareja, que pasan raudos por las caricias extragenitales, dejando en segundo o tercer plano —y muchas veces en el olvido— las otras partes del cuerpo que son esenciales para el placer femenino.

Ignoran que prácticamente cualquier rincón puede dar origen a un insospechado erotismo. Más aún, las mujeres tienden a excitarse más cuando el contacto físico no las hace sentir que se trata inexorablemente de un preludio al coito. Necesitan sentir que ellos pueden detenerse en su cuerpo, quedarse en ellas y con ellas, gratuitamente.

El uso mecánico y automático de ciertas zonas erógenas muy potentes —como el clítoris— suele violentar a las mujeres. La mujer se resiste a que alguna parte de su cuerpo se convierta en una especie de tecla mágica para encenderla. Esa fórmula —más acorde con la fisiología masculina, cuyo pene reacciona instantáneamente con un pequeño roce sensual— la hace sentirse muchas veces usada, menospreciada, humillada.

Habituado a sus propias reacciones, al hombre le cuesta asumir esta diferencia y una vez que descubre una zona sensible tiende a recurrir a ella. Lo grave para la convivencia sexual es que cualquier centro poderosamente erógeno falla y se enfría cuando se le usa en forma reiterada como un botón automático.

Como vimos en el capítulo anterior, más allá de las diferencias anatómicas y biológicas, el hombre y la mujer tienen una identificación distinta con sus propios genitales. Los órganos femeninos, escondidos y silenciados, están lejos del corazón de la mujer, del «yo» femenino. Por el contrario, los genitales masculinos están fuertemente ligados a la esencia del hombre. Sus genitales son centrales en su ser, están íntimamente conectados al corazón de su yo, a su autoestima.

Por eso, cuando la mujer toca el sexo de un hombre, él se siente apreciado y valorado. Sus genitales son parte esencial de su naturaleza y, por lo tanto, ella lo está asumiendo en todo su ser. La mujer, en cambio, experimenta esa satisfacción cuando su compañero asume la totalidad de su cuerpo. Ese conjunto la representa mucho más en su esencia como persona que sus órganos sexuales.

Es evidente que el lugar que las diversas partes del cuerpo ocupan en la psiquis femenina y masculina es muy diferente. Si cada uno tuviera que hacer el mapa de sus zonas más o menos relevantes sería completamente distinto. Probablemente, el hombre se dibujaría con un gran pene y enormes testículos, mientras la mujer destacaría intensamente su piel, su boca o sus pechos.

Una mujer jamás se sentirá tratada en forma mecánica porque su pareja la bese una y otra vez, o recurra a infinitas caricias en el rostro o repita mil veces una expresión de ternura. Ninguna de esas prácticas cae en el automatismo ni pierde su sensualidad como sucede con el ataque directo al sexo.

La investigadora norteamericana Gina Ogden[1] entrevistó a un grupo de mujeres que llegaba fácilmente al orgasmo para preguntarles cómo y dónde encontraban habitualmente su satisfacción sexual. Sus resultados muestran una gama de respuestas mucho más extensas y variadas que las que usualmente se describen en la literatura sexual.

Dejando de lado aspectos emocionales e intelectuales de la relación de pareja, la mayoría de las mujeres encuestadas por la doctora Ogden reportaron que su satisfacción surgía en gran medida de la estimulación de otras partes del cuerpo y no sólo de los genitales.

1. Gina Ogden, *Women who Love Sex*, Pocket Books Ed., Simon and Shuster Inc., Nueva York, 1994.

Podría decirse, entonces, que la satisfacción sexual de la mujer no reside en un pequeño conjunto de terminales nerviosos instalados en un lugar específico de su cuerpo. Desgraciadamente, esta realidad suele ignorarse con consecuencias nefastas para la sexualidad femenina. Cada día parece más claro que la obsesión del orgasmo genital es una distorsión de la que las mujeres han sido cómplices, desconociendo y despreciando la amplitud de su sensualidad.

La consecuencia dramática de la obsesión genital en las mujeres es que va matando —o al menos anestesiando— su capacidad de gozar.

A medida que se va adormeciendo el erotismo, se va cayendo en ese peligroso círculo vicioso en el que se pierde interés por el sexo, se siente cada vez menos y, por lo tanto, se rehúye cada vez más el encuentro íntimo.

Cuando la relación no se da como se suponía, la persecución tenaz del orgasmo se vuelve angustiosa, el resultado más esquivo y la sensación de frustración y derrota comienza a envolver el sexo. Es entonces cuando aparecen el cansancio, el dolor de cabeza o el ruido que puede despertar a los niños: excusas que surgen inconscientemente porque son más aceptables que decir simplemente «no quiero».

Lo dramático es que ese «no quiero» es sinónimo de «no me gusta». Un no me gusta que se debe a un placer que nunca llegó o a un placer que se fue diluyendo porque, como dice María Elena: «Cada vez se da menos como a mí me gusta».

6. ¿Adónde van tan apurados?

Al comenzar el tercer milenio, y en medio del más espectacular avance tecnológico, aún es imposible entender el comportamiento humano —y específicamente la relación hombre-mujer— sin mirar lo que hemos sido históricamente.

Como lo han descrito innumerables autores, el espíritu cazador y guerrero con que el hombre sobrevivió por los siglos de los siglos sigue siendo determinante en su actuar cotidiano.

Salir a cazar para conseguir las pieles y los alimentos, el abrigo y el sustento necesarios para el grupo familiar, sigue siendo la esencia de su misión en la vida. El hecho de que la caza y la guerra sean hoy más sofisticadas no cambia la sustancia de lo que la sociedad —y ellos mismos— esperan del ser masculino.

Durante miles de años, los hombres han hecho la guerra (contra animales o enemigos) y las mujeres han cuidado del hogar. Esta diferencia básica ha tenido las más diversas manifestaciones a través de la historia, y ambos han debido adaptarse a múltiples cambios sociales, económicos y culturales, dependiendo del tiempo y el lugar en que han vivido. Sin embargo, es imposible negar que esta división de roles tiene un arraigo en factores biológicos: los hombres son más fuertes para la pelea, las mujeres están dotadas para tener hijos.

Tienen claramente distintos tipos de fortalezas.

Botín o encuentro emocional

Desde la remota prehistoria, los hombres salían a guerrear y sólo se incorporaban al hogar esporádicamente, cuando el botín obtenido era suficientemente valioso.

Al volver con la presa o con el honor de las victorias obtenidas, se les recompensaba con la popular paz del guerrero. El triunfo era indispensable para lograr tal gratificación. Su conducta, por tanto, debía orientarse clara y categóricamente a un buen rendimiento. Mientras más grande el botín, mejor sería el premio.

Por aquella época, la vida en común era esporádica o cíclica y no determinaba la cotidianidad de la mujer. Su día a día estaba organizado en medio de un grupo extendido que normalmente incluía numerosos niños y mujeres, con quienes interactuaba y compartía en forma permanente. Era allí, en ese círculo amplio y variado, donde ella satisfacía sus necesidades emocionales. Era allí donde realmente vivía y se desarrollaba.

En ese sistema, las mujeres no esperaban mayor retribución emocional de parte de sus hombres. La vida diaria pasaba más bien lejos de ellos.

Tras siglos de vigencia, la familia extendida se fue diluyendo en los últimos cien años. Las mujeres también salieron a guerrear fuera de su entorno o se quedaron solas en el hogar a cargo de toda esa gran responsabilidad.

Fue entonces cuando empezaron a pedirle a su pareja que respondiera no sólo como proveedor sino también como compañero capaz de satisfacer sus necesidades emocionales. Los hijos —si los hay— ya no bastan para sostenerla en esos múltiples requerimientos que antes se aplacaban con algunos de los numerosos integrantes de la gran familia.

El hombre, sin embargo, no está preparado para esta nueva exigencia. Tiene suficientes obligaciones con su tarea de siempre, que permanece tan vigente como antes: debe salir de la casa y utilizar todos los medios a su alcance para rendir lo mejor posible. Mientras más rendimiento, más éxito y más reconocimiento social. El modelo premio-eficiencia se ha sofisticado en la forma pero, en el fondo, poco ha variado desde la época de las cavernas.

Más aún, ése es el modelo que sigue imperando tanto fuera como dentro de la cama. Porque si bien la caza de antaño equivale al trabajo de hoy, los hombres suelen reproducir el mismo comportamiento en sus relaciones amorosas.

Al igual que en el resto de su existencia, la vida sexual masculina está orientada al rendimiento. Aquí su trofeo será la penetración, la eyaculación y, a partir de la segunda mitad del siglo xx, también el orgasmo femenino, que se convirtió en una prueba más de su propia masculinidad. Mientras más veces haga el amor y mientras más orgasmos tenga su pareja, más grande será su satisfacción y la recompensa obtenida.

Si bien el orgasmo es todo un símbolo de las reivindicaciones femeninas, durante el encuentro sexual la mujer está mucho menos preocupada del producto final que del encuentro emocional con la pareja. Es en esa intimidad donde espera satisfacer muchas de esas necesidades que antes se apaciguaban en el compartir con otros miembros de la familia extendida.

Mientras más intenso, variado y prolongado sea el encuentro, mayor será el placer de la mujer. Pero desgraciadamente, el hombre suele estar concentrado en la materialización del resultado. Y, por lo tanto, tiende no sólo a ir rápido al objetivo final sino a insistir una y otra vez en el esquema que le dio resultados positivos en las experiencias previas. Si ya sabe cómo llevar a la mujer al orgasmo, ¿para qué innovar constantemente en la búsqueda de otros caminos que pueden ser arriesgados e inseguros? ¡Qué mejor que repetir una fórmula de alta eficacia!

En su lógica interna, a mayor número de trofeos —en este caso de coitos— mejor rendimiento y mayor reconocimiento. El cazador se siente vencedor, nutrido en su masculinidad, fuerte y atractivo.

La mujer, en cambio, aspira a una mayor profundidad y empatía emocional, quiere dilatar lo más posible todo aquello que implica experimentar el calor de la cercanía y el vínculo. Incluso está dispuesta a ensayar nuevas prácticas a riesgo de errar el orgasmo. Para ella, esa exploración es sinónimo de complicidad, de confianza y de comunicación con la pareja. La variedad al momento de hacer el amor es algo que le atrae y le excita, es una expresión de interés y deseo de su pareja hacia ella. La repetición, en cambio, es resentida como una despreocupación y una falta de atención.

Pero no es sólo el temor a un desenlace fallido lo que aleja al hombre de la innovación en la cama. Históricamente, él ha visto la variedad en el cambio de pareja y no en la exploración de las infinitas posibilidades de una misma relación. Descubrir la riqueza y abundancia de placeres que esconde la mujer ya seducida no parece estar en su instinto, o en su programación milenaria. Sea por razones biológicas o culturales, lo concreto es que la tentación hacia una nueva conquista es muchísimo más pronunciada y apasionante en el hombre que en la mujer.

Más allá de los cambios culturales, da la impresión de que el hombre sigue siendo instintivamente cazador y guerrero. Orientado al rendimiento y motivado por el desafío, para él lo importante es la meta. Obtenido el botín se siente satisfecho, apreciado y admirado. Y esta esencia de su naturaleza se refleja también en la aventura sexual.

Mientras él corre veloz hacia la meta, la mujer quiere gozar del paisaje, deteniéndose en el camino el mayor tiempo posible. Es allí, en ese transitar hacia la cima, donde está lo que a ella realmente le importa: el romance, la ternura, el explorar el cuerpo hasta sus rincones más ocultos.

Estos elementos esenciales y determinantes en el sexo femenino, para el hombre son más bien instrumentos para lograr el objetivo. Son verdaderos corredores de cien metros lisos, que están ansiosos por lograr una buena marca. Las mujeres, en cambio, son maratonistas, prefieren la carrera larga, las estimula un proceso prolongado y sugerente que permita culminar con la empresa después de mucho.

En esa progresión que —como ya vimos— es más sensual que genital, la ternura, las palabras, la fantasía juegan un papel fundamental que permite a la mujer sentirse querida y deseada, sensación que disminuye con la llegada a la meta y la pérdida de interés por parte de la pareja.

No es raro que el relato de una misma aventura sea completamente distinto entre un hombre y una mujer. Él puede describir una noche estupenda en la que después de bailar un rato terminaron rápidamente en la cama e hicieron el amor cuatro veces. Para ella, como lo describe Cecilia, estudiante, veinticuatro años, la cosa sólo anduvo más o menos: «… bailar y después tócame, penétrame, sácalo, duérmete y, más tarde, dale, de nuevo lo mismo».

El resultado del encuentro es radicalmente diferente: para él, una noche exitosa de gran rendimiento; para ella, una sensación de vacío porque él estaba más interesado en el sexo que en ella.

Llevado por su instinto cazador, el hombre centró su horizonte en el objetivo y convirtió toda la etapa previa en meros preliminares. Si un hombre ve que es posible alcanzar el fin —el coito en este caso— puede ser excitado rápidamente por una insinuación femenina, por la visualización de un cuerpo desnudo o una oportunidad para el orgasmo. En forma casi automática su pene se pondrá erecto y en pocos minutos estará preparado para la penetración, el coito y el orgasmo. Cuando uno está orientado hacia la meta, la rapidez es esencial.

Y mientras él corre, ella quiere ir lento, muy lento, para aprovechar al máximo esa intimidad, plena de sentimientos, que es el encuentro sexual.

Un buen ejemplo de esta discrepancia en la velocidad con la que cada uno quiere avanzar es, sin duda, el desvestirse. En un encuentro especialmente apasionado ambos pueden coincidir en sacarse rápidamente toda prenda que impida la desnudez de sus cuerpos, pero lo habitual es que él termine rápidamente con ese trámite, mientras ella quisiera ser desvestida poco a poco, con mucha calma.

Generalmente, cuando una mujer describe una relación que le ha sido especialmente placentera, se toma mucho tiempo en detallar cuán cuidadosamente fue desvestida, cómo —entre una prenda y otra— se probaban nuevas caricias y se tomaban todo el tiempo del mundo para besarse y decirse cosas.

Es ese contacto, esa suma de cariños, toques y palabras, junto al ir sacándose la ropa, lo que erotiza a la mujer. La sola visión de un cuerpo masculino y su pene no constituye una fuente de excitación para ella. El impacto del cuerpo desnudo, que tanto efecto tiene en el hombre, es sustancialmente menor en la mujer. El cuerpo masculino se vuelve lujurioso para ella en la medida que está ahí, con ella y para ella, que lo siente, lo toca, lo reconoce. Y todo esto, obviamente, no puede darse apretando el acelerador sino, por el contrario, con sensualidad, dedicación y esmero. Aunque muchos hombres no lo saben, sin ese goce la satisfacción del triunfo es considerablemente menor.

Este énfasis que las mujeres ponen en el proceso no quiere decir, por cierto, que para ellas el resultado del acto sexual sea un asunto insignificante o baladí. La mujer está tan interesada como el hombre por el placer del orgasmo y la satisfacción de su compañero, pero ese goce final está íntimamente ligado a todo el proceso vivido para llegar a él.

A ritmo de cazador urgido, abreviando al máximo los preliminares, la mujer también puede conseguir el orgasmo pero, por más placer que experimente, es probable que se sienta frustrada y maltratada. Para ella, ese objetivo es sólo una parte, es el desenlace de un quehacer con muchos matices y recovecos que mientras más se exploran más goce provocan.

Cuando las mujeres describen su placer sexual toman mucho tiempo en relatar todo lo que pasó, se detienen en múltiples detalles de la seducción, en todo lo que él le dijo y cómo se lo dijo, en cómo la miró, cuándo la besó y cuánto la acarició, dónde la llevó, cómo se despidió, lo inteligente, buen mozo y amoroso que es. Las mujeres rara vez se refieren o describen el coito mismo. Para ellas lo realmente erótico no es el orgasmo solo sino en conjunto con todo aquello que se experimentó por el camino. A los hombres les cuesta mucho más hablar de su intimidad pero, cuando finalmente lo hacen, generalmente se refieren a sus logros, a lo que consiguieron, a lo bien que lo hicieron. Todo esto reflejado en el número de coitos y en los elocuentes orgasmos de su pareja.

Esta óptica diferente en torno a lo vivido durante el sexo, que ocurre con mayor frecuencia de lo esperado y de la que rara vez se habla, puede llegar a ser verdaderamente dramática. En la privacidad de la consulta terapéutica, son innumerables las mujeres que sostienen que si tuvieran que optar entre el orgasmo y el proceso previo, no dudarían en quedarse con el romance y negar el orgasmo. ¡Afortunadamente no son procesos excluyentes!

En este desencuentro entre el interés del hombre por el resultado y la atracción de la mujer hacia el proceso, muchas relaciones de pareja suelen deteriorarse en una polarización absurda. La mujer comienza a deslegitimar la meta, y el hombre a quitarle toda importancia a la seducción, insistiendo en que ya hicieron lo suficiente y ahora tienen que colocar sus energías en otras direcciones.

Más allá de esta tensión, que puede llegar a ser realmente dolorosa y destructiva, hay una realidad concreta que a los hombres les cuesta mucho aceptar: la mujer puede pasarlo bien en la cama incluso sin haber llegado al orgasmo.

Si el camino es grato y estimulante, la mujer puede prescindir del clímax sin mayor frustración. Por cierto, no se trata de aceptar la inexistencia absoluta de orgasmo —que trataremos en otro capítulo— sino la posibilidad de que éste no se presente obligatoriamente en cada acto sexual. Las mujeres experimentan una gran satisfacción en la relación por la interconexión que ella implica, por la cercanía, por la intimidad. Si bien el orgasmo es un desenlace deseado y esencial, para ellas el contacto físico y emocional, con toda la ternura y el romance que de él deriva, puede ser extraordinariamente placentero aunque no se haya concretado finalmente en un orgasmo.

Para el hombre, no es fácil aceptar esta situación. La falta de orgasmo es vivida como una derrota personal. Implica un bajo rendimiento, un síntoma peligroso de que no es capaz de cumplir. Más aún, para ellos es muy difícil no sentirse defraudados ya que la imposibilidad de conseguir el orgasmo después de llegar a altos niveles de excitación es emocional y físicamente muy frustrante. De hecho, existe una perturbación sexual masculina —la eyaculación retardada o ausente— que consiste precisamente en esta incapacidad. A pesar de estar extraordinariamente excitados, pueden pasar horas sin lograr el objetivo, lo que suele llevarlos a estados de angustia muy profundos.

Aunque la reivindicación del orgasmo femenino es una de las grandes victorias del último siglo, es indispensable entender que la valoración que la mujer tiene de él no es la misma que la del hombre.

Son muchas las parejas que entran en un verdadero círculo vicioso —peligroso e insano— en el cual el orgasmo femenino se vuelve una especie de imposición masculina. Su ausencia se traduce para el hombre en una enorme frustración, mientras la mujer insiste en el juego amoroso sin orgasmo —y a veces incluso sin penetración— como prueba de un verdadero amor.

Si consideramos que a la mujer obviamente le importa el orgasmo y, por otra parte, asumimos que el hombre puede gozar tanto como ella durante la seducción y el romance, resulta evidente que esta polarización no es más que un desencuentro absurdo producto de la negación de las diferencias.

Sin una comunicación capaz de expresar las mutuas necesidades, deseos y expectativas, ese juego puede convertirse en una trampa bastante mortal. No sólo el hombre se siente frustrado y derrotado frente a esta situación completamente incomprensible que es el aparente desinterés de la mujer por el orgasmo, sino que, a poco andar, ella también comenzará a sentirse rara e insana ya que, a fines del siglo XX, el orgasmo es un derecho por el cual ha debido luchar intensamente.

La verdad es que su insistencia en el romance es precisamente para poder llegar al orgasmo. La experiencia clínica indica que la mayoría de las mujeres no llega al orgasmo todas las veces que hace el amor. A diferencia de los hombres, que pueden tener eyaculación precoz o retardada pero que, salvo escasas excepciones, siempre llegan a la descarga, la mujer reporta una cantidad, más o menos grande, de coitos sin orgasmos. Pero no por eso menos placenteros.

Es esa necesidad del encuentro emocional tan indispensable para la mujer lo que la lleva a cooperar en la búsqueda del orgasmo más allá de sus propios deseos. Como vimos en el capítulo I, la mujer entra fácilmente en la complicidad engañosa de simular un goce inexistente. Pero, desgraciadamente, en esta práctica las mujeres van tapando y postergando su propia sexualidad.

Fingir el orgasmo, para que todo parezca en orden, no borra las emociones propias. Tal como los hombres se sienten derrotados si no alcanzan su meta, por más que lo escondan, las mujeres se sentirán desatendidas y poco queridas si el proceso para llegar al desenlace no ha tomado en cuenta su propio ritmo, no ha sido gradual, sensual, tierno y seductor.

Esta diferencia en el ritmo, en la velocidad, en la dedicación al acto sexual, marca también una diferencia evidente en las expectativas que cada uno tiene de ese momento. Como dijimos anteriormente, por lo general el espíritu aventurero del hombre está orientado hacia la conquista reiterada de numerosas mujeres. La aventura femenina, en cambio, está en internarse en las mutuas profundidades.

Ella quiere detenerse, saborear, buscar nuevas sensaciones, descubrir la variedad dentro de la relación con una pareja conocida, que no le produce tensión y que despierta sus fantasías, su creatividad, su pasión.

La sorpresa y el cambio son para ella fuentes de deliciosa excitación. A la mujer que no ha sido educada en la pacatería y la negación de su sexualidad, le encanta ser sorprendida por la propuesta masculina, le gusta que la toquen de una manera distinta, que la seduzcan de una forma imprevista, que él se tome más tiempo en algunas caricias y pase de largo aquellas utilizadas con más frecuencia, que explore una nueva postura. Todo esto la erotiza, la hace sentirse considerada como persona, deseada y segura del interés que despierta en su compañero. Allí está para ella el verdadero goce sexual y, mientras mejor sea la calidad de este encuentro, mejor será el desenlace. Es precisamente el apuro con que el hombre corre hacia la cima lo que muchas veces impide —o va destruyendo paulatinamente— el éxtasis final del orgasmo.

La presión por avanzar rápido al desenlace coloca sobre la mujer una fuerte carga emocional y provoca un resultado opuesto al esperado. Los nervios y la ansiedad por cumplir correctamente la desconectan del placer y la excitación que son indispensables para llegar al orgasmo.

El gran peligro de este desencuentro es que muchas veces la mujer termina huyendo de la relación sexual porque, en vez de ser una fuente de goce, de relajo y de energía, se convierte en otra carga de su vida cotidiana. Es entonces cuando asume el sexo como un trámite más al que debe someterse pero que, ojalá, termine lo más rápido posible. Si el asunto es acabar, ¡que acabe pronto!

En la medida en que estas diferencias no se comunican, para la mujer es cada vez más complicado expresar sus necesidades. ¡Son tan opuestas, parecen tan contradictorias con las de su pareja! Más vale callar.

¿Cómo puede explicarle que ella requiere mucho más tiempo y atención, cuando él quiere correr veloz?

Son muchas las mujeres que prefieren ignorar sus deseos y terminar con el trámite rápido en vez de expresar que quieren y necesitan mucho más tiempo que aquel que su pareja le está dedicando. Desgraciadamente, en ese aceptar el ritmo del otro, en el postergarse, en el fingir el orgasmo para no frustrarlo, se van acumulando la rabia y la desidia frente al sexo. Cada vez son menos las ganas de ir a la cama. El sexo va perdiendo todo atractivo. La velocidad va matando el deseo.

El sexo rápido es para ella sinónimo de desinterés. Cuando la penetración y el orgasmo se buscan con ciego arrebato, la mujer se siente utilizada, se ve convertida en objeto pasivo de la satisfacción masculina, en un instrumento destinado a lograr un objetivo del cual se siente ajena.

Desafío versus seguridad

La conquista es una de las etapas más fascinantes para la mujer. ¡Qué inteligentes y seductores son los hombres! ¡Y cuánto las engañan en ese proceso!

Como cazadores ancestrales, los hombres deben acostumbrarse muy tempranamente a la competencia y a la exigencia de la victoria. El salir en busca de la presa los llena de adrenalina, esa hormona que aumenta al máximo las capacidades en situaciones límite como le ocurre al atleta en una olimpíada o al estudiante frente a un examen. El desafío es para ellos un verdadero manantial de hormonas, que despliega todas las habilidades físicas del cazador y que desarrolla todo su potencial creativo, su inteligencia y su capacidad de encantamiento.

Cuando la meta es una mujer, utiliza a fondo todas las armas de seducción que están a su alcance. Con todas sus energías movilizadas por este nuevo desafío, es muy probable que sus encantos logren cautivar a la elegida.

Curiosamente, la incertidumbre y la agitación propias del desafío no tienen el mismo efecto en las mujeres. No produce en ellas esa brillantez del conquistador sino más bien una sensación de inseguridad e inquietud. A diferencia de sus compañeros, ellas rinden mejor en la medida que se sienten tranquilas, seguras, queridas, aceptadas. En ese clima, completamente distinto a la tensión del desafío, la mujer despliega toda su sensibilidad, su percepción, su creatividad.

Terminada la conquista, segura de sus capacidades y del amor de su pareja, la mujer está lista para una etapa productiva y fértil. Pero, ¡oh sorpresa!, el conquistador brillante y encantador ha desaparecido.

Conseguida la presa y superada la prueba, a medida que la relación con la pareja se hace más habitual, los instintos del cazador se van aplacando. Se produce una baja natural de la adrenalina y con ella la dramática disminución de la dedicación, la astucia y la creatividad que caracterizan el cortejo. Cualidades todas que siguen latentes y que surgen con renovado ímpetu a la hora de encontrar excusas para no llegar a casa —o para cancelar la cita con la pareja estable— y partir tras una nueva conquista. Un nuevo objetivo que no es necesariamente amoroso, que puede estar en el trabajo, la política o simplemente en la pasión por algún hobby. Muchas veces, no es que la mujer le importe menos, sino que considera que la tarea ya está hecha y no ve razón para insistir en ella.

Esta diferencia para enfrentar el desafío no se da sólo en la relación de pareja sino que se refleja en otros aspectos de la vida. Diversos estudios[2] muestran, por ejemplo, que los estilos gerenciales entre hombres y mujeres son claramente distintos. Las mujeres tienden a armar equipos, a preocuparse de que las relaciones interpersonales sean cálidas y afectivas. La celebración de los cumpleaños es un asunto evidente y común en una oficina donde hay mujeres, pero pueden pasar completamente inadvertidos en una empresa donde sólo trabajan hombres. Más aún, entre ellos podría considerarse una pérdida de tiempo. También en el trabajo, la mujer necesita construir una especie de nido para sentirse segura y poder desarrollar todas sus habilidades. El hombre, en cambio, se moviliza en la lucha y la competencia.

2. Sally Helgenson, *The Female Advantage: Women's Way of Leadership*, Doubleday, Nueva York, 1996. M. Henning y A. Jardim, *The Managerial Woman*, Garden City, Doubleday, Nueva York, 1977.

En el plano personal, a las mujeres les cuesta entender —y muchas veces aceptar— que una vez terminada la conquista ese hombre maravilloso del cual se enamoraron se transforme tan radicalmente. Es como si se lo hubieran cambiado.

¡Qué tiempos aquéllos! Mientras la cortejaba, no se olvidaba de nada, estaba pendiente de los más mínimos detalles, hasta de los asuntos más triviales. La acariciaba con afecto, le compraba flores, la llamaba varias veces al día desde la oficina, planeaba citas románticas, la miraba embelesado cuando ella hablaba, se daba cuenta de lo linda que lucía, le escuchaba sus problemas y sus historias cotidianas. Todo esto y mucho más para que ella supiera cuán importante era para él.

No es que haya fingido, simplemente su atención y sus capacidades estaban exigidas al máximo por el reto de la conquista. Los estudios con ratones muestran que, mientras más cercanos están de la meta, más rápido corren. Del mismo modo, con la ansiedad de la victoria, el hombre despliega instintivamente la totalidad de sus recursos.

Lo desconcertante es que, de repente, sin que se visualice razón alguna, ese enamorado atento y encantador va perdiendo paulatinamente muchas de sus cualidades. Sus olvidos y su falta de tino ante las situaciones más obvias parecen ir más allá de lo razonable, parecen romper hasta la ley de probabilidades.

Y para empeorar aún más las cosas, las mujeres cambian en el sentido inverso. Cuando ellos eran —o mejor dicho estaban— brillantes, ellas se comportaban de manera bastante tonta, atormentadas y ansiosas por saber si las querían o no, si las llamarían o no, si las invitarían o no. Por el contrario, una vez establecida la relación, abandonan rápidamente ese estado monotemático, nervioso y torpe —producto de la inseguridad emocional y de no saber si serán realmente las escogidas— para dar paso a su verdadero ser, a sentirse seguras, creativas, inteligentes.

¡Qué desencuentro! Cuando ellas están listas para vivir todo ese paraíso soñado y prometido durante la conquista, él se ha convertido en un desconocido, ocupado en nuevas tareas. Como si el príncipe se hubiese convertido en sapo. Todos parecen haber olvidado la segunda parte del cuento. Es verdad que ante un beso de la princesa el pobre sapo se transformó en hermoso príncipe pero, a poco andar, vuelve a ser sapo y los besos de su bella dama sólo rinden frutos de vez en cuando.

Invadidas por la nostalgia de ese hombre maravilloso que las atrajo y cautivó, las mujeres intentan volver atrás, insistiendo en revivir la etapa del enamoramiento. Quieren que se les diga una y otra vez, y otra más, que son atractivas, que son bellas, que las quieren, que las desean.

Pero él siente que ya lo ha dicho una y mil veces, que ya lo hizo todo, que la empresa está terminada y que no tiene para qué insistir en que la quiere, ¡si ella ya lo sabe sobradamente! Ahora él tiene otros objetivos en los cuales centrar su atención.

La mujer no logra entender que, si realmente la quiere, desperdicie la oportunidad de seguir cautivándola; el hombre, en tanto, no entiende su insistencia. Ella necesita ser reforzada permanentemente en su seguridad.

El siguiente es uno de los diálogos más repetidos en la historia amorosa de la humanidad:

—Dime que te gusto, dime que me quieres.

—Pero si ya te lo dije.

—Pero dímelo de nuevo.

—Pero... ¡hasta cuándo! Si ya te lo he dicho mil veces.

—¿Y qué te importa decírmelo otra vez?

Ella se siente estafada porque él ya no le brinda las atenciones de antes. Él siente que hace todo lo posible para que esté contenta pero ella está siempre insatisfecha, ¡es insaciable!

Sin embargo, no se trata de un problema de voracidad. Lo que ocurre es que, para la mujer, esa reiteración de halagos y esa reafirmación de su valor dentro de la pareja no sólo confirma su confianza en sí misma sino que —como ya sabemos— tiene un potencial erótico gigantesco. De hecho, el hombre experimentó claramente esa erotización durante la conquista: mientras más la elogiaba, la requería y la festejaba, ella más se excitaba y mejores eran los encuentros sexuales.

Desgraciadamente, a medida que pasa el tiempo, el hombre parece olvidar ese poder erotizante de sus piropos. Tiene poca conciencia de que las prácticas propias del cortejo son elementos esenciales de la sexualidad femenina y permiten mantener viva la pasión en las mujeres.

La coquetería con que la mujer se relaciona con su hombre no está en función de seducirlo, es un fin en sí mismo, es una fuente inagotable de excitación y de placer. ¡Quieren ser halagadas una y otra vez, porque eso las enciende!

Al hombre le cuesta entender que aquello que hizo para conquistarla es imprescindible para mantenerla contenta en la cama, para tener una vida sexual enriquecedora.

La seducción no es para ella un instrumento para llegar al orgasmo sino un elemento extraordinariamente excitante que tiene valor en sí mismo. Mucho más importante que el desenlace es esa verdadera danza emocional que la llena de placer y goce.

En ese juego, la mujer será más creativa, más voluptuosa, más abierta y más libre para expresar su sexualidad.

Mientras el hombre encuentra en el desafío la fuerza para conseguir el respeto y la admiración que nutre su sexualidad, la mujer necesita de mucha seguridad y aceptación para dar rienda suelta a su erotismo.

Más aún, la mujer estará preocupada de satisfacer primero sus necesidades afectivas que sexuales. En su escala instintiva, pareciera estar primero la seguridad y luego el placer.

Este tremendo deseo de aceptación y de afecto, unido al temor del rechazo, lleva a muchas mujeres a postergar el propio placer sexual para satisfacer los requerimientos de su pareja, en un intento por reforzar la felicidad y la satisfacción del hombre dentro de la relación. Para su propia tranquilidad, ella necesita saber que su hombre está contento.

A la mujer esta postergación en beneficio de la pareja le resulta casi natural. No sólo ha estado acostumbrada a lo largo de la historia sino que, además, la practica instintivamente en relación con los hijos y, con frecuencia, lo hace también en su trabajo y otras actividades sociales. La satisfacción de los demás está antes que la propia. Más aún en la cama, donde su verdad puede afectar la masculinidad del hombre amado, provocar una vergonzosa acusación de frigidez o hacerla víctima del abandono.

En este cuadro, no es raro que le cueste tomarse su espacio para distinguir lo que ella realmente es en el plano sexual, cuáles son sus deseos, qué es lo que de verdad le produce placer a ella y no a su compañero. Mientras no sienta una categórica seguridad emocional, difícilmente podrá descubrir y desarrollar su propia sexualidad.

Cualquier factor de inseguridad lleva inmediatamente a la mujer a un proceso de inhibición, alerta y postergación. Así se explica por qué, cuando creen que se están tomando mucho tiempo para lograr el orgasmo, muchas mujeres prefieren terminar el coito sin llegar al clímax para evitar que la pareja se canse, se aburra o, lo que es peor, se desilusione.

Por el contrario, mientras más tranquila se sienta, mientras más consolidada esté su seguridad emocional, mayor será su desarrollo sexual. Inhibidas por la amenaza del abandono, muchas mujeres desconocen su verdadero potencial erótico.

Tomar conciencia de esta necesidad femenina puede abrir un tremendo horizonte sexual. En la medida en que la mujer desarrolle y exprese libremente su libido, el hombre también experimentará una enorme gratificación. A ellos les gusta ser fuente de placer. No hay que olvidar que hoy el goce femenino forma parte de su propio éxito, del trofeo que persigue en la cama.

Si ella se siente segura y él ganador, la relación puede ser muy enriquecedora. Podría decirse que, en la mayoría de los casos, es la experiencia amorosa y la conexión emocional lo que lleva a la mujer al sexo. Por el contrario, suele ser el sexo lo que lleva al hombre a un vínculo amoroso y sentimental.

7. Tensión sexual: acumulación o descarga

De lo señalado anteriormente podría desprenderse —erróneamente— que a la mujer no le gusta la penetración y el orgasmo. ¡No, nada de eso! A las mujeres el coito les interesa e ilusiona tanto como a los hombres, pero en una aproximación casi opuesta.

La diferencia más conocida entre hombres y mujeres en el plano sexual es la velocidad de la excitación. Es probablemente de la que más se ha hablado, la que muy pocos ignoran. Sin embargo, como ya lo expuso John Gray en su libro *Venus y Marte en el dormitorio*, no se trata sólo de un asunto de minutos más o menos sino del resultado de una sexualidad distinta: así como el placer masculino radica en el desahogo de la tensión sexual, el placer femenino se basa fundamentalmente en la acumulación, lenta y gradual, de la tensión sexual.

Este fenómeno es el que hace que —más allá de su voluntad— los hombres tiendan al sexo vertiginoso y las mujeres quieran ir pasito a paso y sean —en promedio— mucho más lentas que los hombres.

El incremento paulatino de la tensión sexual, en un proceso que como ya hemos visto puede prolongarse por un par de días, es lo que excita, entretiene y erotiza a la mujer. Esto explica también ese desagrado que muchas mujeres experimentan frente a la acción directa sobre sus genitales o sus áreas más sensibles. En vez de incrementar su excitación, esto las enfría, las retrae, las desestimula, ya que interfiere en esa progresión de sensaciones incitantes y embriagadoras que la mujer va guardando, atesorando y disfrutando. Tal como el hombre puede volverse iracundo y agresivo si se le impide la descarga de su tensión sexual, la mujer se siente hostigada e irritada si se interrumpe el proceso de acumulación de tensión con el cual está gozando.

Por el contrario, si el acercamiento a las áreas sensibles se da pausadamente, el incremento de la excitación hará que los genitales se vuelvan cada vez más receptivos y deseosos de las caricias directas y de la penetración. El hombre que tenga la delicadeza, sabiduría y paciencia suficientes comprobará que, si le dedica el tiempo necesario al sexo, su pareja empezará a pedir un contacto más intenso e íntimo. La mujer requiere de la penetración tanto como el hombre, pero siempre que ese deseo provenga de la gran acumulación de la tensión sexual y no de la manipulación mecánica de sus áreas sensibles. En esas condiciones también estará mejor preparada y dispuesta para el orgasmo.

No es fácil encontrar el ritmo adecuado para ambos. Las caricias directas a los órganos sexuales provocan en el hombre un aumento inmediato y evidente de su excitación y placer. ¡Cómo entender que ella se enoje cuando él trata de provocarle el goce de la misma manera!

Cuando un hombre vislumbra el orgasmo, instintivamente quiere concretarlo lo más rápido posible. ¡Ahí está la plenitud de su placer!

Por el contrario, al vislumbrar el orgasmo que pondrá fin al acto sexual, muchas mujeres desean prolongar el mayor tiempo posible ese instante. Les gustaría permanecer largamente en ese espacio de intimidad, caricias y cercanía que precede a la descarga.

Lo que suele apurarlas es el miedo a que él tenga un orgasmo y dé por terminado el coito, o que si ya lo ha tenido se aburra de esperarla. En este momento, la seguridad de la mujer es clave y determinante. Si está segura de llegar al orgasmo, y no se siente amenazada por las reacciones de su pareja, la mujer puede alargar esta etapa de manera significativa. La conexión que ella experimenta en ese instante es fuente de un tremendo erotismo y constituye una parte importante de su gratificación sexual.

Casi podría decirse que en este terreno hombres y mujeres tienen instintos refractarios. Mientras ellos apuran el paso, ellas espontáneamente lo demoran. En la acumulación de tensión está su placer.

Junto con iniciar su vida sexual el hombre debe aprender a controlarse. Su madurez sexual se medirá precisamente en la capacidad para postergar el orgasmo.

Esta diferencia en la sexualidad de cada cual tiene especial relevancia en el sistema de vida contemporáneo, marcado por la actividad incesante, la competencia, la intranquilidad y el nerviosismo. En ese contexto, muchos hombres buscan el sexo como una manera de relajarse. En la descarga sexual encuentran el placer y el descanso que necesitan. ¡Qué bien duermen después de hacer el amor!

Desgraciadamente, a la mujer no le ocurre del mismo modo. Por lo general, ellas necesitan estar relajadas para tener sexo.

Una mujer nerviosa y tensa difícilmente logrará excitarse y tener una buena relación sexual. Cuando la mujer está preocupada y ansiosa, se siente sin energía para disfrutar del sexo. Lo enfrenta como una nueva demanda a la cual debe responder en forma eficiente. Está copada por múltiples exigencias y no tiene espacio para asumir esta nueva tensión por más placentera que resulte.

Aunque suene como tener que subir el Everest, el hombre que quiera tener buen sexo tendrá que asegurarse de que su pareja esté relajada y bien dispuesta. Sólo entonces él podrá gozar del verdadero descanso del guerrero.

8. ¡Acurrúcame! (el retorno de la guerrera)

En la actualidad, el encuentro de la pareja al terminar el día está lejos de la imagen ideal de uno cayendo amorosamente en brazos del otro. La realidad es bastante más cruel y requiere de un tremendo esfuerzo para reencontrarse primero con uno mismo y luego con el otro. Hay que hacer un sinnúmero de ajustes emocionales para colocarse en sintonía mutua y recuperar un espacio armónico y apto no sólo para el sexo sino también para la relación de pareja.

La mujer actual se junta con su compañero después de una jornada extenuante en la que debió aventurarse en la selva y luchar de igual a igual con el hombre, sobreexigida entre sus tareas históricas y aquellas que ha ido adquiriendo en la última mitad del siglo XX. Para salir adelante, ha tenido que ser independiente, competir, orientarse al logro, ser asertiva y dura en momentos en que hubiera querido ser comprensiva y maternal. Es decir, ha tenido que poner en acción todo su lado masculino.

Y en ese esfuerzo, a veces se cae en una vorágine imparable. En el caso de Maritza, economista, treinta y un años, cuatro de matrimonio, todo empezó a complicarse cuando nació su hijo Sebastián. «Tengo un marido y un hijo maravilloso de un año y medio, pero la relación se echó a perder, ya no estoy como antes, lo sexual no me interesa. El año pasado fue crítico, me cambié de trabajo después del posnatal y de ahí no he podido recuperarme. Estoy muy insegura, con un estrés terrible y con todo el cargo de conciencia porque no puedo estar con el niño... Yo creo que hay mucha culpa mía, le empecé a echar la culpa a Nicolás, que él me había hecho buscar otro trabajo por plata. Nunca más he sido cariñosa, no me motiva, no tengo ganas de nada. Yo sé que lo quiero, pero en el último tiempo han sido puras peleas. Siento que yo soy responsable de todo, que él es un inmaduro, que yo necesito un hombre de verdad, que me ayude, que me proteja.»

Maritza no es un caso aislado. Como vimos en relación con la conquista, a la gran mayoría de las mujeres la competencia y el desafío más que estimularlas tienden a ponerlas nerviosas e inseguras.

Y ése es precisamente el clima en el que la mujer del tercer milenio se desenvuelve día tras día. Si a esto se agrega el bombardeo constante de la publicidad, desde donde acechan modelos esbeltas, graciosas y elegantes, no es difícil imaginar por qué muchas mujeres viven en una permanente comparación —imaginaria, pero igualmente agobiante— con otras mujeres que siempre se ven más hermosas y atractivas y ¡tan seguras!

De vuelta al hogar, la mujer debe despojarse de ese traje masculino y guerrero con el que se vistió en la mañana y colocarse nuevamente su lado femenino, tierno y acogedor. Ese tránsito diario entre uno y otro rol, ese alternar entre lo femenino y lo masculino es una fuente de gran tensión. Cuando aún no ha asimilado en toda su magnitud las exigencias de la selva exterior, regresa a casa para satisfacer las demandas que se le hacen como madre, como esposa y, por cierto, como amante.

Desgraciadamente, esas dotes de masculinidad —tan eficientes durante la jornada laboral— no sirven para nada, o más bien resultan contraproducentes, a la hora del encuentro amoroso.

No es nada fácil saltar de un lado a otro sin desmoronarse. La tensión que acumula la mujer en este ir y venir entre su masculinidad y su femineidad puede ser devastadora para un romance duradero. Si no logra desprenderse del rol con el que circula en el mundo exterior, si no logra relajarse adecuadamente, su capacidad para un encuentro íntimo, para una relación apasionada, estará muy debilitada. Para recuperar la armonía, la mujer necesita volver a centrarse en su femenino. Y para eso, requiere muchas veces de la ayuda de su pareja. Quiere ser acurrucada y descansar del oficio de guerrera.

En esos momentos, un halago, un cariño, un gesto mínimo que reafirme su valor como persona y como compañera puede hacer milagros. Resulta impresionante constatar la extraordinaria capacidad de recuperación que tiene una mujer cansada, exhausta y preocupada si se le acoge con un poco de romance y pasión. Ya lo dijimos anteriormente, un pequeño guiño en esa dirección tiene un mágico componente afrodisíaco. Gracias a él, la mujer renovará la confianza que se fue gastando durante el día, se instalará nuevamente en su femineidad y, desde allí, podrá emprender la aventura del encuentro sexual.

Por el contrario, una mujer agotada e intranquila, que llega a la cama y se encuentra de pronto con las caricias ardientes de su pareja, lo más probable es que se resista al sexo o que simplemente se las arregle para despachar rápido esta última obligación del día.

Aparentemente, ésta es una de las situaciones más fáciles de conciliar. ¡Basta que los hombres se dediquen un poco más a sus mujeres al final del día! Desgraciadamente, la realidad está lejos de esa simplicidad. Esta demanda, mínima y elemental ante los ojos femeninos, se vuelve desmedida y agobiante cuando se mira desde el sexo opuesto. Los hombres se sienten sobredemandados.

Y no les faltan razones: tienen que seguir siendo eficientes para cumplir con su papel histórico de proveedores pero, además, deben competir con las mujeres de igual a igual en el mundo externo y, como si esto no bastara, al llegar a casa ¡se les imponen nuevas exigencias!

Muchos se lamentan abrumados porque —a su juicio— se les pide y pide y pide, sin descanso ni compasión.

Al volver al hogar, el hombre quiere que lo dejen tranquilo, que se le permita gozar dulcemente de la histórica paz del guerrero. En eso está cuando se aísla, devorándose el diario, transportado por el ordenador o hipnotizado por la televisión. Es así como él quiere descansar de la selva, ésa es su forma de sacudirse los problemas del día, pero muchas veces su compañera no entiende y lo mira con rabia. ¡Cómo no se da cuenta que ella está allí, esperando que él la vea, la considere y le devuelva su lado femenino!

El malentendido es profundo. Como dice Vanessa, profesora, veintinueve años, cinco de matrimonio: «Para Joaquín, en la noche, el diario y la televisión son lo más importante de su vida. Se lo pasa haciendo zapping, ve diez veces las mismas películas y sólo me habla para comentarme alguna estupidez que están diciendo y que a él lo hace reírse a carcajadas. Así se lo pasa, hasta que quiere sexo. Recién ahí se acuerda de que yo existo. Y yo, entre el zapping, los chistecitos del "Viva el lunes" y la nula comunicación que hemos tenido hasta ese momento, si hay algo que no quiero, es sexo. ¿Qué se cree? ¡Yo no soy una tecla más del control remoto!».

En el papel, la situación se vuelve absurda, como si la pareja se ahogara tontamente en un vaso de agua. Sin embargo, por más descabellado que parezca, ésta es una realidad terriblemente difícil de encarar para ambos sexos.

Lo concreto es que para él, después del descanso reparador frente al ordenador o el televisor, el sexo es la guinda de la torta, el relajo final que lo hará dormir como un angelito.

Mientras más tensiones tiene en su vida cotidiana, si no inhibe drásticamente su deseo, el hombre buscará el sexo como una forma de relajarse y salir de todo aquello que lo presiona. Pero, desafortunadamente, también estará menos dispuesto a dedicarle atenciones especiales a su pareja. Le ha dicho una y mil veces que la quiere y, por lo tanto, espera que ella entienda su fatiga, su agobio y su necesidad de desahogo en el sexo.

Pero ella no está dispuesta. La mujer necesita un encuentro previo, una complicidad que le permita conectarse con su femenino, que la sensualice y la erotice. Mientras más estresada está, mayores serán sus necesidades de atención y dedicación para poder relajarse. La mujer requiere siempre de una cierta conquista previa, aunque en momentos de gran pasión ésta pueda pasar inadvertida y parecer inexistente. De lo contrario, se siente ignorada, menospreciada, desdeñada.

Hombres y mujeres se mueven hoy en un mundo exigente y feroz en el que ambos viven presionados e inquietos. Un mundo que agudiza la necesidad de descarga sexual del hombre y de ternura para el erotismo en la mujer.

La mujer de hoy plantea a su hombre una demanda afectiva mucho mayor que en el pasado. Uno de los mejores y más rentables regalos que él puede hacerle es proveerla del clima emocional adecuado para que ella pueda desplegar con serenidad todo su erotismo.

9. La comprensión de la diferencia

Nadie duda de la importancia del sexo en nuestras vidas, pero pocos saben que a la hora de llegar a la cama hombres y mujeres son tan distintos como hemos visto en las páginas anteriores. Esta ignorancia es un obstáculo más en el camino hacia una relación placentera.

¡Son tantos los malentendidos! Hombres y mujeres han sido socializados en lo sano y lo insano, lo correcto y lo incorrecto, lo bueno y lo malo, lo normal y lo anormal, pero no en la diversidad. Tratando de ajustarse a los parámetros que cada cual supone están al lado de lo normal, lo bueno y lo sano, se adentran en el oscuro callejón de los desencuentros. Porque, obviamente, para dos seres radicalmente distintos, lo bueno y lo malo para uno no tiene por qué serlo para el otro.

El desconocimiento de las diferencias va cargando la relación de pareja de sentimientos que interfieren directamente en su capacidad de desarrollar y gozar sanamente del sexo.

El miedo, la ansiedad, la vergüenza, la rabia, son pésimos compañeros de la libido. Al revés, la seguridad, la confianza, la ternura, el amor, son emociones que van ayudando al sexo, que tienen un fuerte componente erótico. Por lo tanto, la naturaleza de los sentimientos que se van asociando a la relación sexual se convierte en potente afrodisíaco o, por el contrario, fuerte inhibidor de la pasión carnal.

Una condición indispensable para el buen sexo es la existencia de una relación poco ansiosa, en la que ambos se sientan relajados, libres y aceptados. Es indispensable conocerse mutuamente, comprender las características de cada uno y admitir que no siempre los gustos de uno coinciden con los del otro, que lo que parece obvio para uno puede no serlo para el otro, que el rango de lo sano y lo normal es mucho más amplio de lo que habitualmente se piensa, que la diferencia no implica desamor sino, por el contrario, tolerancia del otro en todo su ser.

Nada se saca con ignorar la diversidad. Tratar de ser como el otro —por temor o inseguridad— suele terminar en una acumulación de rabias y frustraciones. Tampoco funciona la descalificación, que sólo aumenta el daño y la distancia.

Comprender y aceptar las diferencias es tarea de ambos. Recién entonces podrán asumir que ninguno de los dos debe pretender que las cosas ocurran siempre a su modo.

Los ritmos, los tiempos, los tipos de caricias, los orgasmos pueden variar de un encuentro a otro, privilegiando indistintamente las características, las necesidades y los gustos de uno y otra. Pero para ello es indispensable un clima de armonía emocional en la pareja.

Mientras los animales parecen entenderse bien guiados simplemente por sus instintos, los seres humanos no podemos confiar ciegamente en ellos. Ya vimos que la velocidad y las formas de acercarse al sexo del hombre y de la mujer no sólo son distintas sino que, además, pueden variar significativamente de una persona a otra. Las preferencias afrodisíacas de cada cual son muy disímiles, todas respetables y dignas de ser tomadas en cuenta al encontrarse en la cama.

La pareja requiere de un enorme aprendizaje y conocimiento

del otro. Y no hay que temer a las transacciones, éstas no siempre se traducen en postergación de uno en beneficio del otro, sino que pueden transformarse en variedad e imaginación para la relación. Si se tiene la tranquilidad y la libertad suficientes para explorar en los instintos, los gustos y los ritmos ajenos, es probable que también se descubran nuevos placeres. La variedad puede ser extraordinariamente enriquecedora para el sexo.

Pocas áreas del ser humano son tan cercanas al corazón de su identidad como el sexo. Por lo tanto, todo lo que ocurra en torno a él está expuesto a un cúmulo de emociones muy profundas que, para bien o para mal, van grabando en nuestro interior sentimientos, reacciones y conductas que serán muy difíciles de cambiar.

En el fluir de la vida, el sexo puede quedar vigorosamente unido a emociones positivas como la cercanía, la efusión, el romance, la aceptación y la seguridad o, por el contrario, puede quedar atado rígidamente a sentimientos amenazantes como la culpa, la rabia, la ansiedad, el fracaso o la derrota.

Muchas de esas emociones dañinas se acumulan en nuestro ser más íntimo producto del desconocimiento de las diferencias y de la conclusión equivocada acerca de cómo debe darse la vida sexual. Tal como las sensaciones negativas pueden llevar una relación al desastre, el potenciar los sentimientos positivos puede llevarla a la gloria. La clave está en el conocimiento, en la comprensión mutua y en la apertura para una negociación humana con respeto y afecto.

III

Grandes mitos
(expectativas erróneas que las mujeres tienen de los hombres)

1. Mito uno: Son expertos, saben lo que hacen

Uno de los grandes mitos sociales es que los hombres saben cómo comportarse a la hora del sexo. Una tremenda fantasía que impacta tanto en la autoestima de los hombres como en los anhelos femeninos.

Nadie se escandalizaría, ni siquiera se sorprendería ante una mujer que no sabe qué hacer en la cama, que se muere de vergüenza y a la cual todo le resulta al revés de lo esperado por su pareja. Más aún, es probable que el entusiasmo y la pasión de su compañero hacia ella se intensifiquen ante esta realidad. Su comportamiento será considerado como algo «natural», como una evidencia de femineidad y de pureza, o como un desafío: una oportunidad para convertirse en maestro.

Pero ¡ay del hombre en una situación similar! Si a él algo le sale mal durante el encuentro amoroso, quedará instantáneamente marcado por una falta de virilidad, por el estigma de que no funciona bien como macho.

Existe una evidente y generalizada convicción de que los hombres son expertos y saben guiar a sus mujeres durante todo el proceso sexual. Una ilusión bastante osada, ya que no tiene más asidero que el mito social. ¡Cómo van a saber qué hacer si jamás se les ha enseñado a tener relaciones sexuales!

Podría pensarse que hay una diferencia entre los hombres de hoy y los de antaño. Incluso, alguien podría añorar aquellos tiempos en que los jóvenes se iniciaban con una prostituta que se suponía experta para entrenarlos en las artes amatorias. Si bien ante la prostituta es menos grave aparecer como un novato, la idea del burdel como escuela para el sexo no es más que otra ficción.

Esta forma de iniciación suele ser más bien una experiencia traumática o, en el mejor de los casos, un paso más en la vida, pero muy rara vez una fórmula para convertirse en amante perfecto. Normalmente, la prostituta está interesada en que se le pague lo convenido y que el asunto se despache lo más rápido posible. Lo que los jóvenes pueden aprender por esa vía es más bien un albur.

Los tiempos han cambiado. Los hábitos sexuales son distintos, no sólo por razones de vida o muerte como la prevención del sida, sino sobre todo por las grandes transformaciones sociales y culturales de los últimos cincuenta años. Lo cierto es que la mayoría de los jóvenes de hoy tienden a iniciarse con sus amigas, sus compañeras, sus novias. Lo increíble es que ¡ambos siguen suponiendo que el macho debe saber qué hacer!

Muchos jóvenes llegan a su primer encuentro sexual sin haber hablado sobre el tema, habiendo apenas participado de las bromas y los lugares comunes que se lanzan entre adolescentes para no perder el prestigio dentro del grupo. Entre los que tienen más suerte y han conversado al respecto con sus padres o con otros adultos, normalmente la información se reduce a los conocimientos biológicos sobre el aparato reproductor adquiridos en las clases de educación sexual, a ciertas pistas sobre las eyaculaciones nocturnas, a las ganas de tener sexo, a la atracción que provocan en ellos las mujeres, al uso del condón y, especialmente, ¡a que tengan cuidado de no embarazar a la chiquilla! Pero sobre qué y cómo hacerlo a la hora D... poco y nada. Si la confianza es grande, es probable que reciban un espaldarazo, una especie de empujón para animarlo a hacerse hombre, una reafirmación de su virilidad, un alentador: «No te preocupes, te va a salir súper bien».

Sobre la sexualidad femenina, nada. Es probable que el padre, con aire experto y tono doctoral, tampoco tenga mucho que aportar sobre el tema. Él también se ha orientado como ha podido, tratando de descifrar las claves femeninas que, como hemos visto, no son demasiado claras ni explícitas.

Aunque los hábitos han cambiado sustancialmente, lo que permanece inmutable es el anillo de silencio en torno a la sexualidad femenina.

No hay que ser muy sagaz para darse cuenta de que si un hombre se atreve a preguntar sobre el asunto, caerá inmediatamente en el centro de las burlas y se convertirá automáticamente en el único ignorante de la historia de la humanidad. No queda más que darlo todo por sabido, perpetuar las bromas sobre la propia virilidad en desmedro de la ajena, multiplicar las fantasías y las mentiras en torno a las proezas sexuales y —en la cama— avanzar a tientas, agitado entre el deseo, la ansiedad y el miedo.

Así se empieza y, desgraciadamente, así se sigue. Lo que los jóvenes no pudieron consultar al iniciar su vida sexual, difícilmente se animarán a preguntarlo a los veinte, a los veinticinco o a los treinta. Si asumen que tienen algún problema, lo más probable es que lo guarden por largo tiempo en el fondo del alma. No podrán planteárselo a la mujer frente a la cual deben ser expertos, ni tampoco a otro hombre frente al cual se sentirían profundamente humillados. Hasta que la situación se vuelve demasiado angustiosa y, entonces, algunos recurren a un terapeuta y otros siguen por la vida dando tumbos...

Si lo pensamos un poco resulta francamente absurdo: se espera que los hombres sean amantes perfectos, pero que lo sean por olfato, por intuición, por instinto, porque del tema ni siquiera se puede hablar.

Las mujeres, por su parte, se tragan sin más la ilusión de que él será un perito, y contribuyen a aumentar el embrollo al guardar riguroso silencio frente a lo que no les gusta, ya sea por temor a estar equivocadas, para no insegurizar a su hombre o, como hemos dicho en los otros capítulos, para evitar el abandono.

Más aún, a las mujeres, un hombre experto les atrae, les seduce y les excita. Al revés, aquel que demuestra inseguridad y torpeza suele desincentivarlas y producirles cierto rechazo. Sin quererlo, las mujeres colaboran en el mantenimiento de este mito, que se perpetúa hasta caer estrepitosamente cuando la mujer ha perdido el temor y decide revelar sus deseos y sus gustos, dejando en evidencia las carencias de su tan versado compañero.

A esas alturas, cuando el velo se desploma, muchos hombres se creen efectivamente talentosos amantes. Cada vez más seguros de sí mismos, reforzados por más de alguna mujer que quiso conquistarlos y fingió maravillosamente por temor a perderlos. Desgraciadamente, estarán poco dispuestos a aprender o a cambiar cuando una mujer arriesgada les plantee que hay ciertas cosas que no saben hacer, o que sería mejor hacerlas de otro modo, a otro ritmo o en otro orden...

Atrapadas por este mito, muchas parejas viven durante años la fantasía de un lego disfrazado de experto y de una mujer creyéndoselo o simulando hacerlo, prisionera de sus dudas e inseguridades.

2. Mito dos: Están siempre listos

Más allá del magnífico beneficio para quienes sufren de impotencia, la revolución del Viagra dejó una vez más en evidencia la enorme importancia que tiene que el hombre esté siempre listo para el sexo.

Esta nueva píldora —aceptada de inmediato por las compañías de seguro médico que durante cincuenta años se han negado a incluir los anticonceptivos entre los medicamentos reembolsables— demuestra con dramático patetismo que hombres y mujeres somos víctimas de una falocracia, de una verdadera dictadura del falo.

En el capítulo II nos referimos a las consecuencias que tiene para la mujer el hecho de que su sexo esté oculto, cómo sienten que esa parte de su cuerpo está distante y cómo les cuesta apropiarse de sus genitales e integrarlos completamente al conjunto de su persona.

Desde esa relación femenina con el sexo, las mujeres no consiguen entender fácilmente que la exposición de los genitales masculinos puede ser una fuente de tensión y angustia para ellos. No sólo tienen que ser expertos sino que, además, tienen que estar siempre dispuestos a funcionar como verdaderos machos, a mostrar que están bien dotados, que poseen un pene grande y que están prestos a usarlo apenas sea necesario.

Un pene blando es una verdadera tragedia. Hombres y mujeres hemos sido educados para considerar que el falo es funcional cuando está erecto y absolutamente disfuncional cuando está laxo. Más aún, las mujeres experimentan verdadero pavor ante un pene flácido. Un pene que no se erecta a la velocidad esperada les produce una profunda inseguridad y un temor espantoso. Se apodera inmediatamente de ellas una sensación apocalíptica de estar fallando.

Más que pensar en un problema de la pareja, la mayoría de las mujeres reacciona ante el pene blando como si estuviera sufriendo un rotundo rechazo. Cuando no lo viven así, y asumen que se trata de un asunto que afecta al compañero, entonces lo enfrentan como un hecho vergonzante, que los coloca a ambos en una situación incómoda de la cual hay que ver cómo se sale lo antes posible.

De alguna manera, las mujeres han caído en una trampa que ellas mismas se encargan de fomentar. Por un lado, se quejan porque los hombres se centran exclusivamente en los genitales y se irritan porque no son capaces de ver más allá, pero, por otro lado, no toleran un escenario distinto al de un pene duro y erecto en el momento exacto en que así se requiera. De lo contrario, estiman que la relación está en riesgo, que algo anda mal, que el encuentro sexual se ha vuelto hiriente y desagradable.

La erección es tan importante como símbolo de virilidad, que los hombres han ido reduciendo su erotización y su sensualidad en otras partes del cuerpo para centrarla allí, para concentrarla en aquel lugar donde no está permitido fallar.

Como vimos en el capítulo II, para los hombres el cuerpo es menos que los genitales, en ellos se juega buena parte de su identidad y de su autoestima. Las mujeres quisieran verlos más preocupados de todo su ser, pero consciente o inconscientemente envían mensajes reforzando la importancia de un hombre viril que se manifiesta con un pene fuerte y duro, siempre listo. Eso es para ellas una muestra clara de aceptación y de deseo.

Curiosamente, abundan las mujeres —tanto divorciadas como solteras que han tenido relaciones con distintos compañeros— que reportan encuentros con hombres a los que les cuesta tener una erección.

La experiencia de María Eugenia, cuarenta y siete años, viuda desde hace cuatro, ha sido fatal: «No sé si tendré mala suerte pero a estas alturas ya no quiero ni acercarme a un hombre. Me da pánico. Con los que he intentado una relación sexual desde que se murió Manuel son un desastre: no se excitan, o se excitan apenas, o se excitan un ratito y se les baja cuando empieza la penetración y se les sale... Es una verdadera agonía, un refregarse a ver si lo logran de nuevo... Una tiene que poner cara de palo, es lo más humillante que hay. Ya no quiero más, estoy traumatizada. No sé si todos los hombres que andan libres por ahí tienen problemas o si yo me los busco con pinzas o si soy yo la que les embarro la fiesta sin saber por qué».

Los hombres a los que se refiere María Eugenia no son, por lo general, impotentes sino hombres sanos a quienes la obligación de demostrar una actuación viril y potente, la tensión de la propia relación, les provoca una seria dificultad en la erección.

Normalmente esos encuentros terminan en nada. Como en los primeros números de una lotería, se van al agua. Difícil dirimir si la angustia del hombre ante su dificultad es mayor o menor que aquella que siente la mujer, mientras insiste en mostrarse imperturbable ante lo que está pasando. La verdad, esa que se manifestará luego en el secreto de una confesión íntima, es que la mujer se siente terriblemente humillada, piensa que la culpa fue suya, que no logró excitarlo, que sencillamente ella no le gusta lo suficiente. Aunque suene paradójico, en la práctica es bastante probable que sea a ella a quien ese galán que tanto le entusiasmaba haya dejado de atraerla en forma repentina.

Lo cierto es que, si bien las mujeres reivindican experiencias sexuales más suaves, más tiernas y más emotivas, cuya meta principal no sea sólo la excitación extrema y el orgasmo, comparten con los hombres la trascendencia de una erección firme y potente. Para ambos —y no sólo para los hombres— ésta es el principal indicador de que las cosas están saliendo bien.

Sorprende que, a la larga, esta espectacular erección poco y nada tiene que ver con la satisfacción de la sexualidad femenina. Más aún, esa potencia tan manifiesta se traduce muchas veces en eyaculación precoz, echando por tierra todas las fantasías de placer infinito que prometía la apariencia.

Hablar de todo esto es tanto o más difícil que subir el Everest. Si las parejas ni siquiera logran comunicarse lo que a cada uno le gusta o no le gusta, ¡cómo expresarse en medio de una situación en la que ambos se sienten pésimo, quieren evaporarse del lugar y ojalá no tener que volver a mirarse!

Para que la mujer se atreva a decir lo que quiere, para que manifieste abiertamente sus deseos es casi un requisito indispensable que el pene se porte bien y no ponga ni el más mínimo obstáculo. Que sea firme y duro, que con su impecable erección deje en evidencia que la mujer es atractiva y deseada, y que la virilidad de su pareja está allí para ella en todo su esplendor.

Más aún, el hombre no sólo debe responder con máxima virilidad dentro de su relación de pareja sino también ante cualquier oportunidad sexual que se le presente. Le está completamente prohibido decir que no.

Éste es quizás uno de los doble estándares más claros y burdos para juzgar la conducta de hombres y mujeres. Mientras él se ve forzado a entrar en una relación sexual por el solo hecho de estar frente a la ocasión, ella tiene que reprimir y negar rotundamente su deseo sexual a menos que esté involucrada en una relación afectiva estable. Sólo entonces está autorizada a querer sexo sin ser considerada promiscua.

Ellos, en cambio, no pueden dejar pasar una insinuación a riesgo de ser considerados «poco hombres». Un estudio realizado en 1987, en Estados Unidos, por S. Cook y C. L. Muehlenhard reveló que un 62,7 % de los hombres había tenido relaciones sexuales sin ganas. La investigación, que abarcó un grupo aleatorio de hombres y mujeres, mostró que entre ellas sólo el 46,3 % había llegado a la cama sin desearlo.

Si bien existe una amplia gama de razones para mantener este tipo de relaciones sexuales, la causa predominante entre los hombres era el haber recibido una propuesta femenina a la cual les había sido imposible negarse.

Un 35 % de los hombres encuestados, frente a un 11 % de las mujeres, explicaba su conducta en tres motivos básicos: obtener experiencia, la necesidad de aventuras concretas para compartir en la conversación con los amigos y, tercero, afirmar la confianza en sí mismos.

Sin duda, esta medida diferenciada frente a la conducta sexual de cada uno y la exigencia social de una virilidad infalible tienden a perpetuar el modelo de hombres activos y dominantes que imponen su sexualidad a mujeres pasivas y sumisas.

3. Mito tres: Entienden cuando «no» es «sí»

La permanente negación de su sexualidad ha llevado a la mujer a una conducta extraordinariamente ambigua, manipuladora e indirecta frente al sexo. Prácticamente todas las parejas conocen esa rebuscada forma de comunicación que consiste en decir «no» cuando es «sí», o decir «sí» cuando en realidad es «no». Una fórmula bastante perversa que se ve reforzada durante la conquista, cuando hombres y mujeres se relacionan de manera bastante equívoca.

Es poco frecuente que en los primeros coqueteos se plantee directamente la idea de ir a la cama. ¡Mucho menos que lo haga una mujer! Más bien se llega sin que nadie lo proponga verbalmente. Se dan una serie de claves imprecisas, miradas, gestos, insinuaciones y jugueteos para que el hombre infiera cuándo es el momento adecuado para avanzar más allá del simple flirteo.

Durante esta etapa, uno observa detenidamente el comportamiento del otro para detectar si está interesado o no en una relación sexual. La conversación suele ser completamente irrelevante, da lo mismo si se habla de una película, de un programa de televisión, de política o del trabajo, ambos están escrutando cada movimiento, cada contacto físico —explícito o casual—, cada palabra, cada seña que les permita saber si existe o no una buena disposición para ir a la cama.

Este adivinarse mutuamente resulta sin duda muy emocionante, atractivo y erotizante. Pero, paralelamente, puede generar tremendos problemas ya que —como hemos visto a lo largo del libro— hombres y mujeres somos muy distintos y, por lo tanto, es probable que saquemos conclusiones radicalmente diferentes frente a un mismo comportamiento. Una señal puede ser clave y determinante para uno, y tener un significado completamente opuesto para el otro.

Este conjunto de sugerencias y eufemismos tan seductores y propios de la conquista se presta para interpretaciones que son muy acertadas, en algunas ocasiones, y profundamente equivocadas, en otras. Cuanto menos verbal y directa es la comunicación más posibilidades existen de inferir conclusiones erradas.

Diversos estudios[1] muestran que los hombres interpretan una gran variedad de comportamientos como indicadores de que la mujer está interesada en el sexo. Sin embargo, en muchas de esas oportunidades ella no tenía la menor intención de llegar a la cama.

Hombres y mujeres tienen distintas ideas frente a un mismo mensaje. Así por ejemplo, ante una película, ellos detectarán muchas más claves sexuales que las mujeres.

Enfrentados a dos situaciones específicas —una en la que el hombre toma la iniciativa y, otra, en la cual es la mujer la que guía la acción—, en ambas, las mujeres encuestadas veían menos señales de luz verde para el sexo que los hombres.

Los hombres —como grupo— muestran una sobreestimación del deseo sexual femenino. Asumen como sugerentes e invitantes una serie de conductas y, luego, se sienten extraordinariamente sorprendidos al ser rechazados.

1. G. L. Zellman, P. B. Johnson, R. Giarrusso y J. D. Goodchilds, «Adolescent expectations for dating relationships: Consensus & conflicts between the sexes», estudio presentado en la reunión anual de la American Psychological Association, Nueva York, 1979.

C. L. Muehlenhard, D. E. Friedman y C. M. Thomas, «Is date rape justifiable? The effects of dating activity, who initiated, who paid & men's attitudes toward women», *Psycology of Women Quarterly*, 9, 1985, pp. 297-310.

C. L. Muehlenhard y M. A. Linton, «Date Rape and Sexual Aggression, Dating Situations: Incidence & risk factors», *Journal of Counseling Psychology*, 34, 1987, pp. 186-196.

En medio de la ambigüedad de los mensajes eróticos y de las distintas sensibilidades para interpretarlos, surge otro tremendo malentendido: los hombres no creen a las mujeres cuando ellas dicen «no». Simplemente, concluyen que están atadas a la vieja tradición que indica que las chicas buenas jamás dicen que «sí».

Están convencidos de que el rechazo sólo tiene razones sociales y, por lo tanto, para lograr el «sí», basta con insistir lo suficiente hasta que ella sienta que él no va a pensar mal de ella, que no la va a calificar como fácil o libertina.

La práctica demuestra que no están muy equivocados. En 1987 los norteamericanos C. L. Muehlenhard y C. L. Hollabaugh realizaron una investigación denominada «¿Por qué una mujer diría "no" cuando quiere decir "sí"?». Los resultados fueron elocuentes: un 39,3 % de las mujeres reconoció haber rechazado una propuesta para tener sexo cuando en realidad quería aceptarla. De este grupo, un 32,5 % dijo haberlo hecho sólo una vez; un 45,6 % lo hizo entre dos y cinco veces, y un 21,9 % entre seis y veinte veces.

Lo cierto es que las mujeres tienen dos razones fundamentales para decir «no» en vez de reconocer sus deseos. La primera es precisamente ese doble estándar que vimos en el capítulo anterior: evitar las sanciones que se imponen a una mujer considerada «fácil». La segunda, su inseguridad respecto a los sentimientos de su pareja. Ese «no» es una especie de examen para saber si él está suficientemente interesado en ella como para esperarla e insistir en la conquista. Es la búsqueda de una señal amorosa.

En un mundo de hombres que deben estar siempre listos, quien acepta literalmente un primer rechazo no sólo corre el riesgo de ser considerado tímido y poco masculino sino además, y lo que a veces es peor, pone en peligro la relación que está iniciando. Si opta por respetar ese «no» que acaba de recibir, es muy probable que la dama en cuestión lo interprete como una falta de interés real hacia ella.

Si no hay una insistencia frente al primer rechazo, muchas mujeres entenderán que lo único que él quería era meterse rápido a la cama y, luego, dar por olvidado el asunto. Es decir, si ellos entienden literalmente el «no» como un verdadero «no», ellas se sentirán utilizadas, engañadas y humilladas. Y, sobre todo, muy rechazadas como personas.

Así, el hombre va aprendiendo a no escuchar el «no» y a entender que debe hacer más méritos para convertir la negativa en aceptación gustosa. Rápidamente se va incorporando al guión general: el hombre hace un pase sexual, ella lo rechaza, él ignora el rechazo y hace otro pase, y así sucesivamente hasta lograr el objetivo.

Lo grave es que este tipo de relación se convierte en una verdadera trampa mortal cuando termina la conquista y se entra en una relación estable. Él seguirá insistiendo cada vez que oye un «no», y ella se sentirá atropellada y forzada. Más aún, este artificio tiene su lado nefasto cuando la sordera y la obstinación masculinas llegan a un grado extremo y se convierten en un verdadero acoso sexual, o incluso en una violación de su pareja.

En este intercambio confuso, en que ni los «sí» quieren decir sí, ni los «no» quieren decir no, se va creando un embrollo de emociones complejas y de sensaciones de rechazo muchas veces injustificadas, que pueden ser de alto riesgo para la pareja.

En la etapa de la conquista, el hombre está más dispuesto a aceptar algunos rechazos porque los entiende como parte del juego preestablecido. Sin embargo, en una relación permanente, el rechazo sexual le será tan violento que puede hacerle perder fácilmente el interés sexual por esa persona, puede llevarlo a relaciones extramaritales o, por el contrario, lo hará insistir ansiosa y desatinadamente en busca del «sí», lo que sólo servirá para una negativa aún más drástica y dura, generando un agobiante y amenazador círculo vicioso.

Pasada una semana del «no quiero», la mujer comienza a sentirse culpable, se descubre en deuda y termina cediendo un poco a la fuerza en una relación que su compañero percibe como un nuevo rechazo.

Es común en las parejas estables que haya un hombre que esté siempre deseoso y una mujer que se haga la desentendida, que se evada y, finalmente, diga que no quiere. Obviamente, en estas condiciones se va creando un clima muy desagradable para ambos —tanto para el que siempre persigue como para el que siempre se niega— y poco a poco se va contaminando toda la relación, por bien que se entiendan en otros ámbitos de la vida.

La caída en este pesado círculo vicioso surge generalmente a raíz de una vida sexual poco placentera para la mujer. Sus «no» serán una negativa a entrar en una experiencia que no le atrae. Y las razones pueden ser múltiples: que no ha sabido descubrir sus gustos, que ella se ha sometido pasivamente a la sexualidad masculina, que se lo está pidiendo en momentos inadecuados, que se ha ido desmotivando por sus faltas de atenciones fuera de la cama...

Como veremos en el próximo capítulo, hay muchas razones por las cuales una pareja, que se quiere y se entiende bien en otros aspectos, puede desencontrarse en el sexo.

Pero para complicar aún más las cosas, también en las relaciones estables muchos «no» terminan en aceptación —ya sea porque ella cedió a la culpa o porque él presionó hasta obligarla—, y muchas veces se convierten en una buena relación sexual. Sin embargo, no es raro que al próximo intento ella vuelva a rechazar la idea de tener sexo.

«Siempre dice que "no" y después lo pasa regio», dice Juan Pablo, treinta y ocho años, ingeniero, sin lograr entender la negativa de su mujer. Lucía (treinta y cinco años, secretaria), por su parte, reconoce que mecánicamente funcionó bien, que incluso llegó al orgasmo bastante rápido, pero estima que no fue el momento adecuado y que la relación no se dio con la ternura que ella esperaba: «Le digo que sí para que no me friegue más, pero no me gusta y prefiero evitarlo las veces que puedo».

La verdad es que ni siquiera después de años de matrimonio el «no» femenino puede entenderse como una negativa clara, rotunda y definitiva. Si él deja de requerirla, es muy probable que ¡ella se sienta abandonada y menospreciada!

En medio de esta comunicación equívoca, con dobles y triples sentidos, en la que habitualmente «no» significa «insiste para decirte sí», en la que rechazo y aceptación se confunden e intercambian arbitrariamente, los hombres han desarrollado una cierta insensibilidad, un cierto cuero duro, ante los «no» femeninos.

La mujer, por su parte, debe hacer enormes esfuerzos para ser tomada en serio cuando su negativa es verdadera y definitiva. Y en ese intento por ser creída, suele ser muy drástica y agresiva, provocando en el hombre una fuerte sensación de humillación y dolor.

De alguna manera, su «sordera» ante la resistencia femenina ha desvalorizado el sufrimiento que puede sentir ante el rechazo sexual de su pareja. Normalmente, se ignora lo afectado y herido que puede estar cuando su mujer —por las razones que sean— se las arregla sistemáticamente para evadirlo.

Hemos insistido en que el sexo está muy ligado a la autoestima masculina y, por lo tanto, el rechazo sexual sacude una de las áreas más sensitivas y vulnerables del hombre. Aceptar una negativa en este terreno puede ser muy demoledor. Eso explica que su resistencia al «no» sea tan intensa, que no esté dispuesto a tolerarlo con facilidad.

El testimonio de Felipe, treinta y dos años, funcionario público, es contundente: «Siempre está cansada, a las diez de la noche ya está durmiendo y, en la mañana, no se puede porque la guagua va a despertar, porque es tarde, porque esto o lo otro. Todo es no, y no. Yo me siento una porquería, que no valgo nada como hombre. Siento que no le gusto, que tengo que rogarle, que todo es a la fuerza. Cuando finalmente resulta, me pongo tan nervioso que termino con eyaculación precoz. Es atroz... eso me llevó a buscar por otras partes... Y me fue regio, ahora sé que puedo funcionar bien con otras mujeres que, además, les gusto y me encuentran atractivo. Yo necesitaba saber si era un problema mío, porque sus rechazos me tenían muy inseguro».

Por lo general, aunque las mujeres conocen bien el horrendo dolor del rechazo, están convencidas de que los hombres están capacitados para escuchar y tolerar el «no» femenino. Rara vez miden el sufrimiento que esto puede causar en el otro, suponen que él lo acepta como parte de su rol y que está preparado para recibir la negativa sin mayor aflicción. A la gran mayoría ni siquiera se les pasa por la mente que su pareja pueda sentirse lastimada por esta conducta y, mucho menos, que esto pueda minar la relación afectiva.

Lo cierto es que al hombre —por más que lo oculte— le duele profundamente el rechazo de su compañera.

En una relación sana, ambos deben tener la libertad suficiente para decir que no quieren tener sexo, sin afectar la confianza ni la autoestima del otro. Por cierto, esto implica liberar a los hombres de la ineludible exigencia de estar siempre listos. Pero, al mismo tiempo, es indispensable que, de vez en cuando, cada uno pueda hacer un esfuerzo por el otro. Porque esa posibilidad de negarse al sexo sin dañar a nadie se basa precisamente en que el rechazo no sea algo sistemático y que, ocasionalmente, el que está menos motivado para un encuentro amoroso haga una pequeña concesión por complacer a su pareja.

Lo concreto es que no somos como dos gotas de agua. Tenemos discrepancias en tantos aspectos de la vida. ¿No será utópico, entonces, aspirar a tener en un mismo instante los mismos deseos y los mismos gustos cuando se trata de la cama? Hermosa fantasía...

4. Mito cuatro: Sienten como ellas

Fantasía, ilusión o simple voluntarismo, lo cierto es que, por más tolerantes que seamos, la mayoría de los seres humanos tiende a suponer que los otros son como ellos. Es decir, que los demás piensan y sienten igual que uno. Así, por ejemplo, si una persona se enoja frente a un estímulo determinado pensará automáticamente que los otros también se enojarán en una situación semejante. Esta atribución mecánica de los propios sentimientos y reacciones genera, una vez más, innumerables malentendidos.

Aunque la práctica nos prueba tenazmente que somos muy distintos unos de otros, la mayoría se resiste en forma obstinada a la idea de que el otro no es igual a uno, más aún cuando se trata de esa persona especial con la que se logra una profunda intimidad.

Esta tendencia natural se ha visto reforzada en las últimas décadas en medio de la incesante lucha por la igualdad que libra la mujer.

La mujer ha batallado intensamente para que se le reconozca su derecho al placer pero, una vez logrado ese reconocimiento, quedó atrapada en la idea de que su gozo y sus deseos son similares a los de su compañero. Es decir, se le reconoce el derecho a sentir pero se asume que siente igual que el hombre y que, por lo tanto, le gustan las mismas cosas.

Tan difícil es aceptar la diferencia que muchas mujeres se llenan de culpas al darse cuenta de que no funcionan como su pareja esperaba. Como vimos en el capítulo II, ambos han sido socializados en lo bueno y lo malo, en lo normal y lo deficitario, y cuando no se cumplen las expectativas del modelo masculino —calificado como el correcto— la mujer concluye rápidamente que está fallando. Con ese telón de fondo, no es fácil pensar que los problemas pueden surgir simplemente de la diversidad que existe entre los seres humanos.

Existen numerosos estudios que muestran cómo cuando una persona observa determinadas conductas, inmediatamente le atribuye ciertas intenciones y ciertos sentimientos. Muchas veces, esas deducciones nada tienen que ver con la realidad y son simples proyecciones del observador, basadas en lo obvia que le parece su interpretación. Este proceso se da con mucha fuerza entre padres e hijos, entre madres e hijas y, por cierto, entre hombres y mujeres.

Por lo tanto, convencidos de que somos básicamente iguales, nos cuesta mucho imaginar que algo importante para uno pueda ser insignificante para el otro. Así, mientras a ellos les resulta incomprensible que las mujeres no gocen con aquello que tanto placer les provoca, a las mujeres no les entra en la cabeza que los hombres no capten lo relevante que son los contactos emocionales dentro de su sensualidad.

Cuando un hombre se excita tiende a proveer el tipo de estimulación física y emocional que a él le gustaría recibir. Como la mujer no se atreve a decir lo que necesita o desea, él sencillamente perpetúa su conducta.

Las mujeres, por su lado, presumen que los hombres son, sienten y piensan como ellas y, por lo tanto, esperan que esto se note en su conducta sexual. Cuando ellos hacen cosas distintas a las que ellas quisieran, y aunque jamás las hayan comunicado explícitamente, ellas simplemente concluyen que no quieren hacerlas. Rara vez se les ocurre que su pareja puede no saber lo que ellas quieren o esperan, que dicha sabiduría no les nacerá instintivamente sino que tendrán que aprenderla.

Vimos en el capítulo II que a la mujer le encanta hablar, que para ella la palabra es importantísima; sin embargo, llegado el momento de expresar sus deseos y sus gustos, enmudece. Por más que esté recibiendo algo distinto a lo que esperaba y a lo que le gusta, es muy posible que se quede callada, que acepte en silencio la frustración sin atreverse a decirlo. La vergüenza de ser acusada de anormal y el temor a herir al compañero en su virilidad hacen imposible abrir la boca. El hombre seguirá creyendo que lo hace bien y seguirá practicando aquello que a él le gusta y le hace feliz.

A la espera de caricias y emociones que no llegan, las mujeres van acumulando frustración y rabia. En la desesperación, o al calor de un momento íntimo, balbucean a trastabillones algunos de sus deseos más íntimos. El hombre suele escuchar con atención, probablemente hasta recuerde que ha leído algo de esto en alguna parte, tratará de practicarlo aplicadamente un par de veces pero ¡oh, desilusión!... rápidamente se le olvida.

No se trata de una negligencia ni un descuido, sino de un pedido difícil de retener porque pareciera no estar en la programación masculina. Esos requerimientos no están en su registro sobre el tema, no están en lo aprendido durante sus años de sexo. Aquello que a la mujer le parece tan natural, no forma parte de lo que él haría si se guiara por sus propios deseos. Esto se ve agravado porque la manera como él tiende a practicar el sexo es precisamente la que corresponde al modelo «correcto», ese que se refuerza socialmente a través de innumerables mensajes, desde los anuncios comerciales hasta las películas más sofisticadas.

Pero, por más explicable que sea desde el punto de vista social y cultural, ese olvido tiene consecuencias nefastas para la mujer. Después de haber hecho un esfuerzo enorme para decir lo que le gusta, la mujer se siente profundamente herida y humillada al no ser escuchada. Él no sólo no supo lo que ella quería —¡y que era tan obvio!— sino que, además, ignoró completamente sus demandas después de un par de esfuerzos aislados.

Llena de rabia y resentimiento, la mujer se va convenciendo de que no la quieren, de que sus necesidades no importan. Cuando por fin junta fuerzas para volver a formular sus peticiones, lo hace cada vez más molesta y enojada, transformándolas involuntariamente en duras recriminaciones.

Ya sabemos que el hombre es muy vulnerable a este tipo de críticas. A él le cuesta comunicarse íntimamente, no le es fácil hablar de sus afectos y, por lo tanto, el sexo es un instrumento a través del cual puede demostrar amor y preocupación por su pareja. Por eso, cualquier reproche lo lleva rápidamente a la sensación de fracaso y de desvalorización.

Al ignorar la diversidad, hombres y mujeres van almacenando los mismos sentimientos de rechazo e incomprensión. A ella, por ejemplo, le parece evidente que si él la desviste con paciencia y delicadeza es mucho más placentero y sensual que si le arranca bruscamente el camisón. Para él, en cambio, esa conducta enérgica, vigorosa, un tanto brutal, es de un tremendo erotismo, es la expresión palpable de su pasión por ella...

A Raquel, veintinueve años, artesana en joyas, quien convive con su pareja hace dos años, esa pasión le resulta excesiva: «A veces llego a dudar si realmente me quiere. Apenas se da cuenta de que yo también estoy dispuesta para hacer el amor, ¡se pone tan bruto! Tengo que reconocer que está siempre listo, pero me carga que sea tan directo, tan poco hábil, tan brusco... Sergio es un hombre muy tranquilo, por eso me sorprende que sea tan arrebatado en la cama, de repente pienso que es demasiado violento».

En general, a las mujeres les cuesta valorar ese frenesí como prueba de amor y de deseo y no como simple necesidad fisiológica. Sin embargo, a través de ese ímpetu, de esas caricias a veces demasiado bruscas, los hombres están usando su lenguaje corporal para expresar toda la preocupación, el deseo y el cariño que sienten por su pareja. A su manera, están dándolo todo por esa relación. Porque lo cierto es que no son expertos, ni han aprendido de sexo, ni las mujeres les han dicho claramente lo que deben hacer para que los consideren buenos amantes.

Por lo demás, siempre hay que tener presente que las mujeres son muy distintas entre sí. Es bastante más fácil adivinar los gustos de un hombre que los de una mujer. El amante que trate de aplicar con una lo que aprendió con otra probablemente no tendrá grandes éxitos. Aquello que hace gozar con locura a una mujer, no sirve necesariamente con la siguiente. Cada pareja requiere de un aprendizaje absolutamente individual.

Esto es tremendamente importante. Si bien existen ciertos placeres más generalizados entre las mujeres como grupo, cada una tiene su propia personalidad sexual. Por lo tanto, por más experiencias previas que hayan tenido los integrantes de una pareja, una vida sexual satisfactoria exige un tiempo para conocerse, para descubrirse, para complementarse en lo que cada uno siente, necesita y desea.

Si no se toman ese tiempo de aprendizaje, lo más probable es que él haga lo que le nace instintivamente, condimentado con lo que leyó y oyó por alguna parte, más lo que aprendió con alguna pareja anterior, que bien puede haber fingido una porción de su éxtasis. Si a ella esa combinación no le satisface, surgirán rápidamente los problemas. Empezará a rondar el temible fantasma de la frigidez o de cualquier otra disfunción sexual con nombre aterrador.

Son innumerables las mujeres que cargan inútilmente —y en el más absoluto secreto— el peso de enfermedades y anormalidades que no padecen, por el simple hecho de no tener conciencia de la diversidad que existe entre hombres y mujeres. Son infinitas las cosas que no se dicen porque «son obvias», se da por descontado que si uno siente y reacciona de una determinada manera el otro sentirá y reaccionará igual. Sin embargo, por más evidente que algo resulte para uno, el otro no tiene por qué haberlo entendido o vivido de la misma forma. Quizás la regla de oro en este terreno sea que lo obvio no existe.

5. Mito cinco: Si las quieren, las adivinan

Nada de fácil asumir la regla de oro de la diversidad. Por más que se acepte que hombres y mujeres somos muy distintos y que cada ser humano tiene sus características propias y especiales, las mujeres en su gran mayoría suponen y esperan que si alguien las quiere de verdad, debe adivinarlas.

Lo grave es que si él no adivina los gustos de su dama, a poco andar esa situación puede ser entendida como una muestra evidente de desamor, de desinterés y de descuido. Por el contrario, si el galán acierta será una prueba indudable de su amor y de su cálida acogida en el plano sexual.

¿De dónde surge esta imperiosa necesidad femenina de adivinación? ¿Por qué este proceso es tan importante para ellas? Primero, sin duda, porque —como hemos visto— no saben hablar de sexo. Y, por lo tanto, en medio del silencio, no queda más que la adivinanza.

Si llega a hablar, será seguramente para dar alguna pista rebuscada y oblicua. O en el mejor de los casos, para empezar una frase a medias, en la que él debe completar los espacios en blanco. Ojalá logre hacerlo correctamente, de lo contrario, estará perdido.

En segundo lugar, a las mujeres les gusta —o quizás habría que decir necesitan— ser adivinadas por temor a las consecuencias. Un sexto sentido, o tal vez la experiencia previa, les advierte que las demandas sexuales suelen entrar en un campo minado.

Y muchas veces no les faltan razones. Basta escuchar testimonios como el de Vicente, cincuenta y dos años, publicista, divorciado hace ocho años: «Me fascinó cuando nos conocimos. La encontré atractiva, interesante, femenina. Salimos a comer, al cine, a pasear por el parque Forestal. Pensé que después de tantos años me estaba enamorando de nuevo. Pero todo se desinfló al llegar a la cama. Esa mujer tierna, femenina, amorosa, se transformó de repente en director de orquesta. Que tócame aquí, que allá, que no tan fuerte, que más lento, que aguántate... Fue terrible, no paraba de dirigir el tránsito... No sé cómo me controlé sin explotar, lo único que quería era desaparecer en ese mismo instante. Hasta ahí no más llegamos».

Para muchos hombres, las pretensiones femeninas constituyen una verdadera agresión. Como Vicente, se sienten severamente agraviados en su virilidad y arrancan a perderse.

En este cuadro, parece casi normal que las mujeres se vuelvan tan inseguras a la hora de hablar de sus deseos, y opten por aferrarse al prodigio de la adivinanza.

Pero junto al silencio y al temor de no agradar a su pareja, hay una tercera razón —quizás la más importante— que conecta directamente la adivinanza con las emociones más profundas.

Para todos los seres humanos el ser adivinado es sinónimo de ser querido. Y esta equivalencia tiene sus raíces en lo más profundo de nuestro ser. La única vez en que somos realmente adivinados es al nacer, cuando somos muy pequeños, cuando aún no tenemos lenguaje verbal, cuando no podemos hablar y la madre —o quien se encarga de nuestro cuidado— de alguna manera mágica siempre sabe lo que nos sucede y lo que necesitamos.

Ése es el modelo básico de amor de todos los seres humanos, y ésa es la experiencia que inconscientemente buscamos en nuestras relaciones amorosas. Convivimos con una cierta nostalgia del amor maternal capaz de saberlo todo en forma natural e instintiva.

Si bien muchas personas pueden haber tenido una infancia marcada por el abandono, siempre existe la añoranza de la madre. En esos casos, puede haber incluso una mayor ansiedad y angustia en la búsqueda de ese amor esencial y primario. Una nostalgia de aquel ser capaz de descifrar el llanto y saber automáticamente si esas lágrimas son de hambre, de cansancio, de pañales sucios, de gases, de dolor.

La relación madre-hijo es, por cierto, una relación muy especial, simbiótica y estrecha, lo que permite esta comunicación tan fluida y sublime. Pero incluso ese contacto único y privilegiado sólo es posible durante la primera etapa de la vida. Es indispensable tomar en cuenta que a los niños pequeños les ocurren sólo una decena de cosas, no viven la complejidad del mundo adulto. Es mucho más fácil para la madre adivinar a un recién nacido que tratar de predecir las necesidades y deseos de un adulto.

A medida que los niños salen al mundo, surge la necesidad de empezar a desarrollar el lenguaje puesto que la comunicación no verbal va perdiendo poco a poco su efectividad, tanto con la madre como con los otros seres humanos con los cuales nos relacionamos.

Sin embargo, en algún rincón de nuestro ser guardamos para siempre el recuerdo de ese amor ideal, y mantenemos eternamente el deseo de ser adivinados como entonces. En esa nostalgia, la adivinación se convierte en una prueba irrefutable de amor realmente claro, puro y verdadero.

Este fenómeno inherente a todos los seres humanos se acentúa en las mujeres y, particularmente, cuando se trata de sexo. Es tan importante para ellas sentirse queridas, que el no ser adivinadas puede tener consecuencias catastróficas en la sexualidad.

Cuando el compañero no es capaz de descifrar correctamente sus deseos, la mujer no sólo se siente poco querida sino que rápidamente empezará a sentirse humillada. Si tiene que decirle a su pareja lo que quiere y lo que le gusta, sus acciones comenzarán a desvalorizarse. De alguna manera, si no son espontáneas, esas conductas no valen. Adquieren el sabor de un favor o de un esfuerzo que pierde todo erotismo y se vuelve casi ofensivo. Por el contrario, si él descubre instintivamente sus necesidades, sus caricias tendrán un poder extraordinariamente excitante.

En el sexo la razón y la inteligencia no bastan. Por mucho que entiendan racionalmente que son seres humanos complejos y, por tanto, difíciles de adivinar en sus necesidades más profundas, emocionalmente siguen buscando que el ser amado —o aquel con quien se tiene una experiencia íntima— sea capaz de saber lo que quieren sin necesidad de hablar.

Se trata, naturalmente, de una petición imposible. Por lo tanto, para una vida sexual satisfactoria las mujeres deben estar dispuestas a pedir, a mostrar, a enseñar. Y lo más importante: hacerlo sin sentir que el fruto obtenido gracias a este aprendizaje vale menos que aquello que la pareja es capaz de descubrir por su propia cuenta.

Este aprendizaje, que es válido no sólo en el plano sexual sino en todas las áreas de la vida, es por cierto un asunto difícil.

En realidad son dos las tareas de las mujeres en este campo. Primero, descubrir sus propias necesidades y deseos, saber realmente qué les gusta, qué quieren que les hagan, cómo sueñan que las toquen. La segunda, aprender a contarlo.

Ya vimos que la mayoría de las mujeres tiene miedo a decir lo que quieren, entre otras cosas, por temor a que ellos se impacienten. Tienden a creer que los hombres se irritan con su ritmo, con el hecho de que ellas son en general más lentas. Como no existen parámetros acerca de la sexualidad femenina, no saben cuánto es el tiempo adecuado para excitarse y tener un orgasmo. Esa ignorancia se transforma comúnmente en culpa que a su vez se traduce en más silencio. La mujer empieza a enviar señales erráticas, él no es capaz de descifrarlas, ella se vuelve cada vez más sensible y más insegura. Si él no capta sus emociones, comienza la sensación de desamor y humillación. Y así se entra en ese peligroso círculo vicioso de incomunicación y pérdida del deseo. Y mientras más necesidad de sentirse seguras y queridas, más exigencias de ser adivinadas. En el paroxismo de este círculo vicioso, es tal la necesidad de una experiencia amorosa que las mujeres terminan añorando que su pareja actúe como si fuera su madre. Se sienten tan indefensas y frágiles que requieren alguien que las cuide, las nutra, las satisfaga. Sin embargo, por muy tierno y cariñoso que sea, un hombre tiene muy poco de mamá.

Pero no hay que equivocarse, si bien son muy poco maternales, a los hombres les encanta complacer sexualmente a sus compañeras. Desgraciadamente, en medio de las ansias por ser adivinadas, a las mujeres se les olvida esta característica masculina.

Muchas veces los hombres no saben cómo hacerlo, pero cuando ven que están haciendo gozar a su pareja también sienten una gran satisfacción, es parte de su propio placer sexual y así lo reportan en numerosos testimonios como el de Julio, treinta y ocho años, separado hace dos: «Ver gozar a una mujer es de lo más excitante. Me encanta verla cómo disfruta del sexo, siento que lo estoy haciendo bien, que soy capaz de volverla loca de placer. Eso me hace feliz».

Las mujeres intuyen esta realidad. Saben que, al menos en este tercer milenio, el placer femenino también es tan fundamental para ellas como para el hombre. No se explica de otro modo que prácticamente todas hayan caído alguna vez en el impulso de fingir un orgasmo. Sin embargo, en vez de valorar la importancia de una comunicación explícita para lograr ese resultado, muchas veces se dejan arrastrar por sus sentimientos más básicos, desvalorizan aquello que su pareja aprende con ellas, y quedan atrapadas en la idea absurda de que el hombre es un experto y que, por lo tanto, si no es capaz de saber lo que ella necesita es porque no le interesa, porque no la quiere, porque es un egoísta o porque algo anda mal. O simplemente porque se equivocaron de hombre.

La descalificación permanente de aquello que él hace guiado por ella contamina muchas veces toda la relación y termina en problemas serios. No sólo crece la frustración sexual sino que la pareja va acumulando una serie de emociones como la vergüenza, la humillación y el rechazo, que tejen una maraña cada vez más difícil de desenredar.

6. Mito seis: Son capaces de satisfacer todas sus necesidades

Durante siglos la diferencia de roles entre hombres y mujeres permaneció prácticamente inalterable. Más allá de las distintas actividades que emprendieron en sucesivas épocas históricas, los hombres siempre fueron proveedores y protectores, mientras las mujeres se hacían cargo del hogar y de las tareas emocionales de la familia.

Ellas no esperaban que sus hombres —además de defenderlas y de proporcionarles el sustento— fueran también sensibles afectivamente y cuidadosamente delicados en la cama. Eso no estaba dentro de sus requerimientos. Ellos, por su parte, se sentían sumamente apreciados por el hecho de cumplir adecuadamente con el rol que el mundo les había impuesto.

Como vimos en el capítulo anterior, hombres y mujeres pertenecíamos a esferas de la vida absolutamente separadas. El territorio de unos y otras estaba delimitado escrupulosamente para que no hubiese interferencias de ninguna naturaleza. Como dice John Gray en uno de sus libros[2] las descripciones de cargos estaban absolutamente claras. Cuando el hombre asumía su función de esposo sabía exactamente lo que tenía que hacer, y lo mismo sucedía con la mujer al ser desposada. La definición de roles era perfecta y detallada.

En la actualidad todo se ha vuelto más difuso. Hombres y mujeres dependen menos el uno del otro para la seguridad física y la supervivencia y, por lo tanto, no es eso lo que buscan al encontrarse. Ambos tienen hoy otros objetivos: felicidad, intimidad, amor, romance, pasión, compañerismo.

Hace apenas unas décadas, los padres eran los encargados de velar por la formación de una buena pareja y el desarrollo de una familia segura. Ahora, lo que nos une son aspectos esencialmente afectivos, multiplicando drásticamente las expectativas.

El hombre actual ha ido perdiendo los roles exclusivos para los cuales fue formado, aquellos que desempeñaron sus padres y que les permitían obtener y afirmar su autoestima. Paralelamente,

2. John Gray, *What your Mother couldn't Tell you and your Father didn't Know*, Harper Collins Publishers, Nueva York, 1994.

las mujeres fueron adquiriendo nuevas obligaciones y, además de madres, esposas, dueñas de casa, también se convirtieron en protectoras y proveedoras. Los hombres van quedando con menos responsabilidades y las mujeres sobrecargadas.

Este tremendo cambio, esta enorme revolución de las costumbres milenarias, está recién comenzando. Es un verdadero terremoto que se produjo hace sólo medio siglo, y sus réplicas se sienten aún muy intensamente en la convivencia familiar y, especialmente, dentro de la pareja.

¡Y no se trata de un asunto de las feministas! Son transformaciones que no afectan únicamente a aquellas mujeres que durante décadas lucharon contra el machismo, se trata de un cambio radical que involucra a toda la sociedad por igual. Nos guste o no, en el mundo occidental se instauró un nuevo sistema en el que ya no rigen los roles tradicionales. Las mujeres salieron al mundo, impulsadas básicamente por razones sociales, por la revolución industrial, por las nuevas realidades económicas, por la vida moderna.

Enfrentadas al mundo exterior, las mujeres se han vuelto extraordinariamente poderosas: siguen manteniendo sus roles femeninos y, además, comparten con los hombres las tareas ajenas al hogar.

Las nuevas reglas del juego repercuten severamente dentro del hogar, donde los hombres —cada vez más inseguros ante la pérdida de su monopolio como proveedores y protectores— se ven enfrentados a una exigencia nueva y abrumadora: hacer felices a sus mujeres.

A la luz del elevado número de divorcios que se produce en el mundo entero, parece evidente que los nuevos objetivos de la pareja no se están cumpliendo. De allí la búsqueda ansiosa por encontrar otra persona capaz de cumplir con los ideales de un vínculo moderno. Expectativas que son fundamentalmente emocionales.

En el caso de la mujer de fin de siglo XX, estas pretensiones afectivas no son ajenas al cúmulo de responsabilidades que cayó sobre sus hombros.

El día de cualquier mujer —casada y con hijos— comienza muy temprano en la mañana: levantar al resto de la casa, vestir a los niños, darles desayuno, organizar su colación, vigilar que lleven sus tareas, dejar la casa funcionando y, finalmente, arreglarse más o menos a tono con la moda para salir a trabajar.

Cuando llega al trabajo, alrededor de las nueve de la mañana con esa montaña de obligaciones ya cumplidas, está recién iniciando una jornada laboral en la que se espera que sea inteligente, cordial y productiva. No sólo eso. Además, debe seguir atenta a las labores domésticas, llamar al fontanero si hay algo estropeado, confirmar la hora del médico para los niños o preocuparse de las clases de inglés. A la hora del almuerzo, puede haber una reunión de trabajo o una cita con una amiga que, insospechadamente, en este contexto, puede convertirse en una obligación más en vez de ser un momento de relajo y entretenimiento.

Normalmente, esta abundancia de actividades va unida a una fuerte angustia dado que nunca logra estar realmente al día. Siempre hay una lista de pendientes que no se alcanzaron a cumplir: ir a la farmacia, comprar algo que faltaba para la comida, llamar a los padres por teléfono, averiguar cómo está el hermano con gripe, ir a la peluquería…

De vuelta al hogar hay que hacerse cargo de las tareas de los niños, bañarlos y ponerles el pijama, ver que la comida esté lista, muchas veces servirla. En medio de ese alboroto, llega su pareja. Cansado, con ganas de que le presten atención y ojalá lo atiendan, se instala frente al televisor y descansa, tal como lo aprendió desde chiquito, tal como lo hacían su padre y su abuelo.

El día termina ahí, a menos que él tenga algún compromiso y ella deba acompañarlo. Su innato saber femenino le advierte que si se impone la costumbre de que salga solo, a poco andar encontrará una amante que le sirva de compañera mejor que ella. Por lo tanto, sin importar cómo haya sido su día, se prepara para cumplir correctamente con su rol social: nuevamente bien arreglada, atractiva, simpática y capaz de mantener una conversación interesante. De vuelta a casa, es la hora de la cama, la mujer debe ser sexy y estar bien dispuesta para iniciar una relación sexual.

Por más agobiante y caricaturesco que parezca, ésta es la descripción de la vida cotidiana de millones de mujeres a lo largo y ancho del planeta.

Los hombres, por su parte, han seguido con la tradición de salir a la selva, que se ha vuelto cada vez más competitiva y hostil. Pero, ¡oh paradoja!, al volver al hogar ya no pueden gozar tranquilamente del descanso del guerrero. No sólo se les hacen exigencias prácticas como ayudar con los niños y la casa sino, lo que parece peor, se les formulan requerimientos emocionales para los cuales jamás se les preparó. En vez de recibir el reconocimiento por las tareas realizadas durante la jornada, en vez de ser aplaudidos por haber vuelto victoriosos de la selva, se les hacen nuevas demandas, ¡se les pide apoyo afectivo!

Es decir, no sólo han perdido ciertos roles que hasta hace muy poco eran de su absoluta exclusividad sino que, además, se enfrentan a obligaciones insospechadas.

La mujer que encuentran en la casa está exhausta y no tiene ningún interés en aplaudirlo por las destrezas masculinas que lució en el mundo exterior, sino que espera que desarrolle con ella sus habilidades femeninas, que la escuche, converse con ella, la cuide, la comprenda, la quiera. Es decir, se le piden una serie de cualidades y conductas que jamás vio en su padre, más aún, que parecen totalmente contrarias al desarrollo de la virilidad y la masculinidad que tanto se apreciaba en sus antepasados.

En vez de mimos y aplausos, el hombre de hoy recibe muchas veces señales de insatisfacción emocional y sexual. La sensación de fracaso es muy común en el hombre actual.

Muchos cambian de pareja en busca de esos elogios tan ansiados. Desgraciadamente, si no han entendido los cambios de su siglo y las necesidades femeninas, es muy probable que más temprano que tarde se encuentren nuevamente en el mismo punto de frustración y fracaso.

A diferencia del donjuán tradicional, el hombre contemporáneo que cambia periódicamente de pareja, que elige cada vez una mujer más joven, no suele perseguir la satisfacción de la conquista, sino más bien los halagos que le permitan afirmar una identidad que está bastante frágil. Sus amoríos son vitaminas para un ego decaído.

Todo indica que ni los hombres ni las mujeres han logrado entender a cabalidad la magnitud y profundidad de los cambios que viven. En medio de la desorientación mutua, los hombres se sienten menoscabados y las mujeres plantean demandas un tanto desorbitadas. Los problemas se repiten una y otra vez con distintas parejas. Para Rosa, economista, treinta y ocho años, la realidad es concluyente: «Después de los primeros seis meses de pasión, los hombres son todos iguales».

Las estadísticas muestran que después de un fracaso matrimonial, los hombres se casan de nuevo muy rápidamente en busca de un nuevo hogar. Las mujeres, en cambio, tienden a mantenerse más tiempo solas, parecen necesitar cada vez menos esa estructura social. Más aún, investigaciones realizadas en Estados Unidos señalan que los índices de salud de la mujer casada dejan mucho que desear. Dalma Heyn[3] asegura que las depresiones son tres veces más frecuentes entre las mujeres casadas que entre las solteras, lo que no sucede entre los hombres. Agrega que las casadas padecen más crisis nerviosas, más soledad, más problemas cardíacos, pesadillas, fobias, baja autoestima y culpa que las solteras, y que este fenómeno sería el opuesto entre los varones. Con seguri-

3. Dalma Heyn, *Marriage Shock*, Villard Books, Nueva York, 1997.

dad esto explica que, en Estados Unidos, dos tercios de los juicios de divorcio sean iniciados por mujeres.

Solas se sienten menos sobrecargadas y menos insatisfechas. Como si la soledad les aportara un cierto alivio en medio de ese dar sin límite tanto en el hogar como fuera de él.

Las mujeres trabajan tanto como los hombres fuera del hogar, pero al llegar a la casa siguen dando y dando y dando. Experimentan muy poca reciprocidad de sus compañeros y están cada vez más ávidas de cariño y de apoyo.

En este cuadro, la mujer moderna ha aprendido a esperar y a valorar el espacio sexual como un lugar muy privado donde, por fin, sus necesidades más íntimas serán satisfechas. Es tal la carga emocional con que la mujer llega a la intimidad del sexo, que si no se cumplen todos los mitos de los cuales hemos hablado en este capítulo, se llenará de frustración y de resentimiento. Al revés, si tiene una vida sexual placentera, ése será el mejor antídoto contra el cansancio y las tensiones. El sexo tierno y amoroso equivale a unas verdaderas vacaciones en medio de la agitación cotidiana del mundo actual.

El hombre de hoy ya no recibe premio por las proezas que realizó durante el día, sino que debe entenderse con una mujer sobrepasada por sus actividades cotidianas que requiere ansiosamente de caricias emocionales y sexuales para recuperar las energías perdidas.

Esta demanda es tan imperiosa, tan anhelante y tan desmedida que difícilmente el hombre podrá satisfacerla por completo. Un error relevante en la actitud de las mujeres contemporáneas es pretender que todas esas necesidades sean cubiertas por la relación amorosa. En cierto modo, se ha idealizado a la pareja, atribuyéndole la capacidad de dar una serie de gratificaciones afectivas que hasta hace unas décadas —en la familia extendida— eran satisfechas por un conjunto diverso de vínculos: abuelas, madres, hermanas, nanas, amigas, tías...

A pesar del poco tiempo libre del que disponen, las mujeres debieran recuperar esa diversidad de relaciones, ya que la sobreexigencia es dañina para la relación de pareja y, por ende, para la relación sexual.

Hombres y mujeres se relacionan distinto con el cuerpo y los sentimientos. Mientras ellas pueden desconectarse casi completamente de su cuerpo, ellos hacen lo propio con las emociones. La forma de interactuar en el mundo público, donde la competencia y el peligro han estado siempre presentes, requiere de una tremenda frialdad que bloquee drásticamente la emoción. Las mujeres, en cambio, aunque se encuentren en medio de la selva y tengan que aprender a batírselas como hombres, siguen manteniendo la tarea afectiva de dar, de expresar ternura, de ser maternales, de cuidar de otros, y entre tanto sentimiento se van desconectando del cuerpo y de sus necesidades físicas.

Llegada la noche, se espera que, mágicamente, el señor que está separado de sus emociones y la señora que está escindida de su cuerpo se entiendan, se complementen y sean capaces de una vida sexual placentera.

Nada fácil. Como veremos en el próximo capítulo, en este cuadro de desencuentros la cama puede convertirse fácilmente en el campo de batalla para resolver amarguras y cuentas pendientes de otros ámbitos de la relación que nada tienen que ver con el sexo.

IV

Tiempo y espacio para el sexo: cuánto y cuándo

En este capítulo trataremos de evitar las grandes dificultades existentes para hablar de sexo, entrando en el tema de una manera lo más normal y cercana posible a la experiencia cotidiana de todos los seres humanos.

No queremos —como ocurre habitualmente— examinar la sexualidad a partir de los problemas o temores que existen frente a ella, ya que esto sólo produce más angustia y más obstáculos para comunicarnos.

A partir de dos preguntas básicas —cuánto y cuándo— exploramos de un modo muy concreto la experiencia sexual, descubriendo lo que a la mujer le gusta, desea y la seduce.

Éstas son preguntas que toda pareja debiera formularse para entender y disfrutar de su sexualidad.

1. Cuánto

El cuánto alude a la dimensión temporal de la relación sexual, a los tiempos del sexo que son muchos. Por ejemplo, ¿cuánto tiempo necesitamos para descubrirnos el uno al otro?, ¿cuánto tiempo requiero para excitarme, sentir placer y llegar al orgasmo?, ¿con qué frecuencia debo hacer el amor?, ¿cada cuánto tiempo quiero tener sexo?, ¿cuántas veces coincidimos y cuántas no concordamos en nuestras ganas de tener relaciones sexuales?

Hacer pareja (tiempo para conocerse)

Nunca está de más reiterar que cada ser humano es diferente y que, en materia sexual, las mujeres presentan una diversidad aún mayor que la existente entre los hombres. Por lo tanto, cada relación de pareja requiere de su propio arte, y los amantes tienen que descubrir sus patrones de conducta y construir sus maneras especiales y únicas de hacer el amor a medida que van encontrando la armonía y el equilibrio entre sus gustos, diferencias, fantasías y ritmos. A la luz de estas tareas, se trata de una obra compleja que ocupa un tiempo nada despreciable.

Por más historias y fanfarronerías que uno haya escuchado en la vida, la verdad es que las parejas que se encuentran y se entienden automáticamente bien en la cama son francamente escasas. Son situaciones extraordinarias, una gran suerte o simples fantasías, lo habitual es que los primeros encuentros sexuales no sean muy gloriosos.

Ese encuentro puede tener un carácter espectacular por otras razones —la emoción, la pasión, la adrenalina, la novedad— pero hablando de sexo propiamente tal, difícilmente será una experiencia memorable. Por cierto, estamos hablando de sexo entendido como un goce compartido y no sólo como la aplicación de una técnica propicia para llegar al orgasmo.

Desde esta perspectiva, el sexo es un proceso creativo que debe ir gestándose paulatinamente a partir de los deseos, la sensibilidad y el placer de cada cual.

La experiencia y el conocimiento suelen ayudar pero también pueden ser sus grandes enemigos. La comparación con otros, o con lo leído, genera grandes inseguridades y presiones que llevan a la pareja —o a uno de sus integrantes— en una dirección que poco o nada tiene que ver con su propio ser.

Es común que las personas hayan visto u oído una serie de generalidades acerca de cómo deben ser las cosas en la cama. Pocos se atreven a preguntar, simplemente se atiborran de lugares comunes, fantasías y verdades a medias que, llegado el momento, no siempre coinciden con lo que sucede a la hora del sexo. Entonces sobreviene el temor de estar fallando o de haber fracasado, en vez de darse cuenta de que no se han dado el tiempo suficiente para descubrir los anhelos y las posibilidades de cada uno.

Algunas parejas toman años en conocerse en sus verdaderas necesidades y deseos sexuales.

El cine, la publicidad y la literatura han contribuido a crear grandes confusiones en este terreno. Han provocado una severa distorsión en torno a los tiempos del sexo, especialmente en relación con las mujeres. Las escenas sexuales duran apenas un suspiro. Incluso en el cine, en una larga toma de sexo explícito —que en muchos países será censurada o calificada de película pornográfica— el acto no se extenderá por más de un par de minutos. La mujer se excitará en unos segundos, una que otra caricia la encenderá apasionadamente y en un breve coito tendrá un orgasmo intensísimo, simultáneo al de su pareja.

Esto no le pasa casi a nadie. Sólo en las películas los dos encienden el fuego exactamente al mismo tiempo, se acarician en el momento preciso, en los lugares que a cada uno le gustan más y llegan al orgasmo rápida y sincronizadamente desde el primer encuentro sexual.

Son cosas del cine, pero en la fantasía colectiva queda marcada la idea de encontrar una pareja capaz de provocar esa pasión.

En las novelas, el autor se toma más tiempo y describe con bastante precisión y un ritmo adecuado cómo llegaron a conocerse los protagonistas, cómo se gustaron y de qué modo se produjo el acercamiento amoroso. Incluso, en algunas obras más eróticas, se detallan escenas íntimas que transmiten un intenso calor sexual. Sin embargo, todo se mantiene en el ensueño literario, lejano de la experiencia real de la mayoría de las mujeres, en las que prima una culposa lentitud y un ritmo que nada tiene que ver con lo que se observa en la ficción.

Al comienzo de una relación, se da normalmente una fuerte atracción, una explosión de erotismo, que moviliza un conjunto de hormonas que permiten compensar las dificultades del ajuste sexual de la pareja. La emoción, la pasión y la novedad sustituyen al placer físico propiamente tal, y permiten soñar con las escenas cinematográficas. Pero a medida que la relación se estabiliza es necesario recrear esa pasión conscientemente.

Para que la monogamia no se confunda con monotonía, resulta indispensable ir desarrollando tanto habilidades de comunicación como la mejor técnica sexual para el estilo propio de esa pareja.

Ambos tienen una personalidad sexual que hay que descifrar, ya que cada pareja crea una relación sexual única e irreproducible, en la que influyen todas las variables físicas y emocionales de cada uno.

Aunque no se tengan experiencias previas, todos llegamos a la cama con un estilo sexual basado en lo aprendido, visto, escuchado o fantaseado. A esto se agrega lo que cada uno ha cultivado con alguna pareja anterior.

Silvia, treinta y cuatro años, profesora, y Gustavo, treinta y siete, veterinario, llevaban nueve meses de casados cuando decidieron consultar a un terapeuta. Era el segundo matrimonio de ambos, no querían otro fracaso pero no lograban entenderse sexualmente: Silvia presentaba grandes dificultades para llegar al orgasmo, su deseo sexual era casi inexistente y, obviamente, evitaba el sexo. Se habían enamorado apasionadamente después de estar un par de años solos. Curiosamente, ella venía de un matrimonio en que el sexo era uno de los pocos terrenos en los cuales se entendía bien con su primer marido. Gustavo, por su parte, había sufrido ciertos problemas de eyaculación precoz durante algunas relaciones esporádicas que tuvo después de su separación.

En unas pocas sesiones de terapia se descubrió que, desde que se conocieron, Silvia había tratado de amoldarse al esquema que tácitamente había impuesto Gustavo. Ella nunca tuvo problemas con su sexualidad, pero durante su relación anterior llegaba al orgasmo a través de la estimulación manual y oral del clítoris, y ahora sentía que, al haber encontrado el amor de su vida, debía hacerlo durante la penetración. Inconscientemente había renunciado a la estimulación clitorideana, excepto durante los preliminares y algunas ocasiones en que se masturbaba en secreto. Además, como sabía de los problemas de eyaculación precoz que había tenido Gustavo antes de conocerla, no quería ser menos competente que su primera esposa y, por lo tanto, buscaba excitarse y lubricarse con un mínimo juego sexual, a fin de estar lista para la penetración apenas Gustavo lograra la erección. «No nos dimos cuenta del error que estábamos cometiendo —admite Silvia—, ¡ahora pienso que pudimos haber destruido una relación maravillosa!»

El caso de Silvia y Gustavo muestra claramente cómo la desinformación, las experiencias previas y las ansias desmedidas, ya sean para repetir éxitos o evitar fracasos anteriores, pueden impedir que una pareja perfectamente capacitada para el goce sexual encuentre su camino.

La capacidad de una pareja para llegar a ese encuentro sexual propio, apasionado, placentero y perdurable es lo que habitualmente se llama «magia».

Al principio, ese hechizo está dado por el baile de hormonas que provoca la pasión del descubrirse y la novedad de los primeros encuentros sexuales, pero después hay que construirlo.

Desgraciadamente, la ignorancia en torno a la sexualidad y la ilusión de que las mariposas en el estómago se mantendrán revoloteando hasta que la muerte los separe, impide muchas veces que se desarrolle otro tipo de magia: la de una sexualidad madura y trabajada.

Si la pareja no alimenta adecuadamente la pasión sexual a través del tiempo, si no se da el espacio para conocerse y descubrirse sexualmente, hacer el amor puede convertirse rápidamente en una tarea más, en otra obligación casera como limpiar la casa, o lavar la ropa, es decir, un trabajo indispensable pero francamente tedioso.

Ese estado de ánimo puede instalarse peligrosamente en la cama, llevando a la mujer a ser orgásmica pero sin deseo sexual. Es decir, sin tener ganas de hacer el amor porque no existe la intimidad ni la conexión necesarias para una vida sexual plena.

El tiempo de conocerse es un proceso creativo y, por ende, un asunto permanente que siempre puede llegar más lejos si la pareja está dispuesta a dedicarle la atención suficiente.

Hay una serie de mitos engañosos como «el amor mueve montañas» o «si uno se quiere las cosas salen solas». Lo cierto es que en el sexo, como en todas las áreas de la vida, lo espontáneo es escaso. A veces alcanza para algunas semanas o, en el mejor de los casos, para unos meses, pero si se quiere mantener una buena relación sexual hay que trabajarla, lo que implica conocimiento, búsqueda, persistencia y dedicación.

La sabiduría popular, más fiel a la realidad, advierte que «es muy fácil tener diez amantes en un año, lo difícil es tener el mismo durante una década».

Con una sucesión de amantes esporádicos, seguramente se gozará de la conquista y de la pasión que conlleva un nuevo encuentro, pero es poco probable que se llegue a disfrutar del placer sexual propiamente tal. Éste es esquivo y exigente.

Despertando a la Bella Durmiente (tiempo para el placer)

¿Cuánto tiempo requieren las mujeres para el placer? Ésta es una de las diferencias más grandes y conocidas.

Las mujeres están equipadas física y psíquicamente para erotizarse en forma gradual y calmada. Por lo general, gustan de caricias apacibles y suaves. Y no sólo quieren que el proceso sea lento sino además —como hemos visto— colmado de besos y cariños, lo que obviamente toma su tiempo.

Los hombres, en cambio, prefieren las caricias más bien rápidas y fuertes. Fisiológicamente, se estimulan en un lapso muy breve y, con la misma celeridad, sus deseos se aplacan después de la eyaculación.

Los cuentos infantiles son elocuentes para entender cómo se ha distorsionado e idealizado la sexualidad de la mujer. Uno de los mitos clásicos es el de la Bella Durmiente: un beso del príncipe basta para que, en pocos segundos, la doncella reviva y sea transportada al éxtasis.

Naturalmente, los cuentos de hadas se basan en el modelo masculino de sexualidad y niegan sin más los ritmos y los tiempos femeninos. Aunque con la llegada de la madurez resulta evidente que los cuentos son sólo eso, el alma o el inconsciente femenino sigue a la espera del príncipe azul colmado de encantos.

Atrapadas en este mito, las mujeres intentan adaptarse a los ritmos masculinos pero la realidad es implacable. Aunque en situaciones de laboratorio los estudios de Masters y Johnson muestran que ante una estimulación adecuada las mujeres también pueden llegar al orgasmo en escasos minutos, la práctica no parece darles la razón. En su libro *Venus y Marte en el dormitorio,* John Gray da cuenta del testimonio de un sinnúmero de parejas a lo largo y ancho de Estados Unidos que revelan que una mujer tiende a demorar, en promedio, diez veces más que un hombre en llegar al orgasmo.

Más allá de la indispensable conexión emocional de la que hemos hablado en los capítulos anteriores, habitualmente las mujeres requieren de unos veinte a treinta minutos de caricias, juegos sexuales y estímulos genitales. Por eso, uno de los problemas más frecuentes en el hombre es precisamente el de la eyaculación precoz, es decir, el terminar su proceso antes de tiempo, incapaz de retardar el orgasmo para equilibrar su ciclo con el de la mujer.

La eyaculación anticipada provoca en la mujer un tremendo temor y una profunda inseguridad respecto de su sexualidad. Ella sabe que se demora más que el hombre en llegar al orgasmo pero, por lo general, no sabe cuánto más y se angustia terriblemente ante la posibilidad de que caiga sobre ella el rótulo de la anormalidad o la frigidez.

Lo cierto es que si el hombre no aprende a controlar su sexualidad, si no la desarrolla correctamente, llegará fácilmente a la eyaculación en dos o tres minutos, mientras a la mujer puede tomarle media hora o más.

Sin duda, hay momentos, y hay mujeres que llegan al orgasmo en cinco minutos, o incluso algunas pueden tenerlo durante el sueño o a raíz de fantasías eróticas, pero lo habitual es que su tiempo sea mayor que el de sus compañeros. Por lo tanto, para ajustar los ritmos de cada uno es esencial la disposición y el conocimiento mutuos.

Podría pensarse que el hombre debe hacer un sacrificio al frenar sus impulsos e impedir la descarga instintiva que se daría a los pocos minutos. Sin embargo, los hombres reportan orgullo y placer cuando logran armonizar sus tiempos con los de su pareja.[1]

Es el caso de Mauricio, cuarenta y nueve años, agrónomo, casado por segunda vez hace diez años: «Ella no puede ser más cla-

1. Shere Hite, *The Hite Report on Male Sexuality*, Ballantine Books, Nueva York, 1981. (Trad. cast.: *El informe Hite sobre la sexualidad masculina*, Plaza y Janés, Barcelona, 1992.)

Bernie Zilbergeld, *The New Male Sexuality*, Bantam Books, Nueva York, 1993.

ra en esta materia, siempre me ha dicho: "Yo necesito por lo menos una hora para hacer el amor, el orden me da igual, si quieres acabas tú primero, o si prefieres lo hago yo; en una de ésas nos pasa más o menos juntos, eso me da lo mismo, el orden de los factores no altera el producto. Pero lo que no acepto es que te las arregles para despachar todo el asunto en quince minutos". Esa fórmula nos ha dado excelente resultado, en realidad, yo creo que es la clave de que nos llevemos tan bien en la cama».

Por desgracia, la mayoría de las mujeres no está enterada de esta reacción masculina y cree que la necesidad de más tiempo es sinónimo de estar en falta. Sienten que debieran aprender a hacer el amor más rápido y se excusan por no excitarse con suficiente celeridad. Muchas veces se autoatribuyen anomalías o carencias para explicarse la incapacidad de ser más veloces sexualmente.

Aunque cueste creerlo, en la inmensa mayoría de los casos no existe problema alguno tras esas disculpas y justificaciones. Se trata simplemente de la sexualidad femenina en acción, pero en una mujer que desconoce su fisiología y se siente presionada por sí misma, por el ambiente o por su pareja.

La tradicional preocupación por satisfacer las necesidades masculinas les ha dejado poco tiempo y poco espacio para observarse y descubrirse a sí mismas. Muchas desconocen realmente quiénes son, cuáles son sus verdaderos deseos y cuáles sus ritmos personales.

Es común que un «me cuesta mucho llegar al orgasmo» esté íntimamente ligado al desconocimiento de los tiempos propios.

Resulta curioso y contradictorio que si estamos hablando de tiempo para el placer, es decir, de un espacio para gozar y pasarlo bien, tengamos que adaptarnos a quien avanza más rápido y termina primero. Lo lógico sería demorar y extender lo más posible ese momento destinado a disfrutar y deleitarse.

En la primera parte de este libro, al hablar de las caricias preliminares, hicimos hincapié en los requisitos emocionales de la mujer y subrayamos que era indispensable tomarlos en cuenta para que ella se sintiera segura y querida por su pareja. Insistimos, además, en que los acercamientos afectivos le eran especialmente eróticos. Sin embargo, este preludio tiene también razones estrictamente biológicas: la mujer demora más tiempo que el hombre en acumular tensión sexual.

Esto significa que el imperativo de un preámbulo grato y prolongado está estrechamente ligado tanto al sistema emocional femenino como a su fisiología. De alguna manera, las emociones se van acoplando a lo físico y viceversa, en un juego incierto en el que resulta difícil descubrir dónde está el comienzo. Como el huevo y la gallina, se trata de distintos aspectos de una misma unidad.

Cuando las mujeres se excitan, la vagina se lubrica para facilitar la penetración. Este proceso —indispensable para el coito— varía de una a otra y también de un momento a otro. No basta la mecánica física, no existe —como se señala en un capítulo anterior— una tecla mágica para encenderlas de forma automática. Es esencial que a lo emocional y a lo físico se les preste la misma atención y relevancia. La excitación adecuada y la posibilidad de un orgasmo pleno están indisolublemente ligadas a esta primera fase de la relación, tan inadecuadamente llamada «preliminares» cuando realmente se refiere a lo central del goce femenino.

En su libro *Women on Sex,* la sexóloga Susan Quilliam[2] muestra que el 70 % de las encuestadas estima que los preliminares son tanto o más importantes que el coito mismo en su placer sexual.

Resulta significativo que aproximadamente tres de cada cuatro mujeres consideren que el preludio es tan vital como la penetración que, por cierto, tiene una connotación emocional y simbólica en cuanto a sentirse profundamente unidos.

En esta fusión entre lo físico y lo emocional, la preocupación por uno de estos aspectos conlleva necesariamente al otro, y lo

2. Susan Quilliam, *Women on Sex*, Baricode Books Inc, Nueva York, 1994.

mismo ocurre cuando se le ignora. En consecuencia, respetar la sexualidad femenina pasa necesariamente por la consideración de sus características y necesidades tanto físicas como sentimentales.

La duración de la etapa inicial, que cada pareja debe ir definiendo de acuerdo a sus propios tiempos, no se da en abstracto sino en la vida real y, por lo tanto, este período puede variar en distintas circunstancias. En momentos de gran felicidad, de mucha pasión o de una especial excitación, la mujer puede querer que la penetración se produzca mucho antes del tiempo habitual. Por el contrario, cuando existe mucha ansiedad, miedo o tensión, el preludio puede extenderse más de lo acostumbrado.

Se trata de un tiempo flexible que depende de múltiples factores como el clima afectivo, las caricias que se practican, el tipo de estimulación mutua o las características propias de cada mujer para llegar al orgasmo.

El respeto por el tiempo femenino es una de las grandes fantasías eróticas de la mujer. Generalmente, sueñan con besos suaves que se prolongan noches enteras, ansían ser acariciadas en todo el cuerpo sin ningún apuro, imaginan largos masajes, quisieran ser desvestidas lentamente, prenda por prenda...

Una mujer satisfecha será sin duda mucho más comprensiva con su pareja cuando él no esté disponible anímicamente para tomarse mucho tiempo. Si sabe que lo normal es que sus ritmos se respeten, no se sentirá impelida a rendir ni a fingir ni a rechazar la relación. Aunque en ciertas ocasiones no llegue al orgasmo, aunque a veces no resulte una relación tan placentera desde el punto de vista físico, la mujer podrá gozar del encuentro, sentirse gratificada y conectada sin mayores complicaciones. En una relación de pareja en la que habitualmente las necesidades de cada uno son tomadas en cuenta, también cabe un coito rápido con preliminares fugaces y apresurados, sin que esto produzca frustración en la mujer. Más aún, hay oportunidades en las cuales es ella la que prefiere una relación más rápida, la que está cansada para una relación tan prolongada. Lo importante es que existan otros momentos en los que las caricias se prolonguen extensamente y la excitación se vaya acumulando lentamente sin necesidad de acomodarse a ritmos ajenos. No hay dos circunstancias sexuales idénticas, cada encuentro tiene su energía, su dinámica y su contexto. La flexibilidad es indispensable para enfrentar el sexo.

En esta perspectiva, es importante subrayar que el ser acariciada sin sentir la inminencia de la penetración, sin estar obligada a una relación sexual, suele ayudar enormemente al desarrollo sensual y a la lubricación de la mujer.

Si un hombre está muy apurado, o si su objetivo principal es la penetración, si se concentra en las caricias sexuales sólo como un proceso previo de lubricación, es posible que su pareja nunca llegue a estar lo suficientemente excitada como para experimentar un orgasmo durante el coito. Muchas mujeres se llaman a sí mismas frígidas, o son calificadas así por su pareja, sin que nunca hayan estado expuestas al tiempo, a las circunstancias y a la coordinación necesarias para llegar al éxtasis.

Es francamente ilustrativo descubrir que, a diferencia de esos casos, la mayoría de las mujeres que se masturba no tiene mayor problema para experimentar el orgasmo.[3]

Pero dejando de lado esta realidad, muchas de ellas también se catalogan como frígidas porque no llegan al clímax durante el coito.

La masturbación masculina ha sido satanizada y condenada, pero finalmente tiene una mayor aceptación social. En las mujeres, en cambio, el tema sigue absolutamente ausente en la mayoría de los círculos, como si ellas no la practicaran. En efecto, el número

3. Sheila Kitzinger, *Woman's Experience of Sex*, Flower Press, Johannesburg, 1992.

W. Masters, V. Johnson, *Human Sexual Response*, Little Brown & Co., Boston, 1970.

de mujeres que se masturban es menor que el de los varones, pero esta cifra ha ido aumentando sistemáticamente de acuerdo a diversos estudios como los que mencionan Masters y Johnson en su libro *Sex & Human Loving.*[4]

Lo que no se sabe es si la cifra es mayor porque hoy se masturban más mujeres que antes o porque recién ahora se atreven a confesarlo.

Tan normal es la masturbación, que muchas veces se la utiliza como tratamiento para las disfunciones sexuales. Una manera de enfrentar la frigidez es precisamente recomendando la masturbación para que la mujer, sin la presión y la angustia de la relación, pueda descubrir su tiempo y su forma de llegar al orgasmo. Ésta es una de las terapias sexuales clásicas de Masters y Johnson.

Sus investigaciones demuestran que más mujeres tienen orgasmos a través de la masturbación que durante la relación con un compañero sexual. Más aún, reportan que de esta forma los orgasmos son más intensos y se alcanzan más rápido. Probablemente esto se deba a que ellas se estimulan con más precisión sus zonas sensibles, y no deben pasar por la complejidad de la comunicación con el otro.

Sin embargo, la masturbación no es la panacea, si bien satisface el apetito sexual, se pierde la intimidad y la conexión profunda que supone el sexo con otra persona.

Patricia, ingeniera, cuarenta y un años, soltera y virgen, confiesa el sufrimiento de una relación siempre solitaria: «Siempre lloro cuando me lo "autohago", me da una pena horrible. Antes me daba mucha culpa, eso se me quitó, pero me pongo cada vez más triste... Creo que estoy asumiendo la idea de quedarme sola para siempre. Hace cuatro años que no salgo con nadie... Antes, cuando salía con hombres, aunque no pasara nada sexualmente,

4. W. Masters, V. Johnson, *Sex & Human Loving*, Little Brown & Co., Nueva York, 1985.

me daba menos pena hacérmelo. Ahora es como una marca de no ser querida. Quizás es puro prejuicio pero así lo siento... me pregunto si será igual acostarse con un hombre... por lo menos una está acompañada».

Tal como anhela Patricia, el sexo es intrínsecamente una relación de a dos. Desgraciadamente, los ritmos dispares que se dan en la pareja suelen adquirir un carácter dramático y debilitar en vez de reforzar esa unión. El imperativo de adaptarse a los tiempos que se presumen «correctos» puede enfriar hasta las más ardientes pasiones.

Marisa, abogada, treinta y cuatro años, casada, dos hijos, ve con horror cuando llega el momento de la penetración: «En ese instante me paralizo. Es como si dieran vuelta un reloj de arena, el tiempo pasa y pasa, está a punto de acabarse y yo nada. Me pongo cada vez más tensa, él hace esfuerzos por esperarme, el pobre, pero yo lo único que veo son los granitos de arena que caen irremediablemente ¡y yo no tengo para cuándo!».

Marisa, como muchas otras mujeres, añora la época del noviazgo: «Yo me sentía súper buena para el sexo. No nos acostamos antes de casarnos pero atracábamos harto y todo era muy apasionado. Me acuerdo que rapidito se le mojaban los pantalones, pero eso daba lo mismo y seguíamos tocándonos hasta que él me hacía acabar con la mano. Después del matrimonio como que todo se fue enfriando, desde que empezamos a tener relaciones, nunca más pasó nada. A mí la cosa sexual ya no me interesa mayormente. Quizás es porque no lo paso bien, o quizás porque cambié».

La penetración no siempre es la mejor forma para llegar al orgasmo. Muchas mujeres alcanzan el clímax antes o después del coito: esto es perfectamente legítimo y no presenta ningún síntoma de anormalidad en cuanto al placer. La eyaculación, por lo tanto, no tiene por qué poner punto final a la función.

La idea de que el único orgasmo legítimo es aquel que se desencadena en el «tiempo masculino», es decir, el que se da entre penetración y eyaculación, no tiene ninguna relación con lo que le ocurre a la mujer, ni tampoco con las características femeninas o masculinas. Se trata simplemente de una creencia injustificada y voluntarista, que provoca en ambos una enorme ansiedad.

El orgasmo simultáneo no es la medida del placer sexual. Es una fantasía que termina por acentuar las características de cada uno, distanciándolos en vez de acercarlos al placer sexual. Para la mujer, como vimos en el caso de Marisa, esa meta se transforma en una verdadera carrera contra el reloj, lo que comúnmente la desconcentra, la aleja del goce, le impide el orgasmo y la deja insatisfecha. El esfuerzo termina enfriándola y dejándola completamente fuera de su tiempo. El hombre, por su parte, resiente la angustia y la responsabilidad de la frustración femenina al no poder controlarse lo suficiente, lo que puede provocarle una serie de problemas sexuales.

Son innumerables las mujeres que se sienten raras o anormales porque sus orgasmos están «desfasados». Para ellas, es como sacar un cuatro en vez de un siete. Viven prisioneras de un mito que difícilmente se concreta y que no tiene ninguna relevancia.

Una de las razones más comunes por las cuales las mujeres mienten y fingen el orgasmo es precisamente para satisfacer esta pretensión que, en la práctica, privilegia el rendimiento por encima del placer.

El orgasmo sincrónico se produce más en algunas parejas que en otras, pero es poco frecuente que ocurra en forma regular. Algunas parejas lo experimentan de vez en cuando, otras nunca. Por lo general, es más bien la excepción que la regla y, por lo tanto, planteárselo como un ideal sólo conduce a la frustración, a una complicación dentro de la pareja y, en el peor de los casos, a la mentira.

En innumerables parejas que gozan de una excelente vida sexual, no se da nunca.

Si se produce, ¡por supuesto, hay que disfrutarlo! Pero la clave está en no decepcionarse o inhibirse cuando no se logra. Porque la verdad es que un orgasmo que se da fuera del coito no le agrega ni le quita nada al placer de una relación. No es —como algunos piensan— un sucedáneo de lo óptimo, o una manera de compensar aquello que no se pudo obtener como corresponde.

Lo importante en la relación sexual es que los dos encuentren satisfacción a sus necesidades y que ambos gocen con el placer del otro. Que ella tenga orgasmos antes o después del coito, no tiene la más mínima importancia.

Alcanzar el clímax con toda libertad, de acuerdo a los ritmos de cada uno, permite sumirse profundamente en el goce propio y, al mismo tiempo, deja espacio para —antes o después— concentrarse en el otro, en un abandono relajado y total. Esto permite una entrega mutua en el placer del otro.

La entrega relajada a la sexualidad de cada uno es para ambos una fuente de inconmensurable placer. El sentir cómo crece la excitación del otro, el escucharlo, el estar física y emocionalmente conectados en el momento en que cada uno alcanza el éxtasis, puede ser una experiencia de un goce infinito. Y esto es claramente opuesto al orgasmo sincrónico.

Volviendo a la flexibilidad y la apertura con que debe enfrentarse el sexo, hay ocasiones en que puede ser entretenido y placentero emprender la aventura de cambiar los tiempos habituales. Del mismo modo que cada uno debe respetar los ritmos del otro, también debe tener la capacidad para entender que acelerar o disminuir arbitrariamente el pulso puede ser parte de un estimulante juego sexual.

Hoy no, mañana sí (tiempo para el deseo)

¿Cada cuánto tiempo hay que hacer el amor? La pregunta ronda en la cabeza de la mayoría de los seres humanos aunque rara vez se formule abiertamente. A veces queda atragantada cuando la frecuencia personal está a años luz de los comentarios ostentosos en torno a proezas amorosas diarias y múltiples.

Más allá de las fantasías personales, una vez más la pregunta está planteada en términos de normal-anormal y no a partir de las características de cada persona y de cada pareja. En vez de compararse con una normalidad desconocida, sería más apropiado preguntarse: ¿cada cuánto tiempo quiero hacer el amor?

Dicho así, resulta evidente que la frecuencia con que se hace el amor está ligada al deseo sexual. Y entendemos como deseo, el interés espontáneo por tener una relación sexual, es decir, lo que comúnmente se llama tener ganas o estar de ánimo.

En esa perspectiva, hay que diferenciar entre el deseo sexual y la excitación. Ésta requiere de un cierto tipo de estimulación, que va más allá de la sola idea de tener sexo, y que involucra una respuesta fisiológica como la hinchazón de los genitales y la lubricación de la vagina. La excitación no está necesariamente ligada a la disposición anímica para comenzar un intercambio sexual.

Esta diferencia que puede parecer algo arbitraria resulta indispensable para analizar lo que ocurre en la cama. Muchas veces, uno puede tener ganas y el otro no. Otras tantas, las personas no sienten deseos pero tienen sexo y pasan por la fase de la excitación.

En su libro *Hot Monogamy,* las terapeutas norteamericanas Patricia Love y Jo Robinson[5] aluden a estudios realizados en distintas partes del mundo que indican que la mayoría de los hombres piensa en el sexo más que las mujeres, se excita más fácilmente, tiene ganas de hacer el amor más seguido, desea más un cambio de pareja y se masturba más a menudo que las mujeres. Esto ha llevado a muchos investigadores a plantear que el impulso sexual en los hombres tendría más fuerza que en las mujeres. Sin embargo,

5. Patricia Love y Jo Robinson, *Hot Monogamy*, Plume Book, Nueva York, 1994.

como ocurre con otros aspectos de la sexualidad, aquí también persiste una fuerte disputa entre el carácter biológico o cultural de estas diferencias.

Muchos se preguntan cuánto influyen en estos resultados las restricciones y el pudor femeninos. A muchas mujeres les resulta extraordinariamente incómodo, y hasta violento, responder una encuesta en torno a su masturbación o a sus ganas de hacer el amor en determinadas circunstancias. Por otra parte, se estima que también existe un sesgo por el lado masculino, que tiende a responder estos interrogantes con cierto alarde de macho ardiente.

No es fácil, por lo tanto, discriminar claramente entre los componentes biológicos y los culturales en materia de deseo sexual. Cada día, sin embargo, surgen más antecedentes que hacen pensar que no hay sólo factores psicológicos y socioculturales que expliquen las diferencias en el deseo sexual, tanto entre hombres y mujeres como dentro de cada género. Numerosos estudios están demostrando que la testosterona[6] la hormona masculina por excelencia, es la llama que enciende el fuego sexual en ambos sexos. El hecho de que los hombres produzcan entre diez y veinte veces más testosterona que las mujeres sería una de las razones biológicas que explicaría su mayor apetito.

Pero si bien el factor biológico no debe ser subestimado, hay que tener presente que las hormonas interactúan de manera tremendamente compleja en las variables psicológicas y culturales. Lo que sí parece claro es que en las personas con más deseo sexual hay una mayor presencia de testosterona.

6. R. Knoth, K. Boyd y B. Singer, «Empirical Tests of Sexual Selection Theory: Predictions of Sex Differencies in Onset, Intensity & Time Course of Sexual Arousal», *Journal of Sex Research*, 24, 1988; B. Sherwin, «A Comparative Analysis of the Role of Androgen in Human Male & Female Sexual Behavior: Behavioral, Specificity, Critical Thresholds & Sensitivity», *Psychobiology*, 16, 1988; B. Sherwin, «The Role of Androgen in the Maintenance of Sexual Functioning in oophorectomized women», *Psychosomatic Medicine*, 49, 1987. W. Gallagher, «Sex & Hormones», *Atlantic Monthly*, marzo de 1988.

A pesar de estos resultados, Masters y Johnson insisten en que no hay mayores diferencias en el impulso sexual de uno y otro sexo. Sostienen que hombres y mujeres son básicamente iguales. En su último libro, *Heterosexuality*,[7] se muestran sorprendidos de que la disparidad en el deseo sexual no sea aún mayor dada la diferencia abismal en la socialización de cada uno. Estiman que la situación debiera ser aún más disímil, dado el doble estándar que ha permitido a los hombres desarrollar libremente su impulso sexual mientras a la mujer se la induce a suprimirlo hasta el matrimonio o hasta que esté profundamente enamorada.

Más allá de la influencia real que puedan tener las variables biológicas, lo concreto es que el deseo sexual femenino es un asunto absolutamente nuevo en la historia de Occidente.

Hasta hace muy poco, el hecho de que las mujeres tuvieran un escaso apetito sexual no sólo no constituía un problema sino más bien era considerado como una virtud. Un bajo deseo sexual era inherente a los ideales de pureza y castidad que debían cumplirse. Las mujeres que demostraban altos grados de pasión no eran mujeres para casarse y, durante la Edad Media, muchas terminaron en el convento o en la hoguera.

En las últimas décadas del siglo XX la sexualidad se convirtió en una función aceptable y deseable para la mujer. Pero el cambio ha sido tan rápido y tan drástico que hoy no sólo se les pide que desarrollen su deseo sexual sino que lo hagan con excelencia, porque de lo contrario se las acusará de frigidez u otras anormalidades. En un tiempo histórico ínfimo, el apetito sexual femenino pasó de ser un problema a convertirse en una obligación.

Actualmente se espera que el deseo sexual sea algo tan común y natural como comer o vestirse. Desgraciadamente, esta actitud

7. William Masters, Virginia Johnson, Robert Kolodny, *Heterosexuality*, Harper Perennial, Nueva York, 1995.

ha fomentado una idea tan generalizada como errónea: al igual que el hambre que emerge frente a un pastel sabroso, el buen sexo simplemente ocurre, especialmente si hay amor. Miles de mujeres se creen defectuosas porque suponen —equivocadamente— que debieran tener ganas de hacer el amor siempre que su pareja lo desee. La presión por sentir deseo es hoy tan fuerte como antes lo fue para suprimirlo.

Y en medio de esta exigencia, que angustia cada vez que las ganas se niegan a presentarse, la complejidad del deseo femenino ha quedado completamente enmascarada. Tener sexo no es tan simple como comer.

Por más que la actitud frente a la sexualidad femenina haya cambiado sustancialmente, en muchas conductas y sobre todo en la socialización de ambos sexos se mantienen los parámetros tradicionales. Por lo tanto, aunque la mujer de hoy debe tener apetito sexual para cumplir con su rol, sigue siendo educada en el miedo al deseo.

En esa etapa tan clave para el desarrollo humano que es la adolescencia, cuando a los hombres se les incentiva la irrupción de sus impulsos sexuales, a las mujeres se les enseña a ser «señoritas», a contener y a frenar sus apetitos. Se acostumbran a relacionarse con su cuerpo como si éste fuera un ser malvado cuyos deseos no tienen límites y hay que ponerlos en regla.

Mucho más tarde —ojalá cuando se casen— el sexo se convertirá recién en algo natural. Pero no están preparadas para esa etapa, ¡peor aún, han caminado exactamente en el sentido contrario: el de la represión de la sexualidad!

Esta contradicción en el tratamiento de los deseos sexuales parece haber repercutido en otras áreas de nuestro comportamiento. No es casualidad que en los últimos veinte o treinta años se haya producido una verdadera explosión de los trastornos de la alimentación, íntimamente ligados a la represión de los apetitos.

Enfermedades como la anorexia nerviosa y la bulimia[8] tienen una estrecha correspondencia con la relación de las adolescentes con su cuerpo. Las jóvenes anoréxicas que quieren mantenerse tan, tan, tan delgadas, de alguna manera están negando su sexualidad, están manifestando el anhelo de mantenerse pequeñas, sin pechos, sin apetito sexual ni apetito por la comida.

En cierto modo, la sociedad empuja a la mujer a reprimir sus impulsos sexuales para evitar que aflore una especie de volcán escondido bajo la superficie de su ser. Una vez que este volcán está bien controlado y cuando ya las mujeres se han acostumbrado a temer su erupción, repentinamente llega el momento de iniciar la vida sexual y de convivir con esos impulsos adormecidos a presión. No es raro, en este cuadro, que los deseos femeninos no coincidan con los de su pareja ni tampoco con la idea que se habían hecho del sexo.

Estos desfases frente al otro y frente a la propia fantasía las llevan a temer los apetitos propios y a cuestionarse sobre la normalidad de sus ganas. No saben si está bien o mal que quieran ser tocadas, que deseen tener sexo algunas veces y otras no, que no se exciten a la velocidad esperada, que quieran hacer durar eternamente el encuentro sexual, que el orgasmo llegue tardíamente o en momentos supuestamente inadecuados. Cuando los deseos son evidentes, algunas llegan incluso a plantearse una acusación muy usada en otros tiempos: ¿seré degenerada?

Paradójicamente, el temor y la inhibición del apetito sexual se dan en medio de un colosal culto al cuerpo. Para cumplir con los exigentes cánones de belleza —delgada, esbelta, atractiva— el físico femenino debe ser cuidado y modelado con gran esmero.

8. Trastornos psicológicos cada vez más extendidos, ambos relacionados con la alimentación. La anorexia nerviosa se caracteriza por la negativa a mantener un peso normal mínimo compatible con la salud. La bulimia se caracteriza por episodios repetidos de comer compulsivo, seguidos de comportamientos compensatorios inapropiados tales como vómitos autoinducidos, uso excesivo de laxantes, diuréticos u otros medicamentos.

Todo esto para seducir con un cuerpo que, paralelamente, se ignora y se niega cuando expresa sus deseos. De alguna manera, el cuerpo de la mujer se ha convertido en un receptáculo de mensajes contradictorios.

A pesar de esta complejidad, en las últimas décadas las mujeres han comenzado a desarrollar su sexualidad, a descubrir sus potencialidades y a hacerse cargo de sus propios deseos, sin aceptar el modelo sexual impuesto históricamente.

Esto ha dejado en evidencia las diferencias entre el sexo femenino y el masculino. Y, desgraciadamente, parece haber provocado una baja en el deseo sexual del hombre. Cada día son más las mujeres que se quejan de que su pareja tiene pocas ganas de hacer el amor.

Falta de deseo: la punta del iceberg

La inhibición del deseo sexual se debe en un porcentaje muy bajo —alrededor de un 15 %— a razones orgánicas. La inmensa mayoría de los casos nace de problemas psicológicos, la ingestión de ciertos medicamentos, razones socioculturales y, sobre todo, dificultades en la relación de pareja.

Una hipótesis que adquiere cada día más fuerza entre los investigadores es que el gran problema sexual del próximo siglo será precisamente el deseo sexual inhibido.

Algunos buscan las razones en el cambio de roles dentro de la sociedad, otros en la tensión de la vida moderna y en la exagerada competitividad cotidiana y, otros, en el temor al futuro.

Sean cuales sean las razones, lo concreto es que una serie de estudios[9] indican que entre los años setenta y noventa el número de

9. J. Wincze y M. Carey, *Sexual Disfunction*, The Guilford Press, Londres, 1991.

personas que consulta debido a la inhibición del deseo sexual ha aumentado sustancialmente. Pero, además, muestran que en la última década la mayoría de los afectados son hombres y no mujeres como ocurría hace veinte años. Si bien las cifras varían de una investigación a otra, en la década del setenta las mujeres representaban entre un 60 y un 70 % de los casos, mientras en la actualidad han sido superadas por los varones, y ellas sólo llegan al 40 %.

Nos detendremos sólo en la inhibición del deseo sexual femenino, que puede agruparse en tres categorías:

Desinterés sexual

Podría decirse que se trata de la indiferencia frente al tema. Quienes lo padecen no se preocupan demasiado por su baja expresividad sexual, manifiestan un desinterés general y una cierta apatía frente al sexo.

Hay que recalcar que los niveles de deseo son fluctuantes no sólo entre una mujer y otra sino también en una misma mujer de un día a otro. Estas variaciones pueden deberse tanto a cambios hormonales, que se producen durante el ciclo menstrual, el embarazo o la lactancia, como a razones psicológicas relacionadas con la pareja o con otros aspectos de la vida personal. En ese sentido, una misma persona puede pasar de una etapa de gran apetito sexual a otra de desinterés.

El problema también puede originarse en ciertas enfermedades crónicas como la diabetes, una depresión, la ingesta de alcohol o los efectos secundarios de algún medicamento. Desgraciadamente, muchos médicos olvidan advertir a sus pacientes acerca de la posibilidad de una disminución en la libido.

Algunos especialistas son partidarios de administrar hormonas, otros en cambio, rechazan drásticamente estos tratamientos por sus efectos secundarios, salvo casos muy específicos. Pero, sobre todo, los rechazan porque estiman que más relevante que los desórdenes hormonales suelen ser los factores psicológicos, de relaciones o de contexto.

Incluso durante la disminución del deseo sexual que se produce con la lactancia, cuando las hormonas cambian sus niveles, los expertos suelen atribuirle más importancia a la dificultad de combinar adecuadamente los roles de madre y amante.

Muchas mujeres al sentir que su cuerpo está menos atractivo tienden a dedicarse más a las tareas maternas. A veces, tampoco es fácil aceptar que los pechos pueden ser al mismo tiempo órganos maternales y sexuales.

La lactancia y el posparto son efectivamente períodos de bajo deseo sexual para la mayoría de las mujeres, y es indispensable ser consciente de ello ya que una cantidad considerable de problemas sexuales se ubica después del nacimiento del primer hijo.

Para Luz María, treinta y siete años, ocho de matrimonio, dos hijos, la maternidad fue devastadora.

Su primer embarazo no interrumpió un fogoso noviazgo que se había prolongado durante los primeros tres años de casados: «Tuvimos relaciones hasta el final, pero cuando volvimos con Pedrito a la casa todo se complicó. Quedé súper gorda, me volqué completamente a ser mamá, estaba todo el día pendiente de él, ni siquiera me vestía, me quedaba todo el día en bata. No me atrevía a dejar al niño con nadie, ni siquiera con mi hermana, y le di pecho casi hasta el año. Las cosas nunca fueron igual, durante el segundo embarazo ya no quería nada con Tito. No me había recuperado todavía del primero y de nuevo subí quince kilos. Creo que en los últimos años nos hemos acostado como cinco veces...».

La maternidad es sin duda un momento de gran emoción y hermosura, pero no por eso menos complejo para la vida en pareja. No es lo mismo una relación de a dos que de a tres. Poco se habla de estas complicaciones, como si ellas desmerecieran la maravilla de ser padres, y lo grave es que la falta de conciencia en torno a estas realidades puede llevar a un peligroso e injustificado precipicio, como ocurrió en el caso de Tito y Luz María.

Sin embargo, el parto y la maternidad no son los únicos factores de sobrecarga emocional que pueden disminuir el deseo sexual. Una mujer que está básicamente dedicada a dar, cuidar y proteger a otros estará menos consciente de sus propios deseos y necesidades. Inmersa en ese rol, puede terminar completamente sintonizada con los requerimientos ajenos y absolutamente desvinculada de sus sentimientos. Tarde o temprano esto se traduce en un desinterés sexual generalizado, ya que si uno no se conecta con sus deseos difícilmente va a permitir que despierte su apetito sexual.

Hemos visto anteriormente que el deseo sexual masculino puede inhibirse ante el rechazo y la sensación de ser poco admirado; algo similar está ocurriendo con las mujeres. Cada vez se asocia con más frecuencia la indiferencia sexual con el sentirse poco comprendida, poco querida, poco cortejada. De alguna manera la mujer siente que ella cuida de todo el mundo y nadie cuida de ella.

Las hormonas también pueden hacer su juego en relación con el deseo sexual a lo largo del ciclo menstrual. Lo habitual es que inmediatamente, antes y durante la menstruación se produzca un aumento de la libido, y que lo mismo ocurra en medio del período de la ovulación. Sin embargo, en muchas mujeres las ganas de tener sexo no aumentan y las razones son múltiples: creen que es malo hacer el amor durante la menstruación, están preocupadas por la higiene o sufren de una incómoda tensión premenstrual y se resisten a ser tocadas porque sus sensaciones se acercan más al dolor que al placer. No hay que olvidar que la menstruación es uno de los grandes tabúes sexuales y, por lo tanto, el deseo puede estar inhibido simplemente por la idea de que no debe existir. Pero también hay mujeres que, sin tener ninguna inhibición, sencillamente no tienen estas fluctuaciones periódicas de la libido.

Lo importante es que, más allá de lo oído o leído, cada mujer conozca sus ciclos a través de los mensajes de su propio cuerpo y de su personal funcionamiento psicológico. Esto le permitirá estar más alerta y consciente de lo que quiere y de cuándo lo quiere.

Casi nunca el desinterés sexual se presenta solo. Lo normal es que sea la punta de un iceberg, un síntoma de una etapa determinada o de un problema no resuelto. La sexualidad es uno de los barómetros más sensibles de nuestro bienestar. Es una de las primeras áreas perjudicadas cuando se presenta una tormenta.

El sexo está estrechamente ligado al conjunto de nuestra vida, no funciona en un carril aparte y, por lo tanto, si algo serio está afectando algún aspecto de nuestra existencia seguramente repercutirá en nuestra sexualidad.

Sin embargo, por más que el sexo sea un barómetro para evaluar nuestro bienestar, no existe una medida única respecto de los niveles que se deben alcanzar. Existe un enorme rango de variación entre las personas y, por lo tanto, no es posible definir como normal un nivel particular de deseo sexual. Cada persona debe decidir por sí misma si está o no satisfecha con la intensidad de su actividad sexual.

Desigualdad en el deseo sexual

A este grupo pertenecen aquellas mujeres que se sienten angustiadas o deprimidas porque sus apetitos no coinciden con los de su compañero o porque las expectativas respecto de sí mismas y de la vida sexual eran distintas. Pueden ser mujeres cuyas fantasías no corresponden a la realidad o bien que, en otra etapa de la vida o con otra pareja, tuvieron una sexualidad más intensa.

Obviamente hay un rango de desigualdad que es propio de la condición humana, por más parecidos que sean, siempre serán dos personas distintas, que no tienen por qué tener ganas invariablemente al mismo tiempo. Cada pareja va desarrollando ciertas claves, ciertas señales, para evidenciar sus pretensiones sexuales y contrastarlas con las del otro. En este juego de convivencia, existe un grado de desequilibrio absolutamente normal y razonable. El problema surge cuando ese desnivel adquiere un carácter imposible de asumir por alguna de las partes.

En la práctica, encontrar una pareja en la que los dos tengan altos niveles de deseo sexual en forma permanente es más una rareza que una regla general. Lo habitual es que uno tenga más ganas que el otro. La idea de la pareja que siempre está ansiosa de tener sexo, la que siempre tiene ganas en forma sincrónica, es un mito, similar al orgasmo simultáneo. Si así ocurre, ¡maravilloso!, pero es una excepción y no la media.

Es importante recalcar que muchas mujeres vinculan su baja en la libido con el cansancio y el exceso de obligaciones que deben enfrentar y que les impide hacer el amor con la frecuencia que ellas quisieran. De alguna manera, añoran un contacto sexual más seguido pero están atrapadas en un sistema de vida exigente, competitivo y tensionante que las obliga a postergar sus anhelos y necesidades personales.

No se trata aquí del desinterés generalizado ya señalado sino de tener ganas algunas veces y otras no en relación con los deseos de su pareja.

En estos casos no hay ningún problema sexual. Ella lo pasa bien, se excita y tiene orgasmos, pero quiere tener sexo sólo una de las cuatro, cinco o siete veces que él se lo insinúa o se lo propone directamente.

Es lo que le ocurre a Carmen Gloria, veintinueve años, casada, dos hijos: «Yo lo paso bien y me gusta hacer el amor, pero lo que Ismael no entiende es que no puedo tener ganas a cada rato. Él está dispuesto todos los días, y a veces más de una vez al día. Para mí, eso es imposible. Para mí, hacer el amor es como un terremoto de emociones, de fantasías, de entrega... ¡cómo se puede soportar un terremoto todos los días...! No puedo seguirle el ritmo, estoy cada vez más angustiada e insegura. Yo creía que cuando Ismael me decía que teníamos un problema sexual eran puras tonteras suyas, pero hablé con mi mamá y ella me dijo que, a mi edad, ellos lo hacían todos los días. Así que ahora creo que debo tener algo malo».

Muchas veces, como le sucedió a Carmen Gloria, la inseguridad se origina en la comparación con otros, y no en los deseos de la pareja.

Sin embargo, es innegable que cuando la mujer sabe que los impulsos de su compañero son claramente más potentes que los suyos, empieza a atormentarse, piensa que está fallando y surge aterrador el fantasma de la infidelidad, de la satisfacción sexual fuera de la pareja.

Muchas mujeres disminuyen su frecuencia sexual porque la excitación adecuada les toma un tiempo más prolongado que el que se da en sus relaciones sexuales. Esto se traduce en insatisfacción y frustración, lo que obviamente va reduciendo sus ganas de tener sexo puesto que no es una experiencia realmente placentera.

En estos casos, no se trata de una persona con un impulso sexual débil sino de una mujer cuya relación dentro y fuera de la cama no reúne los requisitos para excitarla sexualmente. En estas circunstancias, el sexo no le es demasiado atractivo y, como ocurre ante cualquier actividad, prefiere evitar aquella que no la satisface y buscar alguna de mayor gozo.

Los problemas de frecuencia se vuelven más agudos cuando la pareja se polariza en torno al tema. Se produce una verdadera disociación, y una misma realidad —tener sexo una vez a la semana o cada quince días— es visto por ella como un acoso insoportable que la vuelve loca, mientras él se considera permanentemente abandonado y rechazado. Ella lo acusa de querer hacer el amor a cada rato, mientras él le reprocha que ella nunca quiere.

Estas discrepancias se viven muchas veces como violentas agresiones personales. A cada miembro de la pareja le cuesta colocarse en el lugar del otro y entender que el deseo sexual de cada uno no tiene por qué tener la misma intensidad ni expresarse al mismo tiempo.

Las parejas que logran desarrollar una vida sexual placentera son aquellas que asumen la realidad del otro, detectan los tiempos adecuados para cada uno, son sensibles a los factores externos que pueden acelerar o frenar el impulso sexual y están atentos a la relación de pareja en su conjunto. Así, se van sincronizando en un proceso que, forzosamente, implica que a veces estén perfectamente armonizados y, otras, que uno de los dos deba ceder ante las demandas o la postergación del momento.

No es fácil lograr esa sincronía y comprensión. Es más común que las parejas libren verdaderas batallas diarias en torno a irse o no a la cama.

A medida que estas disputas se hacen habituales, se van instalando en la cotidianidad una serie de comportamientos bastante destructivos como evitar la cama, inventar dolores de cabeza, descubrir tareas urgentes de última hora o discurrir algún motivo de pelea. Así se inventa una gama infinita de trucos destinados a decir «no puedo» en vez de «no quiero».

No es fácil asumir la responsabilidad de decir abiertamente «no quiero». Normalmente, no se dice suave y cariñosamente sino en un tono nervioso y brusco que puede resultar extraordinariamente hiriente. Pero lo peligroso es que el uso reiterado de esos rituales evasivos resulta igualmente nefasto. Cada vez será más difícil que emerjan las ganas de tener sexo en la mujer que se siente acosada. Por el contrario, irá padeciendo de un deseo menor y, ante cualquier proposición, reaccionará como si fuera atacada. Paralelamente, su compañero sufrirá cada rechazo con mayor intensidad.

Cuando esta situación se prolonga en el tiempo, la mujer puede pasar a la categoría anterior, la de un absoluto desinterés por el sexo. Es como si siempre le sirvieran la comida un par de horas antes de tener hambre; al final, seguramente terminará perdiendo el apetito por completo.

Lo mismo ocurre en la pareja. Si el compañero se acerca constantemente cuando ella no tiene ganas, al cabo de un tiempo el deseo sexual de ambos terminará por evaporarse. La frustración y la rabia —ya sea por el acoso o por el rechazo— impedirán un acercamiento comprensivo y amoroso, capaz de recuperar la sensualidad del encuentro sexual.

Es frecuente que, al cabo de algunos días, las mujeres terminen cediendo ante la insistencia de la pareja. Normalmente, la falta de interés sexual va acompañada de una gran cuota de culpa. Sin embargo, esa forma «obligada» de hacer el amor no contribuye a recuperar ni a aumentar el deseo. Por el contrario, la culpa es un poderoso inhibidor sexual y el sexo forzado, aunque sea implícitamente, reforzará más la rabia que la satisfacción.

Si bien la situación anterior ha sido históricamente la más común en este problema, cada vez se ven más casos de mujeres que se quejan porque su apetito sexual es mayor que el de sus compañeros. Esta nueva realidad puede tener efectos aún más devastadores.

Es efectivo que a los hombres les duele el rechazo femenino, pero lo cierto es que han sido socializados para soportarlo. Han sido educados pensando que a ellos les gusta más el sexo, lo que aumenta su resistencia ante la negativa.

Por el contrario, cuando la desigualdad en el deseo es al revés, cuando es la mujer la que tiene más ganas que el hombre, y es ella la que sufre la negativa, su capacidad para tolerar esa realidad es muy débil, si no inexistente.

Y así lo reconoce Sandra, cuarenta y nueve años, cuatro hijos, ejecutiva de una gran empresa, casada por segunda vez hace diez años: «Por más que después Juan Carlos me lloró que me quería y que no podía vivir si mí, nunca logré recuperarme de sus rechazos. Una vez yo le dije que las parejas que no se arreglan en la cama, no se arreglan nunca más. A él le pareció pésimo y me contestó que tenía alma de puta. Al poco tiempo, empezó a castigarme no teniendo relaciones sexuales conmigo. Se corría... yo me acercaba y me empujaba hacia el lado, que me esperara que viera las noticias, que estaba agotado, que los niños tienen ganas de ver esta película. Hasta que una vez me dijo derechamente que no tenía ganas. Me sentí morir. Nunca más hice una insinuación, pasaban meses sin acostarnos. Cuando él quería, yo aceptaba y después me llenaba de rabia. No podía superar la herida. Me sentía fea, poco interesante, hasta llegué a preguntarme si no tendría mal olor. Fue imposible seguir juntos».

La negativa frente al sexo es para la mujer un verdadero repudio. Salvo raras excepciones, se sentirá no querida, desesperanzada y sufrirá fácilmente un drástico aplastamiento de su sexualidad.

Cuando la desigualdad en el deseo sexual se hace evidente, hay que evitar ese peligroso círculo vicioso en el que uno se vuelve insistente y el otro resistente. Llegado a ese punto, será muy difícil salir.

Sin embargo, más allá de las discrepancias existentes, hay que recordar la complejidad de la sexualidad femenina y explorar la posibilidad de que la inhibición del deseo sexual sea la punta de un iceberg. Puede ser la manifestación de otros factores que impiden una vida sexual placentera, como veremos al tratar el «cuándo» y el «cómo».

También cabe la posibilidad de que la falta de apetito sexual se deba a una relación de pareja inadecuada. Más exactamente, a una relación que tiene poco de pareja y mucho de dispareja, en la que el vínculo es más bien de dominio-sumisión que de respeto-cariño.

En una relación muy autoritaria y machista, el único poder que mantiene la mujer es precisamente el de la pasividad frente al deseo del macho. Su rechazo —implícito o explícito— es el recurso para hacer valer su voluntad. Manifestar su falta de atracción es la forma de expresar su insatisfacción en medio de una relación que la denigra.

Sin duda el poder es un tema relevante dentro de la relación de pareja y, cuando se traslada la lucha por el poder al plano sexual, la cama puede transformarse en el Waterloo de quién ostenta el mando.

En estos casos, la falta de ganas es una consecuencia de esa lucha y, paradójicamente, el que tiene menos poder será quien controle lo que sucede con el sexo.

Inconscientemente, la falta de deseo puede convertirse en la gran venganza para compensar las innumerables ocasiones en que ha sido pasada a llevar, no considerada en la toma de decisiones, menospreciada e ignorada en sus gustos, opiniones y necesidades. Según la psicoanalista Emilce Dio Bleichmar,[10] esta actitud corresponde a un feminismo espontáneo e inconsciente, ya que sólo allí —donde al hombre más le duele— la mujer puede reivindicar su condición de persona.

El deseo es aquel rincón donde el hombre —por más que lo intente— no puede mandar, no puede obligar. El deseo es involuntario, simplemente «no siento».

Dolidos por el rechazo, los hombres reaccionan con indiferencia, abandono y desdén. En medio de la complicación que significa un deseo sexual dispar, esta respuesta masculina provoca un insólito efecto de soledad y desamparo. Porque si bien la mujer carente de deseo se siente acosada y hace el amor desganada, apenas guiada por la culpa, en el mismo instante en que él deja de buscarla y de perseguirla, es común que ella sufra una profunda sensación de tristeza y humillación.

Desgraciadamente, utilizar el sexo como herramienta para combatir el autoritarismo dentro de la pareja es un arma de doble

10. Emilce Dio Bleichmar, *El feminismo espontáneo de la histeria*, Adotraf, Madrid, 1985.

filo. Si bien como venganza inconsciente puede ser eficaz, paralelamente, se entra en una trampa en la que el deseo sexual se vuelve cada vez más esquivo y, en definitiva, impide el placer sexual.

La escasa comunicación y el no compartir las experiencias en otros aspectos de la vida va creando una barrera en la cercanía y la intimidad que son indispensables para despertar las ganas de hacer el amor.

En esta situación, las mujeres se sienten tan descuidadas y abandonadas que la apatía sexual se va convirtiendo en la regla general. Se va perdiendo la autoestima e, inconscientemente, se va reprimiendo el deseo porque convierte al cuerpo en lo único valorado de su persona. En cierto modo, esta baja del deseo producto del sentirse menospreciada también está ligada al tema del poder.

Como vemos, la falta de ganas a la hora de la cama tiene múltiples razones, muchas de ellas más vinculadas a la relación de pareja que a la sexualidad propiamente tal. Sin embargo, a poco andar, es común que estas desigualdades en el apetito sexual sean etiquetadas como frigidez o con el despectivo «es mala para la cama».

Entre lo peyorativo de esta calificación y la inseguridad femenina frente al sexo, lo más probable es que este rótulo se convierta en una profecía autocumplida, que tardará muy poco en hacerse realidad.

Cuando la desigualdad de deseo se instala en ese peligroso tira y afloja de acoso-rechazo, al que se suman la incomunicación y la agresividad, el horror de la frigidez empieza a rondar insistentemente. La mujer está con el alma en un hilo esperando que en cualquier momento caiga sobre ella esa lapidaria descalificación que es demoledora.

Pocos términos resultan más denigrantes que la frigidez. Y muy pocas mujeres son capaces de observar que, habitualmente, esta sentencia se basa exclusivamente en no poder ajustarse a la exigencia de estar a disposición del deseo masculino cada vez que él lo requiera.

En general, los problemas de desigualdad de deseo no se manifiestan en las primeras etapas de la relación de pareja. Durante el cortejo y durante los inicios de la vida en común, ambos suelen tener un impulso sexual bastante similar. En esos períodos opera la adrenalina y la emoción de cada encuentro, las ansias de crear una relación estable, el esfuerzo de cada uno por ser sensibles y receptivos a las necesidades y deseos del otro. Lo romántico y lo sensual copan la relación, prescindiendo de cualquier discrepancia en materia estrictamente sexual.

Pasada esta luna de miel, una vez que la pasión de la novedad se va desvaneciendo, las personas comienzan a centrarse más en su propio deseo y en la satisfacción sexual propiamente tal, más allá del amor y la felicidad general que experimenten como pareja.

Es entonces cuando se puede caer fácilmente en la rutina o, lo que es peor, en el sexo como una tarea más. Por ese camino se agudizan las desigualdades normales del deseo de cada uno, hasta llegar a las situaciones de riesgo que hemos descrito anteriormente, y que pueden llevar a crisis profundas y rupturas definitivas.

Muchas de las discrepancias en el apetito sexual son en su origen problemas simples y fáciles de encarar. Desgraciadamente, en la mayoría de los casos, estas dificultades no se enfrentan a tiempo ni de la forma adecuada, transformándose en problemas complejos que irradian y contaminan toda la relación.

Aversión al sexo

Es el caso de las mujeres que sienten miedo y rechazo a la actividad sexual. Aquí es indispensable la atención médica. Se trata de situaciones mucho menos frecuentes que las anteriores y corresponden a una verdadera fobia, a un miedo irracional a la penetración o al acto sexual en su conjunto.

Cuando la falta de deseo se convierte en verdadero pavor, por lo general tiene poca relación con el compañero sexual, importa poco quién sea el otro.

Muchas veces la persona afectada por este problema entiende racionalmente que no hay razón alguna para temer al sexo, incluso puede aceptar que se trata de una actividad placentera, pero esto no elimina el miedo que sufre frente a un encuentro sexual y que suele intensificarse ante la penetración.

De acuerdo a estudios realizados en Estados Unidos y Europa, este tipo de dificultades se presenta dos o tres veces más en mujeres que en hombres. Sin embargo, es posible que en estos resultados también influya el contexto cultural.

Inducidas por la presión del medio ambiente y a pesar de sus terrores, las mujeres suelen casarse y chocar inevitablemente con su realidad. En estas mismas circunstancias, los hombres pueden optar más fácilmente por la soltería, sin enfrentar el conflicto que conlleva la aversión al sexo. Es decir, suelen eludir el problema, no consultan terapéuticamente y, por lo tanto, no aparecen o quedan subrepresentados en las estadísticas.

Socialmente, los hombres no reciben mayor sanción por su soltería. Pueden ser muy prestigiosos laboralmente, incluso tener éxito con las mujeres, con quienes establecen fuertes lazos de amistad pero sin llegar al contacto íntimo. Si bien es difícil de comprobar y de medir, es probable que un porcentaje de los hombres solteros a quienes no se les conoce mujer —y que muchas veces son catalogados de homosexuales— puedan ser víctimas de una aversión sexual jamás reconocida ni tratada.

Para las mujeres, que de alguna manera han sido educadas en un cierto temor al sexo y que han oído que la penetración implica un dolor, es difícil detectar antes del matrimonio que su miedo no está en el rango de los temores habituales sino que cae en lo patológico. Tanto es así que, muchas veces, este rechazo al sexo se vive como si fuera algo normal durante las primeras etapas de la relación de pareja.

Sin embargo, también hay parejas para las cuales cada relación sexual es un verdadero drama, e incluso existen matrimonios que no logran consumarse debido a esta aversión al sexo.

Obviamente, esto genera trastornos graves que tarde o temprano llegan a la consulta de un especialista.

Las razones de la aversión sexual van desde experiencias abiertamente traumáticas con el sexo hasta situaciones de abuso sexual olvidadas por la conciencia y que sólo se detectan después de una larga terapia. Es frecuente que las personas que padecen este miedo irracional no sepan a qué se debe ni recuerden hechos negativos. Sin embargo, muchas de ellas sufrieron algún tipo de abuso sexual durante su infancia y la experiencia quedó bloqueada en su inconsciente.

Sandra, treinta y ocho años, relaciones públicas, casada hace un año, está recién juntando los pedazos de su rompecabezas: «Siempre tuve como un rechazo a los hombres, me costaba mucho tener pareja, eran relaciones muy cortas porque apenas pasaban de una tomada de mano y un beso yo las rompía. Pero esto se agravó cuando el marido de Marlène se sobrepasó conmigo. Éramos como hermanos, ella era mi mejor amiga, y un día él se me tiró encima, empezó a besarme, a decirme que siempre le había gustado, que lo calentaba. Cuando logré sacármelo de encima ya me tenía sin sostén y estaba chupándome los pezones. Me dio un asco terrible. Unos días después me llamó para que fuera de nuevo a su casa porque de lo contrario Marlène iba a sospechar. Me dijo que no fuera alharaca, que eso le pasaba a todos los hombres, que todos se desesperaban cuando su mujer está embarazada. Yo no quise saber más de ellos, quedé muy mal.

»Cuando empecé a salir en serio con Esteban, me costaba mucho que me tocara. Pensé que era por mi educación religiosa y que se me iba a pasar cuando nos casáramos, pero sigue siendo una tortura. Creo que nunca ha logrado entrar totalmente. Yo trato todo lo que puedo porque quiero tener hijos y ya no me queda mucho tiempo. Pienso en esas niñas que uno escucha que son vírgenes y se quedan embarazadas aunque el novio le acabe afuera. Yo rezo para que me pase eso…»

En los últimos años ha quedado en evidencia que el abuso sexual a menores es más común de lo que se suponía y de lo que quisiéramos creer. Desde que los medios de comunicación empezaron a tratar con regularidad el tema de la violencia intrafamiliar, muchas personas comenzaron a reconocerse como víctimas. Hasta entonces, lo que les había ocurrido era un secreto imposible de mencionar, algo de lo cual no se podía hablar, algo que no se sabía claramente si era malo o no, algo innombrable. Literalmente un asunto que no tenía nombre.

A medida que el tema penetra masivamente en los medios de comunicación, surgen más y más testimonios que dan cuenta de este fenómeno oculto. La prensa legitimó la posibilidad de hablar sobre este algo vergonzoso y ruin. Al ver un programa de televisión o leer un reportaje al respecto, muchas personas se atreven a tocar el tema, algunos incluso logran evocar —por primera vez— aquella experiencia personal y traumática, que estaba olvidada pero que repercute poderosamente sobre sus problemas actuales.

De algún modo fue lo que le ocurrió a Sandra cuando se atrevió a confesar lo que le ocurrió con su amigo: «Me lo guardé por mucho tiempo, hasta que un día se lo conté a mi hermana. Para mi sorpresa, ella ni se inmutó. "Qué te extraña —me dijo— ni el papá se salva". Casi me morí, empezamos a conversar, me fue recordando detalles de cuando éramos chicas, y ahí me fueron calzando los recuerdos que tenía en el cajón».

Obviamente, no todos los casos de aversión sexual están ligados a sucesos traumáticos. Muchos están asociados a perturbaciones surgidas durante la infancia o la adolescencia, a problemas con la imagen corporal, a tabúes, culpas, prohibiciones, es decir, a problemas emocionales ocurridos durante el desarrollo de la sexualidad.

También se dan casos en que la aversión sexual es una más de un conjunto de fobias que sufre la persona. No es sólo miedo al sexo, sino también miedo a salir de la casa, a manejar, a las multitudes, es decir, un trastorno mayor que sin duda requiere un tratamiento psicológico integral.

Una de las manifestaciones más comunes de la aversión sexual es el vaginismo. Se trata de una respuesta psicofisiológica que afecta severamente la sexualidad femenina, pudiendo incluso inhibirla totalmente.

El vaginismo se caracteriza por contracciones espasmódicas e involuntarias de la musculatura pelviana que rodea el perineo y la entrada de la vagina. Estas contracciones son reflejos espontáneos que se desencadenan frente a un intento concreto de penetración o durante los preámbulos sexuales que la anticipan, impidiendo que ésta se concrete. Es tal la fuerza del músculo que, a veces, es más fácil que se dañe el pene a que logre entrar en la vagina.

Si bien se trata de una manifestación absolutamente física, y es indispensable descartar las razones orgánicas que puedan provocarlo, en la inmensa mayoría de los casos el origen está en lo psicológico.

El temor al embarazo, el sida o la educación religiosa pueden ser fuentes de esta fobia. También puede estar asociada a perturbaciones afectivas. La sexualidad es un terreno muy fértil para las representaciones simbólicas y, en ese sentido, el abandono o la traición sentimental pueden traducirse en un rechazo inconsciente al compromiso que implica el coito.

A veces, la raíz está en el mandato rígido de los padres que imprimieron un indeleble «esto no se hace» en relación con el sexo. Fue tan potente la instrucción de que había que guardar la virginidad para entregársela a alguien muy, muy especial que, llegado el momento, el tener sexo se transforma en una insalvable deslealtad para con los padres.

No hay que confundir el vaginismo con la pacatería frente al sexo. El vaginismo es un miedo irracional, una fobia, un trastorno sexual. Y, como dijimos antes, por más que la cabeza esté completamente de acuerdo con la penetración, los espasmos y el dolor serán reales y harán imposible concretarla.

Cuando se produce esta contradicción entre la razón y el cuerpo, se hace aún más difícil detectar el problema ya que, en esos casos, la aversión al sexo no encaja con una personalidad más bien liberal que, teóricamente, está bien dispuesta al goce sexual.

Es común que las mujeres que padecen vaginismo consulten con el ginecólogo y experimenten una seria desilusión cuando el médico les informa que están completamente sanas. No es raro que peregrinen de un ginecólogo a otro en busca de un trastorno hormonal o algo parecido, negándose a recurrir a un psicólogo o a un psiquiatra. En nuestra cultura es más fácil aceptar un mal del cuerpo que de la mente.

Para el hombre tampoco es fácil entender el vaginismo. Muchas veces la consulta a los especialistas demora más de la cuenta precisamente porque él se siente culpable como autor del dolor. Intentará infructuosamente ser más cariñoso, más delicado y más cuidadoso, pero todo será inútil.

A veces, el hombre también se siente traicionado o inseguro frente a esta situación. Todo andaba maravillosamente bien durante el coqueteo, nunca hubo problemas con las caricias apasionadas y lujuriosas que practicaban antes de tener relaciones sexuales. Es decir, todo estuvo perfectamente bien salvo el coito mismo. Entonces, surge la posibilidad de que sea él quien lo esté haciendo mal, o de que ella en realidad no lo quiera o que no se sienta verdaderamente atraída por él.

Tal como sucede frente a otros problemas sexuales, el vaginismo también suele motejarse como frigidez o simplemente con ese lugar común que sostiene que a las mujeres no les gusta el sexo.

Hay que distinguir entre el vaginismo primario, que se desarrolla cuando la mujer inicia su vida sexual, y el secundario que surge más adelante. Este último, que es el menos frecuente, suele aparecer después de la maternidad. Inconscientemente, antes del embarazo, la mujer hace los esfuerzos necesarios para esquivar el problema y cumplir con el mandato y el deseo de ser madre. Consumada esta tarea, se reactivan los trastornos que estaban bloqueados, frente a los cuales el organismo reacciona a través del vaginismo. Es la forma que tiene el cuerpo de enviar una voz de alarma, de pedir ayuda desde lo más profundo. Y ¡qué duda cabe! debiera ser escuchado.

Frente al vaginismo es indispensable consultar a un especialista para evitar que el problema se profundice.

Mi cuerpo y yo

El modelo exquisito

El ideal de belleza femenina se encoge cada día más, provocando una obsesión agobiante por la delgadez y la juventud. Prácticamente no hay mujer en el mundo que no tenga que lidiar con algún tipo de dieta y con alguna fórmula mágica que mantenga a raya el paso del tiempo. No es extraño, entonces, que haya millones de mujeres que se sienten insatisfechas y afligidas con su figura.

Asentadas en un cuerpo que no les gusta, muchas inhiben su deseo sexual ante el horror que les provoca imaginarse desnudas frente a un hombre.

Las causas de la infelicidad de una mujer por su cuerpo son múltiples: está gorda o muy delgada, tiene los pechos caídos, muy desarrollados o demasiado pequeños, es muy alta o excesivamente baja. Sea cual sea la razón, sea real o imaginada, lo concreto es que se sentirá invadida por una inseguridad tal, que puede llegar a tener efectos devastadores para su sexualidad.

Sus ganas de tener sexo pueden ser enormes pero evitará los encuentros íntimos cada vez que pueda, mientras esa imagen de sí misma que percibe en el espejo no la deje medianamente tranquila.

Sin embargo, no es sólo la autoimagen la que influye en la forma como cada una aprecia su cuerpo, la mirada del compañero puede ser tanto o más potente y despiadada que el espejo.

Hay hombres que son claros y directos para pedirle a su compañera que adelgace o engorde, que aumente o disminuya el busto, que se arregle la nariz o se saque un lunar que a él no le gusta. Hoy no es una rareza encontrar una pareja en la consulta del cirujano plástico, y tampoco es extraño escuchar al hombre indicando lo que espera de la operación de su mujer.

Si bien esos casos tan abiertos y desenfadados son aún minoritarios, la mirada masculina puede ser igualmente exigente con mensajes indirectos e implícitos. Abundan los hombres que aplauden y glorifican los pechos grandes mientras comparten la cama con una mujer de busto escaso, o la de aquellos que ensalzan insistentemente la cintura de avispa de una amiga cuando su pareja tiene algunos kilos de más.

Pero lo peor es que ni siquiera junto a un compañero que sólo se dedica a alabar, el cuerpo femenino puede respirar tranquilo: siempre sufre el impacto de la exigencia social, de ese ideal cada vez más escuálido e inalcanzable.

En todo el mundo, las mujeres son bombardeadas por imágenes de muchachas sensuales, de piernas y talles largos, elegantes y esbeltas. Acechan por todas partes, sin que jamás se diga que son seres que casi no viven ni comen. Para que encajen con el paradigma de la perfección, se las elige cada vez más niñas y se les alimenta cada vez con más lechugas.

Toda mujer sabe que si su compañero fuera consultado acerca de su situación sexual idílica describiría —al igual que los encuestados por el sexólogo Jack Morin— una de esas insoportables bellezas esculturales.

¡Qué difícil es pasar por alto esta realidad! Paulina, treinta y ocho años, decoradora, tres hijos, tiene muy claro cómo influye su cuerpo en la cama: «Después del último embarazo quedé gordísima, no soportaba que Jaime se me acercara, me sentía atacada, me daba horror que me tocara los rollos o que me viera desnuda. Las ganas de hacer el amor se esfumaron. Me puse a dieta estrictísima, iba al gimnasio, me hacía masajes, ¡no podía seguir así! Cuando empecé a adelgazar, me miraba horas al espejo, feliz, me encantaba cómo me veía. Por primera vez desde que nos casamos empecé a tomar yo la iniciativa... parece que me gustaba tener el poder, y sentía que eso me lo daba mi físico que jamás había estado tan bien, o por lo menos yo nunca lo había notado así. Cuando Jaime comenzaba los acercamientos, yo no quería, no me gustaba, no acababa. Lo pasaba mejor si yo partía, como que desde que estaba con ese cuerpo yo podía mandar en el sexo. Me excitaba más, cuanto más flaca más caliente me pongo».

Los investigadores B. Anderson y J. Legrand[11] detectaron una estrecha relación entre deseo sexual e imagen corporal. Las mujeres que tenían una visión negativa de su cuerpo, que se creían poco atractivas, no sólo estaban menos interesadas en tener sexo sino que, además, se mostraban más inhibidas en sus actividades sexuales y sufrían más dificultades para excitarse y lograr el orgasmo.

El cuerpo es tan fundamental que, si cualquier parte de él no cumple con los cánones mínimos, la inseguridad que se apodera de la mujer puede llevarla a evitar no sólo el sexo sino cualquier relación afectiva.

11. B. Anderson y J. Legrand, «Body Image for Women: Conceptualization Assessment & a Test of the Importance to Sexual Dysfunction & Mental Illness», *Journal of Sex Research*, 28, 1991.

Los pecados de la carne

No es fácil mantener la autoestima intacta en este terreno. La cultura occidental lleva el peso milenario de una fuerte tradición que separa en forma drástica mente y cuerpo. Desde la antigüedad hasta la publicidad actual, la norma es no sólo apreciarlos como fenómenos independientes sino incluso en conflicto. El ideal, más o menos explícito, es que el espíritu someta al cuerpo. Es tal la ruptura, que el cuerpo se asocia al deseo y el mal, mientras el espíritu se adhiere a lo etéreo, lo divino, lo bueno.

El espíritu es esencialmente de naturaleza divina; el cuerpo, en cambio, lleva en sí la impronta del diablo. Y esta convicción general es aún más radical cuando se trata de la mujer. Durante miles de años, así lo han dictaminado los textos religiosos, filosóficos y literarios que colocan en el cuerpo femenino el centro de la tentación. Desde Eva y su manzana, es ese cuerpo diabólico el que hace caer al hombre superior en los pecados de la carne.

Ya entonces se vive esa intensa lucha entre mente y cuerpo. Una tensión que afecta a hombres y a mujeres, pero con una diferencia esencial: es ella la que lleva en su ser —en su cuerpo— ese demonio en potencia capaz de tentar al hombre, haciendo emerger su debilidad y que el pecado penetre también en él.

Históricamente la mujer lleva sobre sus hombros el peso de su sexualidad, de su apetito. Durante el siglo XX, la sexualidad femenina se fue legitimando, incluso se convirtió casi en un deber. Sin embargo, la libertad para tener sexo no la libera totalmente del demonio que engatusa y seduce, de alguna manera sigue cargando con el mal e incluso en los casos de violación se plantea —con mayor o menor desenfado— que quizás fue ella la que tuvo una actitud impúdica y provocó la fatalidad.

Si bien se acepta que la mujer goce y satisfaga su deseo sexual, el cuerpo femenino no logra despojarse totalmente de la maldad milenaria y, al comenzar el siglo XXI, se complementa con un nuevo pecado: el de la alimentación. En las últimas décadas, los desórdenes alimenticios pasaron a ser predominantes entre las mujeres, especialmente las jóvenes, transformando la anorexia y la bulimia en enfermedades que dejaron de ser una rareza para convertirse en trastornos generalizados. Ya no se trata de controlar el apetito sexual sino este otro apetito voraz que deforma el cuerpo, que consume de manera tanto o más diabólica, que deja en evidencia un pecado que —a diferencia del anterior— no se puede ocultar.

La sociedad moderna, que dejó en el recuerdo las ciudades caminables, la comida casera, la fruta para la colación escolar y la vida serena, se vuelve cada día más agresiva con su sedentarismo, sus comidas rápidas y sus infinitos chocolates dulces y picadillos para matar el apetito y calmar el estrés. Como si esto fuera poco, hoy es casi imposible encontrar un vestido de ese tamaño medio que antes acomodaba a la mayoría. La antigua talla normal o pequeña ahora es large o extra-large. ¡Hasta las tallas se fueron achicando para hacer más notorio este nuevo pecado de la carne! La doctora norteamericana Susan Bordo[12] investigó el tema, midió, comparó proporciones y descubrió que lo que podría parecer una broma de mal gusto es una perversa realidad.

No basta despreciar la llamada comida-basura, los excesos de mayonesa y fritura o las comidas a deshora para estar fuera de peligro. Paralelamente, surgen cada día con más fuerza las delicias del gourmet con exclusivas clases de cocina, variedad de quesos, diversidad de vinos para las ocasiones más sensuales. ¡Cómo controlarse! Nuevamente la carga se impone sobre la mujer. Basta ver la publicidad: un grupo de hombres saboreando un exquisito asado y unas cervezas bien heladas, vestidos de jeans, camisa a cuadros semiabotonada y una amplia sonrisa placentera, guapísimos ellos. ¿Cuán atractivas se verían las mujeres en una situación simi-

12. Susan Bordo, *Unbearable Weight*, University of California Press, 1995.

lar? Nada, más bien grotescas, poco femeninas, hasta agresivas. De guapas, nada. La publicidad para ellas está reducida a las bebidas dietéticas, a una taza de café, a un delicado licor, sin contar por cierto los productos de limpieza o la ropa interior que destaca esos cuerpos perfectos capaces de deslizarse en esas insoportables tallas diminutas.

El comer bien, el comer rico, el paladear con ganas, no se ve bien en el género femenino. La mujer debe seguir controlando sus apetitos. Si ayer debió reprimir su instinto sexual hoy son muchas las que frenan sus ansias alimenticias.

En este terreno se mantiene el histórico doble estándar. Antes no era propio de una dama mostrar el tobillo, llevar el escote demasiado pronunciado o dejarse tocar. En la actualidad, no debe llenar su plato ni comer en forma desmedida. ¡Mucho menos repetir! Eso habla bien de un caballero que halaga la buena cocina, pero jamás de una mujer que parecerá poco fina, descontrolada, en definitiva, una cerda. El buen apetito —una vez más— está asociado a lo viril, el hombre puede comerse un pollo entero y seguir siendo admirado, la mujer verdaderamente femenina debe pedir una simple alita y ojalá dejar una cierta porción en el plato.

Caer en el actual pecado de la carne puede resultar fatal. Antes el conflicto de una mujer bien era tener o no tener sexo, irse o no a la cama después de una cita, ahora el dilema hamletiano es comer o no comer. Si antes el drama era cómo comportarse ante una cita, cuánto avance aceptar en las caricias, cuánto placer sexual permitirse sin aparecer como una mujerzuela, en la actualidad muchos de los desvelos se centran en calcular las calorías consumidas ayer para saber cuánto se puede comer mañana.

Carla, veintiocho años, soltera, lo comprobó de manera brutal en medio de los apasionados arrumacos de un amigo de su hermana que solía frecuentar su casa. «Después de los besos, las caricias en los pechos, me metió la mano por debajo del calzón y comenzó a masturbarme. Le dije que quería que hiciéramos el amor. Fue como si le hubiera caído un rayo en la cabeza, se echó hacia atrás y me dijo: "No puedo, lo siento pero no me gustan las gordas". Casi me muero... no lo he podido superar.»

Si se quiere ser una mujer atractiva y querida, si se pretende ser una mujer sexualmente deseable, entonces hay que dejar de comer. Antes se temía ser considerada una mujer fácil, ahora el terror es que la mano que acaricia pueda detectar algún rollo destructor. Antes una se escondía para besarse y gozar de unas caricias, ahora se oculta para comerse una barra de chocolate. Y así se multiplica la anorexia y la bulimia, enfermedades prácticamente desconocidas cuarenta años atrás.

Hace unas décadas nadie sentía terror ante la posibilidad de comerse una barra de chocolate, unas empanadas fritas o una pizza. Nadie contaba calorías, ni juraba que jamás volvería a comer, ni corría al baño a vomitar. Ésas eran excentricidades propias de una Wallis Simpson o de una Sissí emperatriz.

Hoy, el cuenta-calorías va marcando con horror la gravedad de la falta cometida. Y como el pecado desencadena la fantasía, son miles las mujeres que ya dejaron de soñar con el galán de turno y lo reemplazaron por una tarta de frutilla rebasando crema por todos los costados.

No cabe duda que el sexo está hoy interferido por este nuevo pecado de la carne. A los cuarenta y tres años y después de su tercer hijo, Alejandra terminó en manos de un cirujano plástico. Jamás lo había pensado hasta aquella noche en que Tomás, su marido, la miró y le dijo: «Sigues gorda, pareces una vaca que te cuelgan las ubres. Opérate las pechugas y sácate la grasa. Así no me pidas que te toque». Alejandra se practicó una liposucción y se achicó las mamas, pero nunca más volvió a la cama con su marido.

Si bien hay excepciones, gordas sensuales, atractivas y felices, en la mayoría de los casos ser la gordita del curso, la oficina, el grupo o la fiesta es una marca indeseable.

El sexo que hace medio siglo era misterioso y prohibido se ha ido convirtiendo en un deber que es necesario cumplir y disfrutar. Pero, paradójicamente, la comida —que era un producto natural de la esencia de lo cotidiano— se transformó en un objeto pecaminoso capaz de interferir gravemente en ese goce mutuo que tanto ha costado conquistar.

Las chicas buenas no toman postre

Los trastornos alimenticios —especialmente la anorexia y la bulimia— se convirtieron en una nueva especialidad médica que en pocas décadas ya acumuló una cuantiosa experiencia clínica.

La anorexia nerviosa es lisa y llanamente matarse de hambre. Es comer absolutamente por debajo de lo normal como única forma de asegurar una figura delgada. Es el extremo patológico de la flacura, aquel que distorsiona la imagen corporal hasta el punto de asumir la desnutrición como patrón de belleza y atractivo.

La bulimia, por su parte, es una obsesión por la comida y el peso, que va alternando un comer excesivo con el vómito, o bien un comer excesivo con incontables horas de gimnasio, o con el uso de laxantes y diuréticos, o con fulminantes dietas de hambre.

Numerosas investigaciones ya permiten describir las principales características de las mujeres que tienden a ser bulímicas. Por lo general, fueron niñas perfectas durante la infancia y son personas que hacen todo lo posible por satisfacer las expectativas que recaen sobre ellas. Se las valora porque maduraron muy rápidamente, asumen sus responsabilidades, rara vez causan problema y saben cuidarse solas. Aparentan ser muy lúcidas, extrovertidas, seguras, independientes, pero bajo esa máscara se oculta una creciente ansiedad. De alguna manera, el desorden alimenticio es una manera encubierta de expresar aquello que no son capaces de decir en palabras: «¡Quiéranme como soy, cuídenme, no me obliguen a pasar siempre por superchica!».

Sin llegar a niveles patológicos, en la actualidad son millones las mujeres obsesionadas con la comida. Mujeres que se atormentar con una y otra dieta de última moda, que se estremecen de envidia ante la amiga escultural que sin inmutarse pide una torta de postre, mientras ellas —con un hilo de voz casi imperceptible— piden sólo un café, gracias. Es que como dicen las terapeutas Rosalyn Meadow y Lillie Weiss[13] «las chicas buenas no comen postre».

Durante la década de los noventa, en Estados Unidos vendieron miles de libros con ese título. La frase caló hondo entre las norteamericanas que, de alguna manera, sintieron en el corazón o en el estómago cómo la comida y el sexo apuntan en la misma dirección: ¡todo lo que están dispuestas a hacer por conseguir el amor!

¡Millones de mujeres en todo el mundo están dispuestas a no comer postre con tal de ser queridas!

El concepto de chica buena o chica mala cambió radicalmente en el último tiempo. Durante años, la clasificación estaba determinada por el manejo del impulso sexual. La chica buena sabía manejarlo y reprimirlo, nunca permitiría un acto inapropiado que pudiera manchar su reputación. Hoy, en cambio, el prestigio viene acompañado de la apariencia física, ser buena es sinónimo de delgada, esbelta, fina.

Así se sentía Claudia, treinta y cuatro años, separada, dos hijos, hasta que su imagen le reveló lo contrario. «Siempre fui flaca. A los quince engordé un poco, y otro poco en la universidad, era una rellenita pero siempre me juraba regia. Hasta el otro día cuando vi la foto, ¡era una vaca! Me dio ataque, no estaba rellenita, ni siquiera gordita, ¡era una gorda, gorda!»

13. Rosalyn Meadow y Lillie Weiss, *Good Girls don't Eat Dessert*, Random House, Nueva York, 1992. (Trad. cast.: *Las chicas buenas no toman postre*, Sirio, Málaga, 1998.)

Perder el control de los kilos puede ser tan devastador como lo fue alguna vez perder la virginidad. Igual que entonces, la chica mala puede quedarse sola para siempre... El secreto con que en otros tiempos se regalaba un beso o se gozaba la masturbación, hoy se reserva para saborear una hamburguesa o un pastel. Antes y ahora, son secretos que no se confiesan ni a una misma. ¡Sólo Dios sabe qué secretos esconde esa estupenda que come siempre tres cucharadas, que jamás quiere un dulce y ni se inmuta ante los canapés que la acosan durante el aperitivo! Está claro que es una mujer exitosa, elegante, atractiva y capaz de dejar pasar como si nada cientos de calorías deliciosas. ¿Cuántos chocolates esconderá en el fondo de su velador?

La chica mala de hoy ha caído tan bajo en sus pasiones que cualquiera puede darse cuenta de su condición. Su cuerpo deja en evidencia su incapacidad para controlarse, para poner límites. Qué duda cabe que su vida gira en torno a la comida, es lisa y llanamente una gorda, hasta se le puede llamar asquerosa. Nunca deja un trozo en el plato ¡y jamás se saltaría el postre!

Las chicas malas son discriminadas, aisladas, ni siquiera encuentran ropa que les acomode. Es sin duda aterrador convertirse en una de ellas. Por eso, más vale sacrificarse, volver a la dieta de hambre, cerrar los ojos cuando llega la hora del postre y pedir una vez más ese café infame que no logra suplir nada.

Como siempre ha ocurrido, las chicas buenas también caen en la tentación. Esa música romántica, unas copas de vino, la luz de la luna y, sin saber cómo, la excitación la llevó por el camino prohibido. A la mañana siguiente, la culpa era más grande que una catedral y la sensación de vacío y terror se hacía inaguantable. Lo mismo sucede ahora después de ese banquete imposible de esquivar, en el que se comienza poco a poco hasta zambullirse sin control en lo salado, lo dulce, lo picante, lo novedoso, lo exquisito. Al otro día, la culpa se convierte en remordimiento, odio a sí misma, asco y nuevas promesas de no volver a probar bocado.

La preocupación por adelgazar se ha extendido de tal manera que en la actualidad no se puede abordar la psicología femenina sin tomar en consideración la variable comida. La capacidad de hacer dieta simboliza la capacidad de controlar su propio deseo, dominar sus impulsos y negarse a sí misma si fuera necesario para conseguir el amor.

Pareciera que en los últimos tiempos se ha producido una regresión. Freud sostuvo que uno comenzaba su satisfacción con una etapa oral, luego se complacía con un período anal y, finalmente, cuando alcanzaba la madurez llegaba a la fase genital. Ahora estaríamos volviendo al comienzo del ciclo, a buscar ansiosamente la gratificación oral.

La chica buena, la que no come postre, va quedando siempre insatisfecha. Se va convirtiendo en una mujer hambrienta incapaz de calmar su apetito. Un apetito perpetuo que se refleja paralelamente en las relaciones afectivas.

Es tal su esfuerzo por mantenerse delgada y hermosa, por ser sensual y atractiva, por satisfacer las demandas del otro, por cuidar bien a los niños, por ser una estupenda profesional, que al final del día no hay amor capaz de llenar el vacío que se ha instalado en nuestro interior. Por lo general, las chicas buenas no cuidan de sus propias necesidades, se sienten culpables ante cualquier goce personal como comprarse ropa o salir con las amigas, van privilegiando permanentemente los requerimientos ajenos, tienden a terminar extenuadas y estresadas y, por lo tanto, muy distantes de cualquier gratificación.

Las mujeres son capaces de recorrer caminos infinitos con tal de ser aprobadas, admiradas, acogidas. Pueden padecer lo indecible para atraer un corazón masculino pero, una vez conquistado el objetivo, la magnitud del sacrificio resulta impagable. El desequilibrio entre el dar y el recibir es tan desproporcionado que no hay forma de compensarlo. El hambre de afecto se vuelve insaciable y sólo termina aplacándose —aunque momentáneamente— con una suculenta compensación oral.

La comida como amante

A medida que la soledad, la incomunicación y el desamor empiezan a invadir la relación de pareja, en medio de esa vida moderna exigente, competitiva y estresante, que ya describimos en otros capítulos, la comida emerge seductora y hechicera, exhibiendo sus delicias capaces de calmar apetitos, provocar placer y serenar el espíritu.

Simbólicamente, la comida llena los sentimientos de vacío y soledad. Frente al agobio y la angustia, pocas cosas resultan más reconfortantes que una torta o un buen guiso. ¡Se regresa espontáneamente a los inicios, a la etapa oral que describió el gran Freud! Nada más básico en nuestro instinto que el chupar y comer. Los niños se saben queridos si los alimentan y los acarician. La alimentación y el tacto son los dos elementos básicos en el origen. Es fácil comprender que haya pocas cosas que produzcan mayor satisfacción que un buen arrumaco y un rico pastel.

Cuando las caricias empiezan a escasear, cuando el otro está siempre ocupado, cuando no hay tiempo para nada, ¡qué más parecido a ese paraíso infantil, protegido y mimado, que un sabroso chocolate!

Julia, treinta y seis años, casada, un hijo, recuerda con angustia esos años en que la comida era su amante. «Mis amigas se iban casando y yo ni siquiera tenía con quien salir. Me organizaban citas a ciegas que me dejaban una sensación de fracaso horrorosa. Empecé a no levantarme los sábados y domingos, comía y veía la tele todo el fin de semana. El lunes llegaba a la oficina muerta de angustia porque no había hecho nada más que comer. Me devoraba la culpa, pero el sábado volvía a lo mismo. Así subí otros dieciséis kilos, hasta que comencé una terapia.»

Lo cierto es que, a falta de una caricia amorosa y acogedora, la comida es el amante ideal, siempre disponible y sin ninguna exigencia. No pide nada a cambio y entrega satisfacción inmediata. Es el amante perfecto que no sólo nutre físicamente sino que llena maravillosamente los vacíos emocionales. Calma como nadie la tristeza, el desconsuelo, la nostalgia.

Sin embargo, como suele ocurrir con todo amante, su placer conlleva consecuencias crueles y dolorosas. Los kilos comienzan a aumentar, el cuerpo cambia y, tarde o temprano, la gordura se hace patente, alejando a un punto inalcanzable ese ideal de belleza que hoy permite encontrar pareja, trabajo y mantener una vida social activa. Porque hasta las invitaciones disminuyen a medida que crecen las tallas.

A los cuarenta y nueve años, Carmen acaba de separarse y su gran temor es que la pena la lleve nuevamente a comer sin control. «Cuando Pablo se fue bajé como diez kilos. No me veía bien, se me cayó la cara y se me notaban las arrugas, pero ahora como y como. Pido comidas enteras en el Menu Express y tiro todo, hasta las servilletas, antes que lleguen los niños.»

Como todo amante, éste también es clandestino. También cuesta dejarlo y también se transforma en obsesión. Mientras más se intenta dejarlo, más trampas se inventan para tropezar con él y disfrutar de sus virtudes. Visitas solitarias al McDonald's, asaltos nocturnos al refrigerador, citas con amigas lejanas en una buena pastelería...

La dieta va y viene, tratando de volver a la normalidad. Pero a veces la lucha es tan ardua que simplemente las mujeres se dan por vencidas. Asumen su gordura, aceptan que difícilmente encontrarán pareja, que corren el riesgo de ser abandonadas si están casadas, que hasta los encuentros fortuitos serán escasos. Sencillamente optan por terminar con esa condición de amante y casarse definitivamente con la comida.

El cuerpo masculino

Si bien el cuerpo de la mujer es el que recibe las máximas presiones y exigencias, a la hora del sexo el físico masculino tampoco está libre del ojo crítico.

En ellos, la preocupación y la ansiedad se centran en el tamaño del pene. Están convencidos de que el volumen de sus genitales es esencial en su atractivo y en su capacidad para mantener el amor de una mujer.

Curiosamente, salvo excepciones en las que el pene es anormalmente descomunal o minúsculo, a la mujer poco le interesan esas dimensiones, y rara vez afectan su disposición para el sexo.

Mucho más que la medida de cualquier músculo, a las mujeres les importa que él tenga los dientes y las uñas limpias, el pelo lavado, que no tenga mal aliento, que ande más o menos afeitado, que tenga una cierta preocupación por su cuerpo y su vestimenta. Tal como ellas se esmeran por verse estéticamente atractivas, esperan que su compañero manifieste un mínimo de cuidado en este terreno.

Centrados en el tamaño del pene, apenas la relación se ha estabilizado, muchos hombres se dejan estar, engordan sin compasión, descuidan el aseo y le restan importancia al vestuario.

¡Craso error! Esa indolencia influye mucho más en la mujer que las dotes físicas que Dios les dio. Un físico desaliñado es muy poco atractivo y no estimula en lo más mínimo a pensar en el sexo.

La mujer percibe ese descuido no sólo como una falta de preocupación personal sino como una falta de respeto hacia ella. Es una prueba de que él no entiende, ni se interesa, por lo que a ella le gusta y le atrae.

Efectivamente, muchos hombres jamás entenderán que, por muy agraciado que sea su pene, pueden ser rechazados porque huelen mal, están sudados o andan con el pelo sucio. Para una mujer, esos factores pueden ser determinantes en la decisión de aceptar o no una invitación a la cama.

En una relación estable, estas variables pueden volverse muy decisivas para definir el cuándo se hace el amor.

Pero a los hombres les cuesta asumirlo, y su actitud se ve reforzada por el mensaje social que los rodea. Aunque en los últimos años esto ha ido cambiando, lo habitual es que la mujer se vea bombardeada por exigencias respecto de su físico, mientras el hombre es liberado de cualquier obligación en este terreno.

La imagen dispareja de una joven escultural junto a un sesentón, gordo y pelado, no resulta chocante ni provoca rechazo. Por el contrario, es más bien aceptada, reforzando la creencia de que el hombre será querido y deseado de todos modos ya que compensará su físico desagradable con protección, compañía y, en muchos casos, una libreta de matrimonio o una contundente cuenta bancaria.

El cuerpo es nuestra herramienta para hacer el amor, ¡cómo podríamos ignorarlo a la hora del sexo!

Más allá de estos cuatro aspectos básicos que permiten asegurar un momento propicio para el sexo, existe una serie de estados que contribuyen de manera muy valiosa al goce sexual y, por lo tanto, a desarrollar una relación en la que el «cuándo» sea más buscado que rechazado.

Reflexiones finales sobre el deseo sexual

No sólo quienes sufren verdaderas patologías deben enfrentar la situación en forma inmediata, cualquier mujer que siente que su deseo sexual está disminuyendo debiera encarar el problema cuanto antes.

El ideal es compartir la inquietud con la pareja. Tratar de entender en conjunto que una disminución de la libido o una discrepancia relevante en el deseo de ambos es un síntoma de algo que está pasando entre ellos o de una etapa normal en la vida juntos.

Una buena fórmula para contrarrestar un deseo escaso es tratar de ser más directa cuando surgen las ganas de hacer el amor. No es raro que el impulso sexual empiece a estancarse porque no hay una comunicación fluida dentro de la pareja que permita transmitir los deseos y motivaciones de cada uno.

También puede ser acertado pedirle al compañero que inicie la aproximación sexual desde el amor, desde las emociones, y no desde el hábito rutinario que implica tocar ciertas áreas clave para lograr que ella se excite.

En este punto, es indispensable que las mujeres aprendan a conocerse y puedan expresar lo que les gustaría y las encendería. En la práctica, muchas se quejan de la mecanización de su pareja a la hora del sexo, pero pocas sabrían definir sus propios gustos y deseos. Pocas se han observado, se han tocado, se han preguntado a sí mismas por su sexualidad.

Pero no sólo deben conocerse sino también aprender a expresarlo. Tienen que ser capaces de convencer al compañero de que si se toma el tiempo necesario el rechazo no sólo puede evitarse, sino que puede transformarse en una vida sexual rica e intensa. Explicarle que requiere de una mayor seducción y de una mayor estimulación.

Como se sostiene en el capítulo II, a las mujeres les gusta el sexo tanto como a los hombres, pero tienen más requisitos previos para concretarlo. Esa complejidad propia de cada una debe transmitirse en forma adecuada, evitando la crítica ácida, para que el compañero pueda conocerla sexualmente.

A través de este conocimiento y esta comunicación, la mujer puede hacerse más responsable de su sexualidad y su excitación, sin delegar todo en el hombre, sin esperar que él adivine mágicamente lo que siente y quiere, lo que le gusta o le desagrada.

En medio de las exigencias de la vida moderna, sumida en obligaciones y tensiones múltiples, es imprescindible que la mujer esté atenta a sus deseos. Éste debe ser un ejercicio permanente. De lo contrario, éstos pueden pasar inadvertidos y las ganas pueden ir diluyéndose en el olvido.

Tal como se les abre un espacio a los hijos, a la familia y a los amigos, es fundamental hacerle un espacio al sexo. Especialmente cuando el deseo no es tan fuerte como para abrirse paso por sí mismo.

Desde esa perspectiva, la pareja debe estar alerta a reconocer cuándo la falta de apetito sexual es simplemente el reflejo de una desgana más generalizada, de una vida monótona y poco satisfactoria. No es raro encontrar parejas que disfrutan del sexo cuando lo practican, pero su libido es tan baja como el resto de sus emociones cotidianas. Simplemente, no tienen la motivación inicial para contactar sexualmente.

La motivación es aquella fuerza que impulsa al ser humano a actuar de una determinada manera. En ese sentido, el deseo sexual es una de las formas más complejas de motivación humana.

Entre otras cosas, el deseo sexual refleja nuestro anhelo y nuestra nostalgia por la cercanía del otro, por el «nosotros». Una nostalgia que se manifiesta en el deseo de tocar, en la búsqueda de calor y contacto físico, que pone en movimiento el resto de los sentidos y nos impulsa a entrar en contacto, a estar en relación con otro. En síntesis, el deseo sexual es una parte esencial de nuestro sistema de comunicación interpersonal, que deja en evidencia nuestra necesidad de compartir y establecer una intimidad profunda. Revela nuestra capacidad de entrega y de pasión, transmite nuestros gustos, nuestra sensualidad, nuestro estilo.

A través del deseo sexual se manifiesta lo más profundo de nuestra humanidad, expresando mucho más que cualquier otra forma de comunicación. Es indispensable respetar su complejidad y su sensibilidad. Si se coarta o interfiere en su fluir natural, difícilmente estará disponible para un nuevo encuentro.

2. Cuándo

Más allá del deseo sexual de cada uno, el cuándo se refiere al momento en que realmente estamos disponibles para hacer el amor. La respuesta es obvia: cuando se tienen ganas. Sin embargo, tal como ocurre con la complejidad del deseo sexual, elegir la ocasión propicia para ambos tampoco es materia fácil.

Puede que los dos sientan ganas de hacer el amor, que incluso la intensidad del deseo sea similar, pero que no coincidan en que ése sea el momento adecuado para tener sexo.

Como hemos visto desde distintos ángulos, las mujeres tienen múltiples requisitos para desarrollar su sexualidad, y el cuándo es precisamente uno de los más importantes.

Las parejas estables que califican su vida sexual como placentera reconocen haber estado muy alertas y dispuestas a comprender y respetar la sensibilidad del otro. Muchas veces lo que se llama desinterés sexual es más bien una reacción inconsciente a la indiferencia o incapacidad del otro para captar y reconocer necesidades ajenas.

Desde esa perspectiva, cuando el sexo es visto como una actividad aislada, fuera del contexto de vida de la pareja y de las preocupaciones cotidianas que afectan a todos los seres humanos, es muy probable que el deseo sexual se contamine de malentendidos y discrepancias y que el momento adecuado para el sexo se vuelva huidizo e inaccesible.

No cabe duda que es la mujer quien coloca una carga mayor al entorno sexual. Como hemos dicho en capítulos anteriores, para los hombres es más fácil aislar su sexualidad del resto de sus actividades; las mujeres, en cambio, tienden a mezclarla íntimamente con el resto de su quehacer.

Así, por ejemplo, el ser abordada cuando se ha producido una distancia afectiva es para la mujer un acto de violencia. Puede que su libido no tenga ningún problema, más aún que tenga ganas de hacer el amor, pero siente que él se está acercando para tener sexo en circunstancias que hace días que la ignora, que ella no se siente apreciada, ni respetada, ni querida. Él cree que ha llegado el minuto propicio para el sexo, pero ella lo considera un abuso y una agresión. ¿Acaso supone que puede meterla a la cama cuando no se ha percatado de su existencia desde la última vez que tuvieron sexo? Para ella, no es el momento.

En medio de la vida agitada y tensa, el sexo es uno de los pocos puntos de encuentro de la pareja. Sin embargo, la mujer resiente esa exclusividad. Le cuesta aceptar que la cama sea el único punto de acercamiento y comunicación de la pareja. Ella ha necesitado a su compañero en muchos otros instantes de su vida cotidiana. Ha querido compartir inquietudes laborales, problemas y alegrías de los hijos, o simplemente algún sentimiento profundo de satisfacción o pesar. Pero él no estaba disponible, estaba demasiado ocupado en sus propias tareas.

En general, la sexualidad femenina requiere de un tiempo de relajación o de ocio, no es una labor que pueda enfrentarse fácilmente a las dos de la madrugada, desfalleciendo de sueño o angustiada por problemas de los cuales no logra desconectarse, después de acostar a los niños, servir la comida y visto las noticias en la televisión. Él puede estar esperando su llegada al dormitorio para iniciar los preámbulos amorosos pero, en ese cuadro, es muy improbable que ella esté disponible para el sexo.

En el cuándo también incide ese antipático y persistente doble estándar que impide a la mujer tomar la iniciativa del sexo y aceptar las proposiciones sin hacerse de rogar. La mujer debe estar dispuesta para el sexo sólo cuando su pareja lo desea y no cuando ella tiene ganas y quisiera proponerlo. Una osadía en ese terreno corre el riesgo de inhibir al hombre o de ponerlo celoso, especulando acerca de esa temeridad para tomar la iniciativa y de las oscuras razones para tanta fogosidad. Si bien hay hombres que se quejan de que sus mujeres jamás dan el primer paso y aseguran que les gustaría mucho que lo hicieran, por lo general, el momento para el amor es otro de los privilegios masculinos al que —se supone— la sexualidad femenina debe acomodarse pasivamente.

Sin embargo, la mujer tiene por lo menos cuatro condiciones básicas para decidirse a entrar en la aventura del sexo: un ambiente especial, una relación tranquila, una mente sin bloqueos sexuales y una imagen corporal positiva. Profundizaremos un poco en cada una de ellas.

A la luz de la luna

Cada persona tiene sus propios gustos respecto de cuál es el contexto más erótico para hacer el amor. Algunos prefieren el dormitorio, otros el salón, algunos se excitan enormemente en la ducha, otros sueñan con un jacuzzi, unos prefieren la música, otros necesitan silencio. Las posibilidades son tan variadas como los seres humanos. Sin embargo, diversos estudios indican que el entorno en el cual se da el acto sexual tiende a influir más en las mujeres que en los hombres.

Dada la naturaleza del deseo sexual de cada uno, cuando el hombre se excita su foco de atención tiende a reducirse, puede independizarse rápidamente del entorno y quedar centrado en lo genital. A las mujeres, en cambio, les cuesta más sintonizarse con su deseo. Si se encuentran en un ambiente familiar, en el que predomina su rol materno, si los niños están aún saltando en su cama, si el televisor está encendido, si no hay suficiente privacidad, es posible que les sea difícil concentrarse en el sexo.

En su libro *The Erotic Mind,* el sexólogo norteamericano Jack Morin[14] da cuenta de un estudio en el cual se les pidió a hombres y mujeres describir una situación sexual idílica en la que se sentirían fabulosamente bien. La mayoría de los hombres enfatizó la perfección del cuerpo de su compañera, ciertas técnicas y ciertas posiciones, y casi nunca mencionaron el ambiente en que ocurría el acto sexual. Entre las mujeres, la playa, la montaña, la arena caliente, un lugar donde estuvieran solos o el después de una comida íntima, ocupaban tanta atención como los aspectos sexuales más específicos.

Lo ideal para la mujer está estrechamente ligado a un ambiente romántico, a la luz de las velas, la música de fondo, la conversación íntima, el acercarse amorosamente. Para él, en cambio, el erotismo sublime se relaciona más con el cuerpo, las posiciones, las medias negras, el escote pronunciado o el placer que logra desatar en la mujer, pero casi nunca menciona como algo relevante el entorno en el que esta situación debiera darse.

No es extraño, entonces, que las mujeres reporten que sus mejores encuentros sexuales se dan en vacaciones, fuera del ambiente familiar, lejos de las exigencias cotidianas, es decir, donde les resulta más fácil dejar de lado las inhibiciones y correr más riesgos en la exploración del cuerpo.

Más allá del relajo que proporcionan las vacaciones y los ambientes especiales, hay que tomar en cuenta que las personas tienen preferencias por distintas horas del día de acuerdo a su propio biorritmo.

A Cecilia, treinta y ocho años, once de matrimonio, tres hijos, las mañanas le parecen fatales: «Yo no puedo relajarme cuando la nana está vistiendo a los niños afuera, pero a Miguel le da con hacerlo a esa hora. En las noches está cansado, le gusta ver la tele, habla poco, ni se entera de lo que pasa conmigo y los niños. La verdad es

14. Jack Morin, *The Erotic Mind,* Harper Perennial, Nueva York, 1995.

que, a estas alturas, el sexo es plano, aburrido. Cuando viajamos o estamos solos, lo pasamos bastante bien… más parecido a como era al principio, pero cuando volvemos a la casa no pasa nada. Hace dos meses que llegamos de un viaje y no ha pasado nada. Él insiste en sus acercamientos matinales, dice que yo vivo criticándolo, y que él es responsable, que cumple con todos sus deberes en la familia, que dos veces a la semana lleva a los niños al colegio y que lo único que quiere es una mujer más amorosa. Pero yo no puedo, me cargan las mañanas y, además, me cuesta mucho meterme con él si hace días que ni sabe de mí, ni una preguntita siquiera sobre lo que he hecho o lo que me pasa».

La situación de Cecilia y Miguel es bastante frecuente y muchas veces se interpreta erróneamente como un problema de deseo sexual. Sin embargo, ellos están lejos de esa dificultad, los dos tienen ganas de hacer el amor con el otro, pero no logran encontrarse en un tiempo propicio para ambos.

A diferencia de Miguel, a la hora del sexo, la mayoría de los hombres prefiere el encuentro nocturno que es, sin duda, el más recurrente. Vale la pena detenerse un poco en él.

La mujer llega a la cama después de un día agotador: primero tuvo que desarrollar su lado masculino para competir en el mundo, luego debió cambiar de onda e imbuirse de su rol materno, entremedio, hizo gala de su amabilidad para mantener las relaciones sociales con los parientes y amigos. En el dormitorio, la espera un compañero bastante poco comunicativo y, generalmente, concentrado en la televisión. Todo esto sin considerar el mando a distancia que, en el último tiempo, se ha convertido en el gran enemigo de Eros.

En ese ambiente, la mujer no está preparada para apagar la luz y empezar a recibir caricias que van directo a los genitales. Lejos de ser propicio, ése es un momento completamente disonante con los placeres eróticos femeninos.

Es una situación que tiende a generar violencia y rabia en la mujer. Sin embargo, es una ocasión muy buscada por los hombres. Es el fin del día, ellos ya descansaron frente al televisor, se desconectaron de las preocupaciones laborales y están absolutamente disponibles para la relajación final que —como sabemos— les proporciona el sexo.

Para los hombres ese contacto íntimo es una forma de comunicación no verbal que les entrega gran placer y serenidad. Es una manera de decirle a su pareja que después de ese día intenso, es a ella a quien quiere.

Desgraciadamente, ese mensaje suele ser malinterpretado por las mujeres que entre sus requisitos eróticos insisten en una comunicación previa más explícita y prolongada. Les resulta casi imposible cerrar la puerta del dormitorio, encontrarse con un hombre con el que prácticamente no han tenido mayor contacto en las últimas veinticuatro horas y, automáticamente, ponerse sensuales y apasionadas. En vez de excitarse, sienten ganas de arrancar de ese ser que las ha postergado durante todo el día y ahora quiere tener sexo con ellas.

A las mujeres les cuesta desconectarse de sus responsabilidades pendientes, no les es fácil tener sexo cuando siguen pensando en la colación del día siguiente, en el informe que deben escribir para la oficina, en que no alcanzaron a depilarse, no pudieron ir a ver a la amiga enferma, ni llamar a su mamá. Con todo esto en la cabeza difícilmente lograrán excitarse ¡y mucho menos llegar al orgasmo!

Después de haber estado en la misma selva que el hombre, para la mujer moderna es indispensable un ambiente cálido, donde prime la seducción, que le permita recuperar su femineidad y conectarse con su sensualidad y su erotismo.

A diferencia de los hombres, para quienes el sexo en sí mismo es una forma de relajación, las mujeres necesitan relajarse previamente. Deben tener el espacio suficiente para desligarse de sus preocupaciones cotidianas y poder vincularse con su libido.

Tranquila y serena

Este proceso será mucho más fácil y rápido si la mujer se siente querida, necesitada, buscada por su compañero. Para la mayoría de las mujeres, el cuándo del sexo también está ligado a la calidad de la relación de pareja.

Son pocas las mujeres dispuestas a arreglar los problemas de pareja en la cama. Por el contrario, necesitan hablar y dejar las cosas claras antes del encuentro sexual. Los hombres, en cambio, frecuentemente buscan el sexo como una forma de superar un enojo o un mal rato.

Con una mujer enojada, el momento difícilmente será el adecuado. Ya se sabe que en la cama se pueden disputar —sin palabras— una serie de conflictos no resueltos en otros ámbitos. Es el terreno ideal para expresar problemas de poder, de dependencia, de autoestima, de insatisfacción. En la medida en que se acumulan las cuentas pendientes, decir sí o decir no a una proposición sexual puede tener múltiples significados.

En muchas ocasiones, esa respuesta tiene poco que ver con el sexo propiamente dicho. El rechazo, sobre todo, suele tener una fuerte carga emocional que se acrecienta precisamente en la posibilidad de manejar y definir el cuándo se accede a tener sexo.

Desgraciadamente, el mensaje profundo de esas negativas, que para la mujer es muy potente y sentido, suele quedar en el aire sin que el hombre capte su significado real. Ella piensa que negándose al sexo él entenderá por fin lo que ella está sintiendo, cuáles son sus quejas o angustias. Pero lo cierto es que él no entiende nada de eso. Difícilmente podrá adivinar el intrincado proceso interior que ella pretende transmitir al negarse a tener sexo.

Es indispensable recordar que los hombres no tienen por qué ser capaces de adivinar aquello que puede tener decenas de significados distintos y que la mayoría de las mujeres no es capaz de expresar claramente.

Mientras más difícil de explicitar sea un conflicto, más fácil es que se introduzca en la cama. En esa perspectiva, los asuntos de poder dentro de la pareja están entre los principales candidatos para trasladarse a ese campo de batalla. Por lo demás, cuando la mujer se siente disminuida, es muy posible que no encuentre mejor terreno para hacerse oír que el sexo. Inconscientemente, se hará fuerte e independiente en la única decisión autónoma que le queda: cuándo se hace el amor.

Por lo general, a las parejas les cuesta asumir que hay entre ellos problemas de poder. Les molesta que se utilice esta palabra, tan propia del mundo público y de los políticos. Al ser consultados, muchos niegan rotundamente cualquier choque en ese plano. Sin embargo, cuando se les pregunta quién decide dónde se almuerza los domingos, cómo se define cuánto dinero se destina a las vacaciones, quién otorga los permisos a los niños, a qué amigos se invita a comer o qué gustos se privilegian a la hora de ir al cine, queda de manifiesto si la relación es o no igualitaria a la hora de las decisiones cotidianas, sean éstas grandes o pequeñas.

El poder se refiere precisamente al control que se ejerce dentro de la relación: cómo se deciden las cosas y cuál es el estilo que se impone. Aunque una relación sea aparentemente buena, cuando el poder no está mínimamente distribuido se irán acumulando rencores y conflictos, que pueden quedar ocultos largo tiempo en el inconsciente, pero que se manifestarán nada menos que a la hora del sexo.

No querer hacer el amor, o no hacer nada para permitir encuentros sexuales satisfactorios, puede ser una manera de afirmar el poder. Una afirmación de quien detenta el poder para hacerlo valer con claridad o, por el contrario, de quien está sometido y necesita hacerse notar.

En parejas bien avenidas, en las que priman el amor y la atracción, pero en las que hay áreas de insatisfacción y frustración, que a veces ni siquiera se reconocen claramente, la sexualidad es —instintivamente— el vehículo perfecto para canalizar el resentimiento o las ansias de una relación mejor.

Con frecuencia, sabotear el sexo es una manera indirecta y no verbal de comunicar un problema que no se puede expresar abiertamente, ya sea por su complejidad o, simplemente, por el tipo de relación que se ha establecido.

Sin bloqueos

La psiquis es como un gran baúl donde vamos guardando toda nuestra historia. Ciertos episodios están muy presentes y al alcance de la mano pero otros, en cambio, se ocultan en cajones remotos y encubiertos.

De repente, algún aspecto de la vida sexual o emocional puede reactivar problemas profundos que deciden abandonar su escondite y salir a la luz para transformarse en bloqueos psicológicos que constituyen verdaderos muros contra el sexo. Es como si, sorpresivamente, sin motivo alguno, comenzara a disminuir el deseo sexual.

Muchas parejas comienzan una vida sexual bastante satisfactoria pero, pasado un tiempo, o después de un hito importante como la maternidad, aparecen inesperadamente estos trastornos de la sexualidad.

En el matrimonio de Blanca, veintinueve años, diseñadora de vestuario, las cosas comenzaron a fallar después del nacimiento de su segunda hija: «Para mí nunca fue fácil la relación con los hombres, siempre los pongo a prueba, pienso que sólo quieren sexo, que son aprovechadores. Mucho más ahora desde que estoy separada. Creo que es algo que me metió mi papá desde chica, andaba siempre fijándose en la ropa, en los peinados, en los biquinis, que una no fuera a parecer una "suelta". Para un cumpleaños, estábamos jugando a la pieza oscura con unos primos y armó un tremendo escándalo. Me dijo puta delante de todos. Fue atroz… Si hasta nos revisaba nuestros diarios para ver si no andábamos en nada malo.

»Alfredo fue como mi salvación. Lo conocía desde los catorce años, sus padres y los míos eran amigos, no sé si me enamoré o fue para salir de mi casa, pero tuvimos una relación que, al comienzo, fue bastante buena. A mí nunca me interesó mucho hacer el amor, pero no lo pasaba mal. Hasta que nació la Carolita, de ahí en adelante no podía soportar que me tocara. Se me acercaba y para mí era un suplicio, sentía que eso era lo único que le interesaba, que me tenía de objeto sexual. Cuando nos separamos llevábamos casi un año sin hacer el amor».

En la inmensa mayoría de los casos como el de Blanca, estos bloqueos frente al sexo provienen de inhibiciones aprendidas, de una información sexual distorsionada e insuficiente, y de la incapacidad de abandonarse al placer sexual sin culpa.

Pero más allá de las situaciones críticas, los tropiezos y dificultades que aparecen repentinamente en las relaciones sexuales dan cuenta de una vida sexual que, al igual que el resto de nuestra existencia, no es un continuo plano y estable sino, por el contrario, un caminar con altibajos lleno de sorpresas y azares.

El sexo no es una técnica como aprender a conducir, no se aprende una vez y jamás se olvida, es más bien un arte que se cultiva cotidianamente y que va enfrentando nuevos desafíos.

Sin duda, los conocimientos sobre la sexualidad inciden en la actitud que cada uno tiene frente a ella y permiten un aprendizaje más o menos fluido con la pareja, pero no entregan una receta mágica e infalible.

La vida tiene diversas fases y, en ellas, cada miembro de la pareja va desarrollando su individualidad y va profundizando aspectos de su propia historia que pueden verse y sentirse de manera diferente en cada etapa.

En ese desarrollo paralelo, pueden emerger problemas del pasado y tabúes insospechados que llevan al bloqueo psicológico y a un angustiante desencuentro dentro de la pareja.

Un trastorno de esta naturaleza no es sinónimo de neurosis. Si bien Freud relacionó este mal con la represión sexual, lo cierto es que muchas personas que padecen severas perturbaciones mentales son absolutamente desinhibidas respecto al sexo y llegan fácilmente al orgasmo. La relación entre neurosis, perturbación mental y bloqueo psicológico frente al sexo no es tan directa ni mecánica como alguna vez se pensó.

Es común que la maternidad sea una de las etapas que despiertan viejos tabúes y bloquea la libido. En ese período, muchas mujeres reviven la idea —grabada durante la infancia— de que la madre no tiene sexo. Viejos mensajes como ése, que se han mantenido inertes, brotan con inusitada potencia, impidiendo una sexualidad satisfactoria como la que se tenía hasta ese momento.

De una u otra manera, la mayoría de las mujeres ha crecido a la sombra de una represión sexual abusiva, de una educación sexual escasa o nula y de un conjunto de mandatos y mitos que distorsionan el deseo y la percepción del propio cuerpo.

Con esa historia, no es extraño que cuando las mujeres se dejan llevar por su libido, se desaten emociones contradictorias, incluso desagradables, arraigadas en tabúes infantiles, en falsas creencias jamás aclaradas, en experiencias traumáticas o en sentimientos de culpa.

Cuando surgen estos bloqueos inesperados, las mujeres tratan de evitar al máximo el encuentro sexual. Se sienten raras, enfermas, neuróticas y, por lo general, tratan de ocultar su situación. Como hemos visto frente a otras circunstancias, el miedo a la incomprensión y al estigma de la frigidez impiden que las mujeres confiesen su angustia y pidan ayuda.

Muchas veces basta una conversación con la pareja o con las amigas para que el problema empiece a ceder y se vaya recuperando una vida sexual satisfactoria. Sin embargo, hay ocasiones en que se necesita de un terapeuta para entender y desentrañar aquello que, por tanto tiempo, ha estado enquistado y tapado, y que repentinamente puede llevarnos a emociones inesperadas.

Una vez más, frente a situaciones como ésta, la confianza con el compañero es indispensable. Restaurar el deseo sexual requiere de una tranquilidad y de una intimidad suficientes para redescubrir —en conjunto— el propio cuerpo, las zonas erógenas y, en definitiva, el placer perdido.

A lo largo de la vida, habrá momentos en que ambos estarán muy dispuestos y ávidos de sexo y, otros, en que estarán menos disponibles. El sexo, por más bueno que sea, no va en ascenso perpetuo.

Cuando se puede perder el control

Al experimentar una excitación intensa, muchas mujeres se asustan ante la posibilidad de parecer poco atractivas, de estar actuando de manera inapropiada o poco femenina. Temen perder el control ante sus impulsos sexuales.

El acto sexual tiene muchos componentes instintivos —reflejos casi animales— que la educación enseña a reprimir por no ser propios de una «señorita». En medio de la pasión, el cuerpo puede reaccionar de maneras impredecibles, se emiten ruidos espontáneos, se producen inesperados movimientos espasmódicos, los músculos de la cara se contraen y cambian la expresión, incluso salen de la boca palabras impensadas.

De alguna manera, estar verdaderamente disponible para el sexo implica dejarse llevar por la pasión, tener plena confianza de sus atractivos, sentirse segura y aceptada y olvidar —al menos por un rato— los mandatos sociales en torno a una adecuada femineidad.

No es fácil dejarse llevar por el deseo y perder el control. En general, las mujeres han sido rigurosamente educadas para estar siempre pendientes y atentas a lo que ocurre, es decir, para mantener una actitud más bien de observadoras del acto sexual que de participantes activas.

Psicológicamente, el soltar las riendas conlleva una serie de temores: miedo al abandono, a que las cosas no salgan bien, a no cumplir, a ser juzgada y confrontada con esa imagen de «señorita bien» que había proyectado fuera de la cama.

A la mayoría de las mujeres el sexo le ha sido transmitido como un asunto más bien animal, que incumbe principalmente a los hombres. Precisamente por esta visión, a ellos se les han permitido algunos excesos como el de la infidelidad.

La mujer, en cambio, no puede perder la compostura. Macarena, veintisiete años, socióloga, un hijo, no está dispuesta a hacerlo ni en la intimidad absoluta: «Cuando Juan Luis me hace cariño ahí abajo, yo aguanto un poco no más y después de un rato me pongo nerviosa y lo paro. Por eso debe ser que no he sentido orgasmos. Algo tengo con eso del placer, creo que me lo inculcaron desde chica. Pero yo creo que tengo todo un potencial sexual que no me ha salido, porque pienso harto en eso, incluso me gustan otros hombres, me gusta ir a la peluquería, ponerme ropa sexy pero, cuando llega la hora, como que rehúyo hacer el amor. Como que siento que después del placer va a venir algo malo, que algo le puede pasar a Juan Luis o a la Maquita…».

Es tal el temor de abandonarse al placer que, al llegar al momento de máxima excitación, muchas mujeres buscan mecanismos para seguir ancladas a tierra: pensar en los niños, las tareas del día siguiente, las compras del supermercado.

Macarena: «Me cuesta concentrarme cuando hacemos el amor, trato de pensar en Juan Luis, en las sensaciones que tengo, pero la cabeza se me va, empiezo a pensar en una y mil cosas, trato de concentrarme y más tonterías pienso».

Obviamente, después de evitar sistemáticamente el placer e impedir el orgasmo, las mujeres como Macarena eluden una y otra vez los encuentros amorosos que para ellas no tienen nada de placenteros.

El «cuándo» apropiado para el sexo se vuelve más y más esquivo. No pueden soportar su imagen hechizada por el erotismo. Ese descontrol es para ellas la esencia de lo prohibido por los mandatos paternos: una dama debe sentarse con las piernas juntas, reírse con discreción y no perder jamás los buenos modales. Con esas órdenes ¡cómo podría Macarena jadear, moverse apasionadamente o lanzar un grito!

Dejarse ir, abandonándose a los sentidos, es un requisito prácticamente indispensable para el sexo.

Cuando no se cae en la rutina

Es indispensable distinguir entre rutina y cotidianidad. La cotidianidad es la simplicidad del día a día, y el grueso de nuestra vida está hecha precisamente de los pequeños grandes momentos de ese día a día y de cómo somos capaces de vivirlos en forma creativa. La rutina, en cambio, tiene que ver con hábitos repetidos automáticamente y que hacen olvidar la sal y la pimienta de esos pequeños momentos.

La clave está en no rutinizar la cotidianidad. Especialmente respecto del sexo, donde la rutina puede ser un potente extinguidor de la pasión, provocando un lento adormecimiento del deseo del que sólo se toma conciencia cuando el aburrimiento ya ha hecho estragos demoledores.

Para Beatriz, psicóloga, treinta y cuatro años, casada, dos hijos, su matrimonio está precisamente en esa etapa: «Cada uno anda en sus cosas, y cuando estamos juntos prácticamente da lo mismo. Ya casi ni hacemos el amor. Sólo de repente, cuando ha pasado mucho tiempo y nos toca por cumplir. En ese momento, no lo paso mal pero tampoco bien. Todo es como mecánico, él sabe lo que tiene que hacer para que yo acabe, lo hace y listo. Cada uno se duerme para su lado. Yo estoy hasta la coronilla, el otro día se lo dije, se complicó entero y trató de decirme que no era tan grave como yo lo planteaba. Se sorprendió, él pensaba que todo estaba bien, no ¡guau!, pero bien. Ojalá reaccione...».

Si bien las características de la sexualidad femenina hacen más complicada la rutina para las mujeres que para los hombres, no son pocos los que buscan aventuras y repiten infidelidades encandilados por la posibilidad de escapar de ella.

El problema es que los hombres son menos dotados en el arte de animar la cotidianidad. Son las mujeres las que históricamente han estado a cargo de los detalles de la vida. Y son justamente esas cosas insignificantes, aparentemente sin importancia, las que entusiasman y ahuyentan la monotonía.

Desgraciadamente, hay muchas parejas que después de un tiempo se aproximan al sexo como si fuera un trabajo más. Lo ejecutan siempre a la misma hora, el mismo día de la semana, de la misma forma, siguiendo los mismos rituales, las mismas posiciones, interpretando incluso el mismo diálogo.

Lo predecible de la situación puede ser confortable y seguro en ciertas ocasiones. Sin embargo, cuando esta situación se arraiga, muchas mujeres dejan de sentirse deseadas y comienzan a percibirse como parte de un hábito instintivo que no las considera como personas. En ese sentido, la rutina es vivida de manera distinta entre hombres y mujeres. Más allá del aburrimiento que puede impactar a ambos, la falta de emoción y de atractivo del encuentro tiene en ellas consecuencias profundas para su seguridad y autoimagen.

La certeza de ser considerada como persona es esencial para la mujer. La sorpresa y lo inesperado son elementos que le van indicando que su pareja sigue pendiente de ella, de seducirla y atraerla.

Y esto se logra con algo tan simple y complejo como los pequeños gestos y novedades que hacen de lo cotidiano un pasar entretenido y estimulante, y no una experiencia mecánica que adormece.

Ése es precisamente el gran peligro de la rutina: anestesiar los sentidos. Cuando ocurre, las personas ven menos, captan menos, sienten menos, es decir, todo les pasa en tono menor.

La variedad puede darse en múltiples aspectos: cambiar de día, de hora, de lugar, de ritmo, de posturas. Pero lo que más valora la mujer son las distintas formas de seducción.

Una inesperada invitación a bailar, un regalito o un mensaje dejado en el velador pueden hacer milagros. Lo mismo sucede con un halago, una declaración de amor o una manifestación de deseo que, por lo general, se dan por sabidas y quedan archivadas en el baúl de los recuerdos. Lo cierto es que hacer el amor es como andar en bicicleta, si no se pedalea uno se cae.

Siguiendo con el símil de la bicicleta, no es necesario estar siempre pedaleando, también se puede disfrutar un rato de la inercia y dejarse estar, pero más tarde o más temprano habrá que volver a pedalear o de lo contrario vendrá inevitablemente la caída.

Mantener la emoción y la disponibilidad para hacer el amor requiere de dedicación, energía y creatividad. Tal como sucede con otros aspectos de la existencia, el sexo no puede dejarse librado a su suerte, no depende de lo que la vida nos depare, hay que trabajarlo.

Cuando no duele

La presencia de dolor físico puede interferir fatalmente con el placer sexual. Si no se descubren con cierta rapidez cuáles son las causas de ese dolor se entra con facilidad en un callejón sin salida que termina inhibiendo el deseo.

La anticipación del dolor, saber que inevitablemente se va a producir, es un agravante en sí mismo ya que la persona se pone tensa y los músculos se contraen en una defensa instintiva, haciendo aún más difícil la penetración o la frotación propias del coito.

Más allá de las creencias populares, y aunque muchas mujeres han tenido dolor durante parte importante de su vida, lo cierto es que exceptuando las primeras relaciones —y en algunos casos—, el dolor no es normal.

Una mujer que sufre de dolor en sus relaciones debe consultar inmediatamente con un ginecólogo, antes de que ese padecimiento afecte gravemente su vida sexual.

Existe un sinnúmero de causas físicas que es necesario descartar: infecciones, hongos, alergias, desajustes hormonales, desgarros posparto o la sequedad vaginal producida por algún medicamento como los antihistamínicos o la falta de estrógenos.[15]

Casada hace tres años, Andrea, veintisiete, profesora, jamás había tenido problemas: «El dolor empezó de repente, de a poco, y fue aumentando. Me pasé como dos meses sin decir nada, hasta que ya no daba más, era una verdadera tortura hacer el amor, y le conté a mi mamá. Rápidamente me pidió hora al médico y, al final, no era nada, una pura infección que se me quitó en un par de días. El doctor dijo que era de lo más común. Pero Juan Luis nunca supo, me moriría de vergüenza que se enterara. Y yo me pasé no sé cuántas películas de terror durante todo ese tiempo. Hasta pensé que quizás no iba a poder tener hijos».

El dolor puede llevar a una pareja a vivir un verdadero calvario que pudo ser evitado desde el comienzo con el medicamento adecuado.

Desgraciadamente, la experiencia demuestra que a las mujeres les cuesta mucho comentar este tipo de molestias. La vergüenza es

15. Hormona femenina, producida principalmente por los ovarios. Actúa en la primera fase del ciclo menstrual induciendo el crecimiento del endometrio.

tal que ni siquiera se atreven a consultar con su médico. Muchas de ellas incluso están convencidas de que este padecimiento es algo normal.

Son tantas las razones fisiológicas de este tipo de dolor que probablemente todas las mujeres lo experimentan en algún momento de sus vidas. Pero es algo pasajero que debe ser correctamente diagnosticado y curado.

Sin embargo, el origen no es sólo orgánico, también puede producirse por causas psicológicas como la ansiedad, los miedos, la culpa, la depresión, la mala imagen corporal, es decir, una amplia gama de bloqueos que repercute en una mala lubricación y en un impedimento para la excitación.

En el caso de Rosario, veinticinco años, soltera, el dolor se fue acentuando a medida que se acercaba la fecha de la boda: «Siempre me ha dolido pero no tanto. Con las caricias ningún problema, el sufrimiento empieza cuando se acerca el momento de la penetración. Tengo que hacer enormes esfuerzos hasta que al final se logra. Pero en el último tiempo no ha podido haber penetración porque se me hace insoportable. Es bien loco, como que ahora tengo miedo de entregarme, no sé si estaré realmente enamorada, la vagina es el interior de uno, es el compromiso total. Quizás es el asunto de llegar virgen al matrimonio».

A diferencia del vaginismo que analizamos al referirnos a la falta de deseo sexual, en los casos como el de Rosario la penetración se concreta pero pasando por un dolor de mayor o menor intensidad. Es lo que se llama dispaurenia.

Más allá de los problemas físicos o psicológicos, muchas mujeres sufren dolor vaginal simplemente porque requieren más tiempo para la excitación y la lubricación. Lo más frecuente es que el mal se origine en una sequedad vaginal provocada por un coito que comienza antes de que la mujer esté suficientemente preparada para la penetración.

Es precisamente la excitación sexual la que produce la lubricación de la vagina, permitiendo tanto la penetración como la frotación propia del coito. La sequedad vaginal suele ser una señal del organismo para informar a la pareja de que las caricias del preludio han sido insuficientes. Es una voz de alarma que indica que no se están respetando los ritmos de la mujer para hacer el amor. Simplemente, se está haciendo mal el amor.

No se trata aquí de una mujer que no tiene ganas o que no se excita, sino de una mujer que necesita más lubricación antes de la penetración.

Cuando la sequedad vaginal persiste, aunque la mujer esté intensamente excitada, el problema puede deberse a un desorden hormonal, incluso a efectos secundarios de algunos anticonceptivos. Esto es bastante común durante la menopausia, pero es muy fácil de diagnosticar y de tratar tras una consulta al ginecólogo.

El dolor también puede presentarse durante la estimulación del clítoris. No se trata entonces de una dispaurenia propiamente dicha ya que el problema se produce fuera de la vagina. En la mayoría de estos casos, se debe a que las caricias son demasiado bruscas para una zona tan delicada como es la membrana que conforma el clítoris y su capuchón. Incluso, esas caricias excesivamente fuertes pueden llegar a producir una irritación en este sector.

En ciertas ocasiones, el dolor en el clítoris también se debe a un exceso de sequedad. Cabe señalar que la vagina es la única fuente de lubricación que posee la mujer. Ni los labios mayores, ni los labios menores, ni el clítoris tienen lubricación propia, por lo tanto, para evitar la irritación y el dolor requieren de algún tipo de bálsamo. Cuando la lubricación de la vagina es suficiente, alcanza para toda la zona pero, en muchas ocasiones, es necesario recurrir a otras fórmulas como la saliva, alguna crema o un humectante vaginal.

En general, las mujeres saben que tienen una mayor sensibilidad en el clítoris y que éste es muy importante para el orgasmo, pero todo el placer puede diluirse en una lacerante irritación si se le acaricia en forma demasiado efusiva o sin lubricación.

Algunas mujeres tienen una excesiva sensibilidad clitorideana inmediatamente después del orgasmo. Si se mantiene la estimulación, en los minutos siguientes, pueden sufrir un dolor bastante intenso. Por lo tanto, terminado el orgasmo, el ideal en esos casos es no seguir acariciando esta zona.

Son muchas las mujeres que no se atreven a confesar el dolor y que prefieren soslayar la relación, evitando al máximo los encuentros íntimos.

Cuando importa la persona

Aunque puede parecer reiterativo, éste es un aspecto esencial en la sexualidad femenina. Las mujeres estarán disponibles para hacer el amor cuando, dentro de la relación, se sientan aceptadas, queridas y valoradas como personas.

Este cuando es básico y esencial, sin embargo, muchas veces se le ignora y se menosprecia como un asunto obvio.

El sexo estará a flor de piel cuando la mujer sienta que su compañero es receptivo a sus necesidades, cuando la escucha y la apoya, cuando se interesa por lo que le pasa, cuando está conectado emocionalmente con ella.

Algunos hombres creen que bastan las atenciones, los agasajos y las caricias cuando se llega a la cama. Sin embargo, por muy aceptada y deseada que se sienta una mujer a la hora del sexo, si el resto del tiempo es descalificada en sus opiniones, ignorada en sus problemas, abandonada en su cotidianidad, difícilmente encontrará un momento propicio para tener relaciones sexuales. A las mujeres les molesta sobremanera ser tratadas en la cama como si fueran Claudia Schiffer y luego ser ignoradas en la vida diaria.

Pero no sólo importa ser persona frente al otro sino también, y sobre todo, ante sí misma. La autoaceptación, la forma en que cada una se aprecia a sí misma está fuertemente relacionada con la disponibilidad sexual. Una mujer cuya autoestima está baja, que no se valora, que se compara con otras y se percibe habitualmente en desventaja, no se adentrará serenamente en un encuentro sexual.

En estos casos, el sexo no se elude por falta de deseo o por la incapacidad de llegar al orgasmo, sino por el miedo que provoca una entrega profunda cuando se está en un estado de inseguridad y vulnerabilidad.

Además, cuando una mujer se quiere poco a sí misma, le cuesta mucho imaginarse como una persona atractiva y sensual, capaz de conquistar y seducir al compañero.

Las experiencias infantiles y adolescentes suelen ser determinantes en la propia valoración. Cuando los padres o los parientes cercanos han hecho sentir a una mujer que no es tan bonita como su hermana, que es menos inteligente que su hermano o menos atractiva y simpática que su prima, es muy probable que su autoestima resulte bastante dañada. Sentirá que carece de los atributos físicos y emocionales para ser una pareja sexual adecuada.

Muchas mujeres compensan estos sentimientos convirtiéndose en compañeras extraordinariamente atentas, cariñosas y abnegadas que tratan a su pareja como si fuera un hijo. Es decir, buscan reparar las carencias que suponen tienen en tanto mujeres reforzando sus aptitudes maternales.

Pero la baja autoestima no es necesariamente producto de las vivencias infantiles o de otros problemas psicológicos, también puede darse en situaciones puntuales como un problema laboral, alguna enfermedad o un aumento de peso excesivo, producto del embarazo.

Si bien la autoimagen suele tener poca relación con la realidad, desgraciadamente, poco y nada sirve el mirarse en el espejo o escuchar insistentes halagos. Cuando la mujer se siente insegura, los refuerzos positivos simplemente no resultan creíbles. En ese estado, será particularmente sensible a todas las manifestaciones de su pareja, tanto en el dormitorio como en la relación en general. Cualquier muestra de indiferencia será interpretada como un fuerte y doloroso rechazo. Y, lo que es más grave, como un rechazo justificado por su condición poco atractiva, por su falta de valor.

A la hora del sexo, sentirse bien como persona y ser tratada como tal se convierte en una variable fundamental.

Cuando no hay miedo…

Difícilmente es el momento adecuado para hacer el amor cuando la persona está invadida por miedos y ansiedades.

Los miedos pueden ser muy diversos, pero es importante mencionar algunos para diferenciarlos de la inseguridad o de la culpa.

… a perderse

Hay mujeres que frente al sexo sienten un profundo temor a ser devastadas. Ante la posibilidad de remover las barreras físicas y emocionales y entrar en un contacto íntimo y profundo en el que quedarán desnudas y disueltas en el otro, experimentan la sensación de pérdida absoluta de su individualidad. Por lo general, se trata de mujeres a las cuales les ha costado mucho afirmarse como personas y se sienten demasiado vulnerables al exponerse sin límites frente a otro. Tienen miedo de ser penetradas como personas y, por lo tanto, también temen el ser penetradas sexualmente.

… al pasado

Inconscientemente, algunas mujeres evitan la relación íntima por temor a desencadenar miedos remotos, generados normalmente por abusos sexuales o por experiencias humillantes en torno a la sexualidad.

Una relación íntima, satisfactoria y placentera, puede ser muy reparadora respecto de esas vivencias traumáticas pero, desgraciadamente, la afectada no lo sabe y, por lo tanto, rehúye el encuentro amoroso.

... al rechazo

Éste es un miedo muy común, que ya mencionamos en otras partes del libro pero que conviene reiterar. Pocas cosas son más dolorosas que el desprecio y, en particular, si es en el ámbito sexual. Después de una experiencia de esta naturaleza, a la mujer le costará mucho emprender una nueva aventura en la que la desnudez y la entrega la dejen muy desprotegida.

Pero no se trata sólo de portazos en el plano sexual, muchas veces el origen de este temor está en malas experiencias afectivas como el plantón de algún novio, el galán que nunca llamó después de la primera salida, o aquel que desapareció después de una relación sexual.

El miedo al rechazo no es un privilegio de quienes no tienen relaciones estables. Hay parejas en las que, a raíz de un problema cualquiera, uno de los dos comienza a rehuir sistemáticamente al otro. Pasado un tiempo, es probable que el problema de origen se solucione, pero permanecerá un dolor profundo y difícil de superar. El terror ante un nuevo desaire hará difícil retomar la relación con normalidad y con una buena disponibilidad hacia el sexo. Superarlo requerirá tiempo y dedicación.

... a la pérdida

Cuando la relación de pareja está débil, cuando hay problemas y el vínculo parece amenazado, surge el temor a que el sexo ponga al descubierto la falta de amor y de comunicación, haciendo inevitable la ruptura. Ante ese riesgo, muchas veces se opta por evitar el encuentro íntimo a la espera de que la crisis se supere.

... al juicio social

En ciertas ocasiones, el sexo se evita por miedo a desafiar o quebrar las normales sexuales establecidas socialmente. En general, las mujeres no son muy activas en la búsqueda de momentos propicios, o en la creación de atmósferas para el sexo, por temor a ser juzgadas negativamente si se muestran demasiado deseosas o si acceden fácilmente a una proposición.

No es raro que sus expresiones de placer provoquen desconfianza y distanciamiento en la pareja. Cuando la mujer deja fluir libremente su erotismo, muchos hombres quedan atrapados en los celos e imaginan angustiosamente que ella ha encontrado un amante que la excita más que él.

Si bien no todos los hombres llegan a tal extremo, las mujeres suelen percibir desconcierto frente a sus manifestaciones de gozo, lo que las obliga a mantenerse atentas y a no perder el control de sus actos.

Paradójicamente, a pesar de los celos y de la inseguridad que a muchos les provoca el placer descontrolado en la mujer, una de las quejas masculinas más comunes es que ellas no toman la iniciativa a la hora del sexo.

... a fallar

Quizás el miedo más extendido entre las mujeres es a no estar haciéndolo bien.

Como hemos visto, la sexualidad femenina es tan desconocida, ha sido tan poco explorada y existen tantos mitos al respecto, que muchas mujeres piensan que no están actuando como debieran. Se sienten raras, creen que sus orgasmos no son los adecuados o que demoran mucho en excitarse. En síntesis, temen ser malas amantes y desilusionar u ofender a su pareja.

En estos casos, tienden a rehuir la experiencia sexual para no quedar en evidencia, para que no se den cuenta de sus errores y fracaso.

Cuando hay espacio para Eros

Son tantas las tareas y las obligaciones que la mujer ha ido asumiendo en la última mitad del siglo que si no se abre —conscientemente— un espacio y un tiempo para el amor, es posible que nunca llegue un cuándo apropiado.

Como hemos visto anteriormente, abrumadas por las tareas diarias, las mujeres se desconectan fácilmente de su cuerpo. Poco les cuesta consumirse en las actividades emocionales de otros, en las preocupaciones laborales y familiares, olvidando por completo sus propias necesidades.

Las mujeres se sienten fácilmente abandonadas y poco deseadas, pero rara vez se preguntan si se han dado el tiempo para desarrollar su propia sexualidad.

Por lo general, tienden a ser especialmente aplicadas, a cumplir correctamente con todas sus obligaciones y a sacar la mejor nota en cada área de sus vidas. De lo contrario, las invade una tremenda culpa: uno de los grandes problemas femeninos de nuestro tiempo. Cuantas más tareas asumen, más culpas experimentan ya que están siempre en deuda con algún deber. En este cuadro, lo que va quedando rezagado y olvidado es nada más y nada menos que el sexo.

Han hecho un esfuerzo tan enorme para abrirse paso en el mundo de los hombres sin descuidar sus obligaciones tradicionales que, a la hora del amor, están completamente exhaustas. Pero si no permiten que emerja la diosa Afrodita que todas llevan dentro, ésta quedará sepultada y no habrá ningún príncipe azul que logre despertarla.

Agotadas y abrumadas por las tareas del día, muchas mujeres empiezan a sentir que «tienen» que hacer el amor en vez de querer hacerlo. En ese instante, el sexo se convierte en una obligación más, en una forma de cumplir con el otro que, poco a poco, va cerrando las puertas del placer, hasta que se empieza a evitar las relaciones sexuales.

Detrás de esta reacción inconsciente está muchas veces la idea del sexo unido al pecado. No son pocas las mujeres a quienes les resulta violento pensar que deben destinar un tiempo a esta actividad. Esa disposición les parece ajena a lo femenino, es más bien parte del instinto animal, del que se pueden hacer cargo los hombres pero no las damas. Sin embargo, cuando la ausencia de sexo empieza a notarse, las mujeres la resienten y reclaman.

En las relaciones estables, es muy frecuente que los esfuerzos por hacer familia y por mantenerla unida y armónica dejen sin espacio a la pareja como tal. Incluso el dormitorio se convierte en el lugar de reunión de la familia y deja de ser un nido de amor.

Si bien muchas mujeres se quejan de la rutina, son innumerables las ocasiones en que ellas mismas rechazan las invitaciones de su pareja porque no quieren dejar a los niños solos, porque tienen tareas pendientes, porque están cansadas, porque simplemente les dio tedio arreglarse para salir.

En otros tiempos, la familia estaba separada de las artes del amor. Los hombres tenían por un lado a su esposa y a sus hijos y, por otro, una pareja con la cual satisfacían su sexualidad (algunas mujeres se las arreglaban del mismo modo, a pesar de los riesgos).

Pero incluso quienes encontraban en su esposa la fuente del placer sexual no tenían normalmente la interferencia de los niños. La vida en pareja quedaba fuera del ámbito de los hijos. La psicología infantil aún no había permeado la sociedad, y a pocos padres se les habría ocurrido que debían dedicar el fin de semana a entretener a sus hijos. Nadie sentía culpa por abandonarlos durante la semana para ir a trabajar. Hace cincuenta años, las necesidades emocionales de los niños aún no eran consideradas como un asunto de vital importancia ni como una obligación de los padres.

Eran tiempos en que los niños comían en la cocina y no interferían en la relación íntima de sus progenitores.

Al comenzar el tercer milenio, en gran parte del mundo, la vida familiar es radicalmente distinta y el sexo necesita su propio tiempo para hacerse presente. Si no se hace un esfuerzo consciente para brindarle un espacio adecuado, un hombre y una mujer pueden construir una muy buena familia pero, seguramente, harán una muy mala pareja.

La intimidad necesita soledad y tranquilidad para que el sexo despierte en toda su intensidad y sea realmente apasionado y gozoso. De lo contrario, la familia puede consumir a la pareja y tragarse a Eros.

Cuando se evidencia el deseo

Por último, y no por eso menos importante, está el gran detonante del cuándo: el ser mirada, vista y deseada.

A diferencia del ser aceptada como persona, variable en la cual influye el ser escuchada, apoyada y considerada, aquí lo que importa es lisa y llanamente la manifestación del deseo sexual.

Una cosa es ser respetada como persona y, otra, como hembra.

El deseo puede expresarse de múltiples maneras, desde notar un cambio de peinado o un vestido nuevo, hasta la referencia explícita a los atributos físicos. Sólo tienen en común el mensaje: esta mujer me gusta.

Esta forma de evidenciar el deseo sexual es lo opuesto al sexo mecánico, al sexo fuera de contexto, al sexo que parece surgir de la nada o es simplemente parte de la rutina. Es lo contrario de aquel que se inicia con unas caricias inesperadas en los genitales, cuando él vagaba por otros planetas y nada parecía menos importante que la mujer que tenía al lado.

Para las mujeres, el sentirse deseadas no se limita a la excitación que surge en medio de las relaciones sexuales sino a la relación permanente con su pareja. El deseo está presente cuando le toma la mano en el cine, cuando le lleva un regalo, cuando le deja una nota o simplemente cuando la mira. Se trata de algo más profundo que no termina necesariamente en el coito. La mujer quiere sentirse deseada incluso cuando no es el momento de hacer el amor.

Junto a un hombre que sabe expresar su deseo, la mujer se ve más hermosa y atractiva, mejora su autoimagen y aumenta sustancialmente su disponibilidad para el sexo.

V

La sexualidad femenina de todos los días: cómo

El «cómo» se refiere a las formas de hacer el amor. En la práctica, muchos de los problemas sexuales que se atribuyen al coito están en realidad relacionados con aspectos previos, como vimos en torno al «cuánto» y al «cuándo». Si una persona no disfruta de los contactos iniciales, no se excita suficientemente o no ha tenido nunca un orgasmo, es posible que le sea difícil distinguir si el problema está en ella, en la relación de pareja o en la manera de hacer el amor. Sin duda, estos distintos aspectos conforman un todo íntimamente ligado, pero los hemos separado en beneficio del análisis.

1. Variables previas

Inseguridad genital

Como vimos en el capítulo I, los genitales femeninos son anónimos y, cuando finalmente se les asigna algún nombre, sólo se bautiza la vagina, ignorando la vulva completa y, especialmente, una de sus partes más importantes: el clítoris. Ese conjunto variado, que en el hombre corresponde simplemente al pene, permanece en el misterio.

Este enigma frente a la genitalidad femenina se traduce en que hombres y mujeres crecen considerando una parte de la verdad —la vagina— como si fuera el todo. La vulva con sus labios mayores y menores y el clítoris con su capuchón se mantienen ocultos. De este modo, la genitalidad femenina se concibe como una verdad a medias.

Esta información distorsionada de los órganos para el sexo afecta directamente la forma de hacer el amor. ¡La mayoría de las mujeres ni siquiera sabe dónde debe sentir y, por lo tanto, dónde necesita ser estimulada para gozar del sexo! O si lo sabe se cree anormal o rara porque no le basta la vagina para el placer.

Cuando se inician en la vida sexual, comienzan a desear y a requerir estimulación en zonas completamente desconocidas, jamás mencionadas al hablar de sexo. Ese descubrimiento suele producir temor e inseguridad.

Aunque parezca sorprendente, al consultar por problemas sexuales, es muy frecuente que hombres y mujeres se avergüencen al admitir que no saben si ellas tienen orgasmos o no. Y si la consulta se hace ante un ginecólogo, es igualmente común que se les responda con un «relájense, cuando tenga un orgasmo va a ser súper natural y se va a dar cuenta sola».

La realidad demuestra que, para muchas parejas, esta naturalidad no es tan evidente. Un porcentaje significativo de mujeres tiene sensaciones placenteras claramente propias de un orgasmo, pero no lo reconoce como tal ya que lo siente en momentos y lugares donde, supuestamente, no debiera sentirlo.

En medio de esta discrepancia entre lo oído y lo experimentado, comienzan a plantear que efectivamente han tenido orgasmos pero nunca de los «reales», de los «sanos», de los «verdaderos». ¡Como si el placer que sienten no fuera verdadero, sano y absolutamente real!

Muchas mujeres advierten, a modo de excusa, que para gozar

necesitan ser estimuladas en el clítoris o en alguna otra parte que no es la vagina.

Si bien más adelante nos referiremos específicamente a los distintos tipos de orgasmo, es importante subrayar que la ignorancia sobre la genitalidad femenina repercute significativamente en una inseguridad frente al propio cuerpo.

Patricia, profesora de matemáticas, veintiocho años, casada hace ocho meses, recuerda con pudor: «Una vez los niños del colegio contaron un chiste de si clítoris se escribía con C o con K, y yo no sabía lo que quería decir. Yo nunca hablé de estas cosas. Cuando empecé a salir con Gonzalo, cada avance que se daba en la relación me daba pánico. No tenía idea de que las mujeres se humedecían cuando se excitaban. Pensaba que me hacía pipí, y me moría de vergüenza. De algunas cosas me enteré poco antes de casarme como, por ejemplo, de que a los hombres si quedan muy excitados les duelen los testículos. Pero creo que todavía hay muchas cosas que no sé».

En los talleres de sexualidad en los que se pide a las mujeres dibujar sus órganos genitales, el resultado suele ser motivo de risa o de llanto, depende del cristal con que se mire.

La vulva[1] es algo totalmente inexistente, mientras el clítoris[2] suele tener un halo clandestino.

A diferencia de la vulva que despierta una curiosidad científica, el clítoris estimula una cierta fantasía maligna. Es común que se lo perciba como fuente de un placer prohibido. Para muchos, corresponde a una cochinada o a una mala palabra.

1. La vulva comprende los órganos sexuales externos de la mujer, incluyendo el monte de Venus (hueso púbico cubierto de piel y vello), los labios mayores, los labios menores, el clítoris, el orificio urinario, el orificio vaginal y el perineo que es la piel que se extiende entre la entrada de la vagina y el ano.

2. El clítoris es una de las áreas más sensibles de los genitales femeninos, localizado justo debajo de la unión superior de los labios menores. Si subimos gentilmente la piel o capuchón que lo cubre, la única parte directamente visible es el glande clitorideano.

Para adentrarse en el «cómo» hacer el amor es indispensable conocer adecuadamente la genitalidad humana. Sólo así se pueden explorar con serenidad las zonas erógenas, sin temer al placer que provoca el sexo en sus distintas dimensiones.

La información y el mito de la «naturalidad»

No sólo se aprenden verdades a medias en torno al sexo sino que, además, se impone —como parte del sentido común— la idea de que se trata de algo natural y que, por lo tanto, no hay nada que estudiar ni que saber previamente. A menudo se oye que la información no hace más que echar a perder el romanticismo del encuentro. Y con esa sentencia, se hace creer que basta con el amor para que el sexo sea gratificante.

La convicción de que el sexo surge espontáneamente del amor está tan profundamente arraigada que, cuando esto no ocurre, muchas parejas caen en una sensación de fracaso y frustración. Han sido educados en la seguridad de que, si hay cariño suficiente, basta con un poco de paciencia para que el sexo los transporte a las nubes. Creen que el buen sexo, el mejor, el más puro, es aquel que se da en forma absolutamente instintiva, el que no requiere de mayor preparación ni conocimiento. Piensan que aquellas relaciones que requieren de planificación, de voluntad o de aprendizaje son en realidad de segunda categoría.

Si bien la emoción y la gratificación surgen de manera natural en los inicios de una relación, ni siquiera entonces la espontaneidad es absoluta. Al final, cuando la pareja termina en la cama, todo parece haber ocurrido mágicamente, pero ya sabemos que —salvo algunos encuentros fortuitos— todo tuvo su cuota de planificación. La cita se fijó con anterioridad, se eligió la ropa adecuada, se preparó el ambiente, se buscó la intimidad...

Resulta curioso que se acepte masivamente la necesidad de esa planificación previa pero, al mismo tiempo, se pretenda que una vez dentro de la cama todo resulte por arte de magia.

A medida que la relación se estabiliza y que la pasión inicial se va calmando, queda en evidencia que el «cómo» hacer el amor no surge de manera tan innata.

Sin embargo, el mito de la «naturalidad» es tan poderoso que, en vez de buscar información sobre lo que les ocurre, muchas parejas se van consumiendo en la amargura de un sexo espontáneo que no llega. En esa espera, la sexualidad se vuelve cada vez más pobre y menos gratificante, desmotivando a la pareja en sus encuentros íntimos.

Durante los años sesenta, la revolución sexual y la liberación femenina sacaron al sexo de su enclaustramiento y lo colocaron a la luz del día. A comienzos de los setenta, los países desarrollados fueron invadidos por artículos periodísticos y libros de autoayuda que proclamaban el erotismo como el estado natural de todos los seres humanos. Sin duda, fue un gran avance en relación con la represión que se vivía hasta entonces, pero el inconsciente colectivo quedó sembrado de mitos engañosos.

La revolución sexual declaraba que el sexo estaba al alcance de todos, que cualquiera podía aprenderlo en un santiamén y prolongar el orgasmo el tiempo que quisiera, que no existían mujeres anorgásmicas sino sólo preorgásmicas, que aún eran esclavas de la represión o no habían encontrado a la pareja sexual con suficiente habilidad para hacerlas gozar como correspondía.

Estas nuevas verdades generaron enormes expectativas y desengaños. A fin de cuentas —más allá del instinto primigenio—, el sexo no resultó ser tan espontáneo como el dormir o el comer.

En la década de los noventa, asumimos que era un asunto complejo. Quizás el bajo deseo sexual, como uno de los tantos problemas en alza, no esté del todo alejado de aquella desilusión y de las esperanzas erróneas provocadas por una revolución sexual que despreció la información y la preparación para el sexo. Tal como ocurre en las más diversas áreas de la vida, en la cama también el conocimiento es una llave ineludible para la satisfacción.

Erotismo y orgasmo

Si hay algo compartido por la inmensa mayoría de las mujeres es que el sexo debe practicarse en forma suave, gentil y lenta. Sin embargo, la literatura, el cine, los medios de comunicación están repletos de frases como «la penetró con brío, violenta y frenéticamente», «su miembro entraba y salía con unos golpeteos vehementes», «con un ritmo enloquecido, a ella le gustaba que entrara cada vez más y más recio»...

El sexo se describe en un clima de fuerza, brusquedad y reciedumbre, lo que puede resultar muy erótico pero, al mismo tiempo, muy deformador de la realidad. Estos mensajes dan a entender que las mujeres necesitan caricias fuertes, ásperas y rudas, empujando a los hombres a cometer uno de sus errores más frecuentes. Contrariamente a lo que la mayoría cree, a la mujer no le gusta ser acariciada con la misma fuerza con que ellos quieren ser tocados en sus órganos genitales y sexuales.

Otra distorsión habitual de los mensajes masivos es hacer pensar que basta con que la mujer sea penetrada para que aúlle de pasión y de placer. Efectivamente, la sensación de posesión y de dominio puede ser un componente importante del erotismo, pero entre ese momento de excitación y la llegada del orgasmo existe un largo trecho, ignorado en la inmensa mayoría de los relatos.

La gran mentira

En el capítulo I señalamos que, de acuerdo a los más diversos estudios y testimonios, en algún momento, prácticamente todas las mujeres han fingido placer en sus relaciones sexuales.

La gran mentira surge fundamentalmente del deseo de ser queridas, de no ser abandonadas y de no humillar al compañero en su propia capacidad sexual. Sin embargo, existe otra poderosa razón que las lleva a fingir: la convicción de que, tal como se están dando las cosas, nunca van a llegar al orgasmo.

Cuando se internaliza —consciente o inconscientemente— esa dramática realidad, la mujer sólo pretende terminar el coito en un tiempo razonable, sin prolongar una situación dolorosa o evitando echar a perder un encuentro que, en sus preliminares, fue bastante placentero en cuanto al contacto afectivo.

A Gabriela, cuarenta y tres años, casada, dos hijos, funcionaria pública de alto nivel, le costó mucho salir del pantano de la simulación. «Yo nunca había tenido un orgasmo pero todos creían que era una fiera en la cama. Soy sensual, mi cuerpo es bonito, curvilíneo y yo gozaba viendo que un hombre me deseaba. Sé que soy atractiva y jugué mucho con eso, tuve muchas relaciones pero nunca sentí nada. Cuando conocí a Rodrigo, él era un hombre con mucha experiencia, yo empecé con mi juego de siempre, de mujer experta, lo excitaba y después me recataba, buscaba cualquier excusa para no llegar a lo sexual. Me había enamorado de él y me daba pavor que me descubriera, que se diera cuenta de mis dificultades y me despreciara. Además, estaba cansada de fingir, no quería seguir así para toda la vida. Me sentía muy disminuida, había hecho un tremendo show y no era nada. Tenía miedo al ridículo, a perderlo. Finalmente, le conté todo. Nuestra vida sexual no ha sido fácil, logré tener orgasmos pero a veces sigo mintiendo. Me doy cuenta que Rodrigo siempre tiene una sombra de dudas.»

La gran mentira no es exclusiva de las mujeres que no tienen orgasmos, también la utilizan quienes han experimentado el clímax con otras parejas o con el mismo compañero, en ocasiones particulares que no se atreven a reproducir ni recordar. Muchas veces se da en aquellas que llegan al orgasmo a través de la masturbación pero creen que ése no es el camino correcto.

Por lo general, son mujeres que saben que no son frígidas pero están convencidas de tener algún defecto o una peculiaridad difícil de confesar. Recurrir a la gran mentira del orgasmo se convierte en un gran alivio.

2. Sensibilidad genital

En términos generales, las mujeres pertenecen básicamente a una de dos categorías: las que tienen mayor sensibilidad clitorideana y aquellas que tienen mayor sensibilidad vaginal.

Como ya se sabe, tras encuestar a miles de mujeres norteamericanas, el *Informe Hite* estableció que aproximadamente el 70 % requería de algún tipo de estimulación directa del clítoris para llegar al orgasmo. Esto dejaría a un 30 % que no lo necesita, por lo menos directamente.

Resultados similares obtuvo la investigadora Gerda de Bruijn[3] quien presentó sus estudios en el Congreso de Sexología de Tel Aviv en 1981. Según ella, el 35 % de las mujeres de su muestra experimentaban el orgasmo más frecuentemente durante el coito, mientras el 65 % acostumbraba a tenerlo antes o después por estimulación del clítoris.

Varios otros estudios coinciden con estas cifras. Parece, por tanto, incuestionable que una mayoría significativa de mujeres llega al orgasmo por estimulación clitorideana y no vaginal.

Sin embargo, la sociedad ha evaluado en forma claramente diferente ambos tipos de sensibilidad genital. El orgasmo vaginal es considerado como el correcto, el normal, el maduro. Valoración

3. Gerda de Bruijn, «From Masturbation to Orgasm with a Partner: How some Women Bridge the Gap and How Others Don't», 1981.

que —de acuerdo con la voz de las propias mujeres— deja a la inmensa mayoría en una situación desmedrada, descalificando su propio placer.

Lo concreto es que por múltiples razones, ya sean históricas, culturales o psicológicas, la sociedad ha menospreciado la sensibilidad clitorideana, desencadenando tremendas inseguridades y sentimientos de inferioridad en millones de mujeres que responden más al clítoris que a la vagina.

Sin duda, el gran Freud tiene una cuota importante de responsabilidad en esta situación. Como ya hemos subrayado en capítulos anteriores, Sigmund Freud hizo avances sustantivos para el sexo femenino, pero también dejó una herencia nociva al afirmar que el orgasmo clitorideano era más bien infantil y que, a medida que la mujer maduraba sexualmente, la sensibilidad se desplazaba del clítoris a la vagina.

Lo que Freud no consideró, ya que carecía de los conocimientos fisiológicos y orgánicos para hacerlo en la época en que desarrolló sus estudios, es que los terminales nerviosos que producen el orgasmo no se desplazan de un lado a otro. Las áreas muy sensibles en la niñez tienden a mantenerse y a ser tanto o más sensibles en la edad adulta.

Las personas desarrollan nuevas sensaciones, pero los terminales nerviosos están donde están. Una cantidad sustancial de ellos se concentra precisamente en el clítoris, en especial en lo que se llama el capuchón del clítoris. También se encuentran profusamente en los tejidos que conforman los labios menores y en la entrada de la vagina y del ano.

Por lo tanto, la estimulación directa del clítoris antes, durante o después del coito es muchas veces más efectiva para producir el orgasmo que la penetración vaginal propiamente dicha.

Esta realidad, indesmentible a la luz de las más diversas investigaciones, no implica que el coito en sí mismo no sea placentero para la mujer. Simplemente está señalando que, en la mayoría de los casos, la estimulación vaginal por sí sola no es suficiente para lograr el orgasmo.

Clítoris

Si bien los datos sobre el tema tienen ya un cuarto de siglo, el orgasmo clitorideano sigue considerándose masivamente como un asunto de segunda categoría, un orgasmo que no es realmente como debiera ser.

En la intimidad de la consulta terapéutica, las mujeres se quejan de que sus compañeros sexuales no encuentran fácilmente el clítoris, que no le dedican el tiempo necesario, o que lo presionan de manera demasiado brusca, provocándole dolor e irritación. En síntesis, reportan que los hombres no saben ni las características ni la importancia del clítoris.

Más allá de las quejas, la mayoría no contribuye a esclarecer la situación ya que tampoco están seguras de que sea normal la relevancia que le otorgan a esta zona de su cuerpo. El desconocimiento y la errada valoración que se ha hecho del clítoris pesa tanto sobre los hombres como sobre las mujeres.

El clítoris no es un pene chiquito, como lo pensó Freud al considerarlo masculino, inferior e inmaduro. Su contextura física es completamente distinta. A diferencia del pene que reacciona positivamente ante la presión y las caricias fuertes, en el clítoris este tipo de aproximación disminuye la excitación e, incluso, puede producir dolor. Son las caricias suaves y apacibles las que aumentan la tumescencia y el goce femenino.

El clítoris no debe ser tratado bruscamente, ni tampoco como un interruptor mágico capaz de desatar la excitación sexual de la mujer. En ambos casos, lo más probable es que se logre desactivar automáticamente el placer que se estaba generando. El clítoris requiere de un erotismo suave, gentil y más permanente. Debe entenderse como una parte integral de la genitalidad femenina y no como un elemento anexo y funcional, al que se recurre para aumentar la excitación y poder llegar a lo verdaderamente relevante y central: la vagina.

Lejos de ser un botón para ser utilizado en un instante preciso, el clítoris es una región riquísima en sensibilidad. No se trata sólo de ese pequeño apéndice parecido al pene sino también del capuchón que lo rodea, de los pliegues exteriores alrededor de los labios mayores y menores y del perineo, esa mucosa que cubre toda la zona. Es la totalidad de esta región la que debe ser estimulada de acuerdo a las características de cada mujer, a sus distintas sensibilidades y a sus deseos.

Muchas veces la manipulación del clítoris se entiende sólo como una caricia previa, descartándose una vez que se concreta la penetración. Sin embargo, esta exclusión durante el coito aleja significativamente las posibilidades de llegar al orgasmo.

Idealmente, para quienes tienen una mayor sensibilidad clitorideana, el contacto con el clítoris debiera mantenerse incluso una vez producida la penetración. La persistencia de ese roce, ya sea con los dedos de él o de ella, permite sostener la excitación durante todo el coito.

Al darse cuenta de que podrían conseguir el orgasmo de esta manera, muchos hombres y mujeres la desechan como un asunto vergonzoso, raro o anormal, al cual no deben aferrarse por más goce que les proporcione.

Vagina

Si bien el número de mujeres que tiene mayor sensibilidad vaginal que clitorideana es menor, se trata de un porcentaje cuantioso de entre un 30 y 40 %, es decir, tres o cuatro de cada diez mujeres.

La sensibilidad vaginal se relaciona básicamente con dos factores. En primer lugar, con el músculo pubococcígeo que es el que rodea la apertura vaginal, dándole elasticidad y permitiendo su contracción y la retención de la orina. Por otra parte, con lo que se ha llamado el punto G o punto de Grafenberg.

Ya en 1950 el ginecólogo alemán Ernst Grafenberg comenzó a hablar de una pequeña área de tejido, ubicada en la pared anterior de la vagina (hacia el vientre), a un tercio de distancia de su entrada, que aumenta de tamaño cuando la mujer está excitada. Investigaciones posteriores, realizadas a principios de la década de los ochenta por los investigadores John Perry y Beverly Whipple, mostraron que esta área —que bautizaron como punto G en honor a Grafenberg— es extraordinariamente sensible a la presión intensa y que su estimulación puede desencadenar el orgasmo en muchas mujeres.

Desde entonces, se han recogido numerosos testimonios de mujeres que reportan que, una vez excitadas, la estimulación directa del punto G puede desencadenarles el orgasmo con más facilidad que la estimulación clitorideana.

En las últimas dos décadas, el punto G ha sido objeto de múltiples discusiones. Se lo describe como un pequeño bulto que puede palparse en la pared vaginal entre tres a cinco centímetros hacia dentro y hacia adelante y que, durante la excitación sexual, parece hincharse y agrandarse. Lo mismo ocurre con la región clitorideana, por una mayor irrigación sanguínea en los terminales nerviosos de dicha zona. Lo curioso es que el punto G tendría la misma reacción aunque está ubicado en el interior de la vagina.

Lo cierto es que, durante el acto sexual, la vagina también se dilata para poder rodear y adaptarse adecuadamente a la forma del pene. En medio de este proceso, el punto G se dilataría más que el resto de la vagina.

De acuerdo a la práctica terapéutica, el sitio exacto de la vagina en el que la mujer experimenta una mayor excitación varía de una persona a otra.

La controversia en torno a la existencia del punto G aún no se ha resuelto. Hasta ahora se desconocen la estructura celular y la naturaleza exacta de estos tejidos. Para Perry y Whipple, el punto G podría considerarse como un equivalente atrofiado de la próstata masculina; sin embargo, otros investigadores sostienen que no existe en esa zona ningún tejido especial sino que simplemente pasan por allí los terminales nerviosos que llegan al clítoris.

Más allá del debate científico, independientemente de que los investigadores sigan discutiendo sobre la existencia del punto de Grafenberg y su ubicación precisa, en la vida cotidiana cada mujer debe ir descubriendo su propia sexualidad.

La variación de una mujer a otra en cuanto a su sensibilidad genital, a su velocidad de lubricación, a su emocionalidad sexual es tan amplia que ni el punto G ni ningún otro factor puede calificarse como determinante y único para todo el universo femenino.

En lo que no hay discusión alguna es en la importancia del músculo pubococcígeo. Las sensaciones vaginales están directamente relacionadas con él y su ejercitación intensifica la capacidad de sentir el pene dentro de la vagina. Contraerlo incrementa la excitación, ayuda a mantenerla en el tiempo y aumenta la habilidad para llegar al orgasmo en aquellas mujeres cuya mayor sensibilidad está en la vagina.

En las terapias sexuales, es común que se recomiende ejercitar y desarrollar el músculo pubococcígeo a través de los llamados ejercicios de Kegel.

Originalmente, en los años cincuenta, el doctor Arnold Kegel prescribió estos ejercicios a las mujeres que sufrían de incontinencia urinaria (no podían retener la orina) y descubrió que al fortalecer este músculo aumentaba la sensibilidad vaginal durante el coito.

Los ejercicios de Kegel son una buena herramienta para cualquier persona. Contraer estos músculos durante tres minutos al día —en la oficina o al acostarse— es un sano ejercicio para mantener la musculatura activa y flexible, más allá de la calidad de su vida sexual.

En definitiva, el estado de este músculo será determinante para el grado de excitación que alcance la mujer mediante la estimulación vaginal.

Observando la complejidad de la sexualidad femenina, no es raro que el hombre obtenga más placer del coito mismo que la mujer. Para muchas mujeres, el goce está más en la totalidad de la experiencia sexual que en la cópula.

Por cierto, esto varía de una pareja a otra, de lo bien que encajen sus cuerpos o de la posición que elijan. Lo usual es que el pene reciba estimulación directa pero que no ocurra lo mismo con el clítoris, a pesar de ser un área decisiva para millones de mujeres. Porque, independientemente de cuál sea la zona en la que tienen mayor sensibilidad, prácticamente todas necesitan de algún tipo de estimulación del clítoris.

3. Orgasmo

Éste es uno de los puntos más delicados de la sexualidad femenina. Ha sido fuente de grandes malentendidos, discusiones, inseguridades, vergüenzas y complejos.

La marca de Freud con su orgasmo clitorideano —infantil y masculino— y su orgasmo vaginal —femenino y maduro— ha sido difícil de borrar.

Pasaron varias décadas, innumerables estudios, investigaciones y experimentos, hasta que Masters y Johnson concluyeron que había un solo tipo de orgasmo. No importaba cómo fuera estimulada la mujer —a través de la penetración o del clítoris—, en el momento del orgasmo la respuesta fisiológica era la misma. Es decir, independientemente de cómo se produzca la excitación, el orgasmo es uno solo.

Al escuchar y leer sobre estas novedades, muchas mujeres llegaron al orgasmo a través de la masturbación. Algunas —las menos— fueron capaces de transmitir los placeres descubiertos a sus compañeros, pero muchas optaron por el secreto.

Y no es para menos. A pesar de los resultados, en contra de múltiples investigaciones, las ideas de Freud siguen vigentes entre muchos médicos y psicólogos, que siguen transmitiéndolas a sus pacientes… y a sí mismos.

Es el caso de Mirta, médico pediatra, treinta y seis años, doce de matrimonio, tres hijos: «La sensualidad que tenía antes de casarme se fue perdiendo. Los embarazos, el cansancio… y, sobre todo, que el otro te conoce tanto, con todos tus defectos, con tus problemas para llegar al orgasmo. El hecho de que sepa que yo estoy haciendo esfuerzos para acabar mientras él me toca el clítoris, también le quita erotismo. Yo pensaba que con el tiempo iba a lograr tener orgasmos vaginales, pero no se ha podido. Él se da cuenta de que no quedo satisfecha, que tiene que tocarme por aquí y por allá para que yo, finalmente, acabe. Últimamente me cuesta tener relaciones, me siento insegura, él ya conoce todos mis secretos, todos mis defectos».

A comienzos de los ochenta, se produjo un cierto retroceso en este terreno cuando el hallazgo del punto G reforzó nuevamente la idea de que lo verdadero estaba dentro de la vagina.

Afortunadamente, también hizo pensar a los científicos que existían diversas zonas erógenas a través del cuerpo y que, por lo tanto, no se podía juzgar a una mujer de acuerdo a su área de mayor sensibilidad o de su camino para llegar al clímax.

Tal como una persona puede experimentar más cosquilleo con un beso en la oreja y, otra, cuando le rascan la espalda, del mismo modo, el orgasmo puede desencadenarse de distintas maneras, sin que esto implique clasificar a las mujeres como más o menos maduras, más o menos femeninas, más o menos normales.

Cada cuerpo es único y debe asumirse y respetarse como tal.

No existe una posición ni una técnica de hacer el amor que funcione del mismo modo para todas las mujeres. Cada pareja debe explorar sus zonas erógenas y descubrir la variedad y versatilidad de cada uno, independientemente de cuál sea su forma más habitual de llegar al orgasmo.

Las investigaciones realizadas durante las últimas décadas desmienten tajantemente la existencia de distintos tipos de orgasmos. La excitación sexual produce una vasodilatación de los genitales femeninos y una turgencia generalizada de todo el tejido que rodea la vagina y el clítoris, sin importar el origen de esta excitación. El efecto es el mismo aunque se encienda por estimulación de la vagina o del clítoris, por un beso, una fantasía o un sueño. Toda la zona enrojece y se expande, se produce la lubricación vaginal y una distensión de los tejidos que permite acoger al pene cuando entra.

Cuando la acumulación de tensión placentera, que se siente como una progresiva extensión de calor y cosquilleo a través de todo el cuerpo, llega a un nivel de excitación muy, muy intenso, súbitamente el tiempo se detiene ostensiblemente, para luego desencadenar el orgasmo a través de una sucesión de contracciones automáticas del músculo pubococcígeo —y en ocasiones también del útero— que provocan una sensación de acentuado y elevado placer, que termina en un estado de exquisita relajación.

Para llegar a este éxtasis, cada pieza del complejo aparato genital femenino juega un rol preciso. El clítoris, provisto de una red sanguínea y una concentración de terminales nerviosos, es el que provoca la vasodilatación necesaria para crear las condiciones que llevan al placer. Sin embargo, carece de los músculos que producen las contracciones del orgasmo. Una vez que se llega a los niveles de excitación máxima, la vagina y sus músculos son un acompañante indispensable de la reacción de placer desencadenada. El clítoris por sí solo no puede producirlo.

Es justamente esa combinación la que explica los movimientos instintivos que se producen durante el coito. Este vaivén es el que presiona la pared vaginal para estimular las contracciones musculares.

En definitiva, aunque la fuente de mayor sensibilidad de una mujer no esté en el clítoris, aunque éste no se estimule directamente, de todos modos la excitación se producirá en esa zona. Así también, independientemente de que haya o no penetración, el orgasmo se manifestará en la contracción de los músculos de la vagina. Por lo tanto, todo orgasmo incluye necesariamente el clítoris y la vagina, aunque no haya ni estimulación del primero, ni penetración en la segunda.

Si tanto el clítoris como la vagina participan del clímax, independientemente de los gustos, preferencias y técnicas sexuales, parece evidente que no existen dos tipos de orgasmos. La división entre orgasmo clitorideano y vaginal, entre orgasmo maduro e inmaduro, entre femenino y masculino, no es más que un trágico error del que han sido —y siguen siendo— víctimas varias generaciones.

Teniendo claro que el orgasmo es uno solo, es posible distinguir tres tipos de respuestas en relación con la forma como la mujer lo vive y lo siente. Estas respuestas dependen del origen de la estimulación sensorial. El orgasmo puede desencadenarse sólo por manipulación directa del clítoris sin que se produzca ningún tipo de penetración vaginal, puede darse por la acción simultánea del coito y la estimulación directa del clítoris y, finalmente, por el coito y la estimulación indirecta de la zona clitorideana.

Estos tres tipos de orgasmos son igualmente normales y maduros desde el punto de vista fisiológico e igualmente satisfactorios y gozosos.

Algunas mujeres siempre llegan al orgasmo a través de una de estas formas, pero hay muchas otras que combinan los distintos caminos a lo largo del tiempo. Hay momentos en que se da de una manera y momentos en que se produce de otra, pero lo importante es saber que, en todos los casos, se desencadena el mismo proceso fisiológico, las mismas turgencias del clítoris, las mismas contracciones musculares.

Si bien los descubrimientos de Masters y Johnson aliviaron la culpa del orgasmo clitorideano, crearon otra confusión: la capacidad femenina de tener múltiples orgasmos. A través de sus estudios, comprobaron que las mujeres podían tener varios orgasmos consecutivos, es decir, que podían ser multiorgásmicas.

La difusión masiva y poco prolija de estos datos ha llevado a muchas mujeres a sentirse deficientes porque no experimentan esta abundancia.

El hallazgo de Masters y Johnson corresponde efectivamente a una realidad, pero no significa que todas las mujeres sean multiorgásmicas ni tampoco que lo sean siempre. La verdad es que la inmensa mayoría no tiene orgasmos sucesivos. Sólo un porcentaje manifiesta habitualmente esta característica. Hay mujeres que, en general, no son multiorgásmicas pero que pueden serlo en ciertas condiciones.

Y tal como —a veces— pueden tener varios orgasmos, es absolutamente normal que no lleguen al clímax en todas sus relaciones sexuales. Por cierto, ésta es una diferencia significativa con el hombre para quien no existe una relación acabada sin eyaculación.

Entre las mujeres —incluso las multiorgásmicas— es normal y frecuente no tener orgasmos en todas las relaciones. Probablemente la complejidad del orgasmo femenino lo hace menos mecánico y, por ende, más difícil de lograr en cada oportunidad. En todo caso, el sexo no es una competencia en la que hay que obtener una marca. Si se le entiende como fuente de placer, lo relevante no es el número de orgasmos alcanzados sino disfrutar de un sentimiento profundo de plenitud y bienestar.

Problemas del orgasmo

La consulta más común en relación con el orgasmo es la de quienes sienten que no están experimentando el tipo adecuado de orgasmo. Se refieren por cierto al orgasmo vaginal que —como acabamos de analizar— corresponde simplemente a un mito o un error de información. Desgraciadamente, el número de mujeres que, por esta mala información, se sienten frígidas o anormales es enorme.

Otra queja generalizada se refiere a la dificultad o imposibilidad de sentir el orgasmo, ya sea durante el coito o mediante la masturbación, y la cantidad «exagerada» de caricias que requieren para excitarse.

Elisa, cuarenta y ocho años, casada, cuatro hijos, ama de casa, está enredada en una relación extramarital: «Nunca antes supe lo que era el sexo. ¡A mi edad! Eso es lo que me tiene tan agarrada. Antes eran puros orgasmos infantiles; ahora, en cambio, siento por dentro. Antonio se toma mucho tiempo, controla su cuerpo, podemos estar una tarde entera haciendo el amor».

Cuando una mujer plantea su descontento y sus dificultades, es difícil saber cuáles son los parámetros con los que se está comparando. Así, por ejemplo, muchas consideran que necesitan demasiadas caricias previas para llegar al orgasmo porque se sienten incómodas frente al ritmo acelerado de sus compañeros. Piden ayuda porque quisieran que todo ocurriera más rápido, temen aburrir a su pareja y no toman en cuenta sus propios ritmos y deseos.

Muchas veces las quejas femeninas no corresponden realmente a un problema sexual propiamente dicho sino a una simple falta de información o, lo que es peor, a la existencia de expectativas falsas, creadas sobre la base de mitos o datos errados que nada tienen que ver con la realidad. Por lo tanto, ante los obstáculos que surgen en la cama, lo primero que hay que averiguar es si se trata efectivamente de un problema sexual o si los escollos son sólo producto de la ignorancia.

Los problemas reales pueden distinguirse básicamente en dos categorías: las mujeres que nunca han tenido un orgasmo y que no saben con certeza de qué se trata, y aquellas que lo experimentaron alguna vez pero luego lo perdieron.

Este segundo grupo puede haber experimentado el orgasmo en sueño, mediante la masturbación, con otra pareja, a través de otro tipo de estimulación o con el mismo tipo de estimulación pero en condiciones psicológicas diferentes.

En cada uno de estos casos puede influir un sinnúmero de factores tanto personales como del entorno o de las técnicas sexuales. La falta de orgasmo puede incluso originarse en la ingestión de algún medicamento entre cuyos efectos secundarios se encuentra la anorgasmia.

Es posible que la pareja no esté dedicándole tiempo a la sexualidad, que haya caído en la rutina, que el sexo se haya convertido en un proceso mecánico, que se trate de una nueva pareja o de una nueva etapa en la vida como es la maternidad. No son pocas las mujeres a las cuales les cuesta conciliar el ser madres y amantes a la vez.

Hay mujeres que han tenido orgasmos durante la masturbación pero creen que con el coito deben sentir algo distinto. Buscan un placer completamente diferente y, en muchas ocasiones, no sólo no encuentran algo nuevo sino ni siquiera aquello que experimentaban cuando estaban solas. De alguna manera, no saben lo que están buscando y no se atreven a explorar las fórmulas usadas durante la masturbación.

En los inicios de la terapia sexual, Masters y Johnson indicaban precisamente la masturbación como el tratamiento adecuado para las mujeres que nunca habían tenido un orgasmo. Conscientes de que el coito no garantiza el clímax, proponían una exploración y un conocimiento profundo del cuerpo a través de la masturbación. A su juicio, el descubrimiento de las áreas de mayor sensibilidad y de las características individuales del proceso de excitación para llegar a la satisfacción sexual permitía superar la ignorancia sobre el propio cuerpo, desarrollar el placer y alcanzar finalmente el orgasmo.

Además de descubrir los gustos y los ritmos de la mujer, la masturbación es la manera más fácil y directa para detectar si efectivamente una mujer es anorgásmica o no. Entre quienes nunca han tenido un orgasmo, hay un amplio porcentaje que no presenta ninguna inhibición patológica de la respuesta sexual, sino que simplemente no ha descubierto la manera adecuada de excitarse.

Si la anorgasmia persiste a pesar de una terapia sexual adecuada, es indispensable consultar un terapeuta que pueda detectar algún bloqueo psicológico profundo o causas orgánicas, ya sean fisiológicas u hormonales.

Masturbación

Muchas mujeres experimentan sentimientos muy negativos acerca de la masturbación. Abunda la culpa cuando se satisface la libido por este camino.

Lorena, veinticuatro años, cosmetóloga, empezó a masturbarse muy joven, ni siquiera sabía el nombre de aquella sensación placentera que descubrió por casualidad. «Lo hacía casi todas las noches antes de dormirme. Cuando supe que eso era la masturbación quedé helada. Sentía una culpa tremenda pero nunca dejé de hacerlo totalmente, ni siquiera ahora que estoy casada. Pero me da miedo, pienso que no es bueno, que Dios me va a castigar, que no voy a poder tener hijos.»

Muchas mujeres creen que los placeres de la masturbación tendrán consecuencias negativas en su sexualidad, algunas piensan que les impedirá llegar al orgasmo durante el coito. En ciertas ocasiones, estas ideas se ven reforzadas durante las primeras relaciones sexuales al enfrentarse con una escasa sensibilidad vaginal o al no poder alcanzar fácilmente el orgasmo.

Estos mitos son absolutamente infundados. Más aún, los terapeutas sexuales señalan que lograr el orgasmo mediante la masturbación es una muestra clara de la capacidad orgásmica de la mujer.

Desgraciadamente, la mitología popular y la cultura religiosa están plagadas de mensajes negativos y aterradores respecto de la masturbación. Sin embargo, los mitos, las leyendas, los complejos y los miedos no han impedido que siga siendo una práctica absolutamente común. Más aún, a pesar de ser la actividad sexual más condenada universalmente es también la más practicada.

Es una experiencia totalmente normal, una forma de relación con uno mismo y una manera de descubrirse eróticamente.

Ya en los años cincuenta, el *Informe Kinsey* indicaba que el 92 % de los hombres encuestados se masturbaba o lo había hecho alguna vez, al igual que el 57 % de las mujeres. Estudios más recientes, como el realizado por la sexóloga Susan Quilliam,[4] indican que la distancia entre hombres y mujeres ha ido disminuyendo porque ellas confiesan más su propia masturbación y, además, porque lo hacen más que antes a medida que se enteran de que no se trata de una práctica nociva y pecaminosa sino de un asunto normal.

Aunque las cifras varían de una investigación a otra, dependiendo de la metodología utilizada y, sobre todo, de las diferencias culturales y religiosas del grupo estudiado, las tendencias se mantienen inalterables. En 1982 los resultados de Masters y Johnson daban un 95 % para los hombres y un 75 % para las mujeres, es decir, tres de cada cuatro.

Es tal la naturalidad de la masturbación, que se presenta en forma absolutamente espontánea desde la más temprana edad. En

4. Susan Quilliam, *Women on Sex*, Baricode Books Inc, Nueva York, 1994.

sus primeros años de vida, los niños descubren el mundo propio y el que los rodea explorándolo todo con las manos y con la boca. En medio de esta inspección general se tocan la vagina, el clítoris o el pene, y tropiezan con sensaciones placenteras que, obviamente, tienden a repetir. Esto demuestra que no se trata de algo antinatural sino, por el contrario, de un asunto normal practicado por los niños antes de que sean socializados en las buenas costumbres, en lo correcto y lo incorrecto, en lo bueno y lo malo.

Todos los textos de psicología consideran la masturbación en los niños pequeños (antes de los cinco años) como una fase normal de su desarrollo psicosexual.

Afortunadamente, estas teorías han ido impregnando la sociedad occidental, y la absoluta satanización de la masturbación que se vivía hace apenas unas dos décadas ha empezado a quedar en el pasado.

Si bien aún hay muchos padres que no saben exactamente qué hacer cuando descubren que sus hijos están masturbándose, por lo menos han dejado de reprimirlos en forma brutal y sin compasión alguna como ocurría hace treinta o cuarenta años.

Antes de los cinco años, si el niño se masturba en forma esporádica —ya sea tocándose o refregándose contra algún mueble o algún objeto— lo recomendable es simplemente ignorar el hecho.

Si se convierte en una práctica más frecuente, si el niño está en la mitad de la sala, en medio del almuerzo o en el patio del colegio tironeando su pene, lo adecuado es conversar con él y explicarle que hay ciertas cosas que se hacen en público y otras en privado. Es decir, enseñarle el sentido de realidad, diferenciando lo público y lo privado, pero no dándole carácter de maldad a su acción. Un niño de cinco años está perfectamente capacitado para entender esta situación, de hecho, a esa edad es capaz de entender asuntos de mucha mayor complejidad.

Ya Freud, al establecer las distintas etapas del desarrollo psicosexual, planteó que existe un período de intensa genitalidad y masturbación en los niños de cuatro a cinco años y que, luego, ésta permanece latente hasta la adolescencia, cuando se retoma con renovado ímpetu.

En términos generales, este cuadro se mantiene vigente en la actualidad. Sin embargo, hoy vivimos en una mayor exposición la sexualidad, tanto a través de imágenes como de conversaciones, y es posible que el período en que la masturbación se mantiene latente sea sustancialmente menor o casi inexistente.

Durante la adolescencia, además de los cambios hormonales, se hacen más evidentes los estímulos sexuales y comienza para los hombres jóvenes la eyaculación nocturna, que hace más imperiosa la masturbación.

Históricamente, era en esa etapa cuando la represión sexual se hacía más despiadada e implacable. Afortunadamente, cada día se acepta más como una conducta usual de la juventud que le permite ir aprendiendo acerca de su propio cuerpo. Es la manera de descubrir cuán excitados pueden llegar a estar, qué fantasías los estimulan, qué es un orgasmo o cómo es estar excitado sin orgasmo.

Este proceso de autoaprendizaje no es igual para todos los adolescentes. Aunque la condena a la masturbación ha disminuido considerablemente, muchos de los problemas siguen gestándose en este período. Cuando el proceso de exploración de la propia sexualidad se contamina de mensajes negativos como el pecado, la maldad o la culpa, es probable que en el futuro se enfrenten dificultades con el sexo.

La mayoría de los padres de hoy estiman que la masturbación es una expresión más de la sexualidad humana y no algo pecaminoso ni sucio, como se percibía cuando ellos eran adolescentes. Sin embargo, son pocos los que saben cómo enfrentarla cuando la detectan en sus hijos. Usualmente, se angustian y evaden la situación, dejando a los niños y a los adolescentes sin ningún tipo de orientación.

Otro de los mitos que se ha desvanecido en los últimos años es que la masturbación es un asunto normal durante la adolescencia pero debe desaparecer cuando se inicia una vida sexual adulta, es decir, cuando se tiene una pareja sexual.

Distintos estudios y encuestas demuestran que, en la mayoría de los casos, la masturbación no desaparece con la vida sexual activa. En más del 50 % de los encuestados, esta práctica se mantiene y sólo disminuye su frecuencia. En su libro *Sex & Human Sexuality,* Masters y Johnson[5] citan una encuesta hecha por la revista *Playboy* que muestra que alrededor de un 70 % de los norteamericanos casados o con pareja estable seguía masturbándose, por lo menos de vez en cuando.

Todo indica que la masturbación no es necesariamente el resultado de una vida sexual poco gratificante sino una forma de expresión de la sexualidad y de la búsqueda del placer. No es un sustituto de menor calidad del acto sexual, sino una práctica válida y atractiva en sí misma.

La mayoría de las autoridades mundiales en sexología asume que la masturbación adulta es una forma legítima de la actividad sexual y puede coexistir sin mayores problemas con el sexo en pareja.

Sólo se considera como expresión de un trastorno cuando se presenta de manera compulsiva o cuando se practica en forma exclusiva habiendo otras posibilidades de satisfacer la libido. Es decir, cuando se prefiere siempre la masturbación teniendo una pareja sexual.

En tales circunstancias, debe enfrentarse como cualquier otro acto compulsivo. Es tan enfermizo masturbarse ansiosamente como lavarse las manos cincuenta veces al día.

Son innumerables las mujeres que afirman tener mejores orgasmos con la masturbación que con el coito. A diferencia de lo

5. William Masters y Virginia Johnson, *Sex & Human Sexuality*, Little Brown Co., Nueva York, 1982.

que ocurre durante la cópula, en la masturbación la mujer se toma todo el tiempo que quiere, estimula exactamente sus áreas más sensibles y lo hace de la manera más eficiente. Desgraciadamente, son pocas las que se atreven a comunicar esta información a sus parejas y, por lo tanto, pierden la oportunidad de incorporar ese placer a su relación sexual.

Sin embargo, aunque los orgasmos sean más poderosos y más rápidos durante la masturbación, no reemplazan el acto sexual. Como hemos visto en los capítulos anteriores, para la mujer, el camino hacia el orgasmo es tanto o más importante que la meta misma. La cercanía y los componentes emocionales que provee una relación sexual proporcionan una satisfacción que el orgasmo solitario no puede reemplazar, por más intenso que sea.

Al buscar el placer en forma solitaria, las mujeres se sienten libres para desatar todas las fantasías eróticas que le ayudan al orgasmo. Por el contrario, durante una relación sexual con su pareja, se sienten traidoras y culpables si sus ensoñaciones incluyen a otros hombres, aunque se trate de seres tan inalcanzables como Richard Gere o Harrison Ford.

Parece más fácil aceptar las fantasías en soledad, especialmente cuando éstas entran en abierta contradicción con los propios cánones morales. Así, por ejemplo, en el secreto de la masturbación, muchas mujeres se permiten imaginar que son forzadas violentamente a tener sexo, o que hacen el amor con hombres a los que ni se atreverían a mirar en la realidad, o se visualizan como una vedette o una prostituta. Toda esta ficción les resulta extraordinariamente erotizante pero, al mismo tiempo, las llena de culpa y de vergüenza.

A muchas les cuesta asumir que las fantasías sólo ocurren en la cabeza, que no les hacen mal a nadie, que no forman parte de la realidad, que no se convertirán en verdaderas por más que se piensen. Al revés, pueden transformarse en un complemento y una ayuda a la hora del sexo. No hay razón alguna para privarse de ellas.

Como lo plantearon Masters y Johnson, es altamente probable que si una mujer ha tenido orgasmos durante la masturbación, también los consiga al hacer el amor. Seguramente tendrá que trabajar con su pareja para adaptar sus ritmos, para descubrir los lugares donde le gusta ser acariciada, para intentar nuevas posiciones y para evitar aquellas cosas que le causen rechazo o malestar. Lo concreto es que si una persona tiene orgasmos mediante la masturbación no es frígida.

Uno de los temas más silenciados en torno a la sexualidad —como veremos un poco más adelante— sigue siendo el sexo en el adulto mayor y, dentro de este tabú, el hecho de que la masturbación también se practica en esa etapa.

Es escasa la información respecto de la sexualidad en la vejez, sin embargo, un estudio muy importante de los investigadores Starr y Weiner,[6] realizado en 1981, señala que aproximadamente la mitad de las personas entre sesenta y setenta años se masturba de vez en cuando. Entre los setenta y los noventa años, ese porcentaje disminuye y se sitúa entre un 30 y 40 %.

Estos resultados indican que la masturbación es parte integral de la sexualidad humana desde el comienzo hasta el fin de la vida.

Por cierto, esto no quiere decir que sea una obligación. Es completamente legítimo que algunas personas opten por no practicarla, ya sea por razones particulares, culturales o religiosas. Nunca hay que olvidar que las decisiones sexuales son absolutamente personales y deben ser respetadas como tales.

Coito

Si observamos con atención la anatomía humana, resulta evidente que tiende a favorecer el orgasmo masculino. La naturaleza ha

6. William Masters y Virginia Johnson, *Heterosexuality*, Harper Perennial, Nueva York, 1995.

otorgado a los hombres una cierta ventaja al dotar a sus compañeras sexuales de una vagina tibia que se autolubrica, se acomoda al tamaño del pene y tiene una hechura especialmente adecuada a la frotación que éste requiere para llegar fácilmente al orgasmo.

En general, unos pocos minutos de fricción son suficientes para que un hombre alcance el orgasmo. La anatomía femenina está hecha para que él tenga una rápida eyaculación.

Las mujeres, en cambio, más allá de los niveles de deseo que experimenten, tienen que enfrentar la realidad de un pene que no está equipado para estimular automáticamente el clítoris, ni el punto G, ni tampoco provocar las contracciones de los músculos vaginales, ¡ni menos todo esto en forma simultánea!

En la mayoría de las posiciones de la cópula ni el clítoris, ni el punto G, ni los músculos vaginales reciben la estimulación directa o indirecta que se requiere para provocar el orgasmo en la mujer.

A diferencia del orgasmo masculino, el femenino no está garantizado por la anatomía humana.

La facilidad de la experiencia sexual varía de una pareja a otra, según lo bien que encajen los cuerpos y las posiciones que se usen, pero el pene siempre recibe estimulación directa, mientras el clítoris y las demás zonas clave de la mujer sólo son estimuladas indirectamente por el coito mismo.

Si bien hay mujeres a las cuales les basta la estimulación indirecta de la penetración para excitarse y llegar al orgasmo, la gran mayoría necesita una estimulación adicional del clítoris —ya sea manual u oral— o del punto G, lo que implica posiciones específicas y muchas veces también una activación manual.

Desgraciadamente, hombres y mujeres tienden a pensar que esta estimulación adicional es algo anormal, que se produce cuando la mujer no es lo suficientemente sensual, o cuando tiene alguna tendencia a la frigidez.

Es lo que cree Inés, cuarenta y ocho años, economista, tres hijos: «Yo nunca he podido integrar mi sexualidad a la relación. Él, después que termina, siempre tiene que estimularme a mí con la mano para que acabe yo. Como un asunto que pasa aparte, en otro momento. Por eso yo digo que tengo distorsionada mi sexualidad, no puedo hacerlo como la otra gente».

Los orgasmos pueden incluir sensaciones intensas en otras partes del cuerpo. Muchas mujeres reportan una conexión entre lo que sienten en la vagina y lo que experimentan alrededor de la boca o de los pechos. No hay que olvidar que el cuerpo completo de la mujer es una zona erógena, no sólo sus genitales.

Macarena, treinta años, casada hace cuatro, se queja de que su pareja suele olvidar el conjunto de su ser: «Cree que yo sólo quiero un pene duro empujando fuerte dentro de mí. Me carga cuando se olvida del resto de mi cuerpo».

Un buen amante aprende a proveer las caricias apropiadas en los lugares precisos, con la mano, con la boca, con el cuerpo entero. Y puede hacerlo antes o después de haber tenido su propio orgasmo.

Si un hombre está apurado, si su objetivo principal es la penetración, si se concentra en los juegos sexuales sólo como un paso previo a la eyaculación, es posible que su compañera no esté nunca lo suficientemente excitada como para llegar al orgasmo durante el coito. O puede estar todo lo excitada que se requiere, pero no alcanza el orgasmo porque cuando la acción se desplaza a la vagina y a la frotación del pene en su interior, se deja abandonado el clítoris y toda la región pelviana.

Es tan compleja la sexualidad femenina que cada mujer tiene su propio patrón orgásmico. Se trata de una marca tan personal y tan única que, en 1978, en el Congreso Internacional de Sexología de Roma, los sexólogos W. Hartman, M. Fithian y B. Campbell[7] llamaron a esta particularidad «la huella digital orgásmica de la mujer».

7. W. Hartman, M. Fithian y B. Campbell, «The Polygrafic Survey of Human Sexual Response», Congreso Internacional de Sexología, Roma, 1978.

A diferencia de lo que ocurre entre los hombres, que son bastante parecidos unos a otros a la hora del orgasmo, entre las mujeres prácticamente no hay una igual a la otra. Tal como ocurre con su huella digital, su patrón orgásmico parece ser absolutamente individual.

Así, por ejemplo, algunas mujeres tienen un solo orgasmo muy intenso, otras lo experimentan de manera más suave y tenue, otras tienen una seguidilla de pequeños orgasmos que son descritos como un orgasmo más largo, otras tienen uno muy intenso seguido de otro más suave. Las vivencias son infinitas y, además, varían ampliamente en la misma mujer.

Al describir sus experiencias, las mujeres enfatizan que el clímax no se siente siempre de la misma manera. Así como dos besos no son nunca iguales, del mismo modo no hay dos orgasmos idénticos.

Como hemos visto a lo largo de todo el libro, el sexo no es meramente físico, la mente, las emociones, los sentimientos tienen aquí también una fuerte influencia. Un orgasmo en medio de una gran pasión amorosa tendrá, sin duda, una intensidad distinta al vivido en medio de una atracción física pasajera.

No existe un molde predeterminado en el que la mujer tenga que insertarse con su rol sexual. No hay una meta ni un orgasmo específico que deba alcanzar para rendir correctamente.

Con seguridad, las parejas dispuestas a experimentar y aventurar libremente durante el acto sexual descubrirán nuevas formas de llegar al orgasmo que serán tanto o más placenteras que aquellas que surgieron espontáneamente. Sin embargo, es indispensable respetar —sin presiones— a quienes por personalidad o por educación prefieren no explorar más allá de sus prácticas habituales.

4. Después de los sesenta

Para la inmensa mayoría de los seres humanos el instinto explorador no tiene fin. Sin embargo, cuando se trata de sexo pareciera que este impulso debe agotarse a cierta edad y el placer quedar relegado a los recuerdos. La vida sexual de los adultos mayores es una verdadera caja negra, negrísima, un tema en el que pocos se atreven a hurgar y mucho menos a hablar. Es un asunto absolutamente tabú, lleno de misterios, especulaciones, mitos, fantasías y mentiras descaradas. Es una nebulosa en la que se dan por establecidos un conjunto de falsos supuestos.

El sexo después de los sesenta es de aquellas materias sin ningún interés, que supuestamente no le importan a nadie y, por lo tanto, dejan de hablarse y de existir. Es otra de esas castraciones del lenguaje en las que un problema sencillamente se elimina por el simple hecho de que nadie habla de él.

Sin embargo, y aunque muchos se sorprendan, los pocos estudios existentes[8] muestran que las barreras para una vida sexual satisfactoria en la tercera edad son más bien sociales que biológicas. La sociedad actual, con toda su modernidad, su revolución sexual y su liberalismo, no ha abierto aún el placer sexual a las personas mayores que pronto serán la mayoría de la población.

Se da por establecido que la actividad sexual disminuye paulatinamente a partir de los sesenta años hasta desaparecer. En los hombres, la sexualidad añosa despierta una suerte de picardía burlona que se traduce en expresiones como «este viejo se las trae» o «mira cómo sigue revolviéndola, todavía se la puede».

8. Hodson, D., y Skeen, P., «Sexuality and Aging: The Hammerlock of Myths», *Journal of Applied Gerontology*, 13 (3), 1994; «Healthy Sexuality and Vital Aging», National Council of Aging, Washington DC, 1998; «Sexual Activity Survey», Association of Reproductive Health Professionals, Washington DC, 1999; Byer, C., Shainberg, L., y Galliano, G., *Dimensions of Human Sexuality*, Boston, McGraw Hill College, 1999.

Pero en las mujeres es definitivamente un tema cerrado. Las abuelas —tengan o no nietos— son vistas como personas sin sexo, que no pueden, no deben y no desean una relación sexual.

Estas expectativas sociales están fuertemente arraigadas a la idea de que el romance y el atractivo físico son asuntos de juventud y a la convicción profunda de que así es como debe ser. Más aún, que en los años mozos el sexo es una obligación pero en la vejez el mismo instinto se vuelve inmoral, cochino, pervertido hasta degenerado.

Cuando Fernanda, cuarenta y cuatro años, separada, supo que su mamá tenía un novio se puso dichosa. «Me pareció maravilloso que no estuviera sola, que a los setenta y cuatro años fuera capaz de conseguir un caballero de sesenta y cinco y hasta buen mozo. Pero cuando me di cuenta que de repente andaba con una maletita con sus cosméticos y una camisa de dormir y que se quedaba a dormir con él, casi me muero. Me pareció chocante, me dio angustia, no lo podía encontrar normal.»

Esas situaciones se toleran en cierta gente especial, en personas muy bien conservadas físicamente —que claramente no revelan su edad— o en artistas como María Cánepa, Nicanor Parra, Picasso o Borges, pero jamás en personas comunes y corrientes, y menos del propio entorno. La excentricidad de los artistas y el ideal de belleza juegan también en esta etapa un rol clave. Una persona vieja, fea, arrugada y desconocida, que asumiera abiertamente una sexualidad activa, sería rápidamente calificada como degenerada y libidinosa.

Se crea un círculo vicioso en el que no se habla del tema, el sexo comienza a quedar fuera de las expectativas y los mayores se van convenciendo sutilmente de que ya no tienen derecho al sexo. Entonces, como en otros aspectos, también el sexo después de los sesenta termina por esconderse. Se practica en forma oculta y no se confiesa ni a los más íntimos. Los mayores que osan mantenerse activos saben que el cuidado y la delicadeza son indispensables para no correr el riesgo de recibir acusaciones ofensivas y denigrantes.

Lo cierto es que mientras los hombres intentan mantenerse activos buscando el apoyo de jovencitas dispuestas a estimularlos, las mujeres —más allá de lo que ocurre con sus cambios hormonales— simplemente comienzan a asumir que el sexo ya no les interesa, se van acostumbrando a la idea de que no es algo para ellas. De alguna manera, sienten que cumplieron con esta materia: ya se casaron, tuvieron hijos, no tienen la angustia imperiosa de tener pareja.

En cierto modo se produce una cierta liberación, una mujer sola a los cuarenta se percibe —y muchas veces se siente— un fracaso como mujer. A los sesenta, en cambio, una mujer sola puede estar tremendamente serena y satisfecha. Sin embargo, esto no significa que, más allá de una posible disminución de la libido, la mujer mayor no sea capaz de tener una vida sexual gratificante.

Durante siglos la sexualidad se vivió íntimamente relacionada con la reproducción y, por lo tanto, era natural pensar que la mujer posmenopáusica dejaba de tener deseo, falsa creencia reforzada por los cambios hormonales que evidentemente se producen con la menopausia. Para muchas mujeres el terminar con el sexo era casi un alivio. Ya hemos visto que sus necesidades sólo comenzaron a tomarse en cuenta hace muy pocas décadas, por lo tanto, eliminada su capacidad reproductiva, podían descansar de esta obligación que en muchos casos resultó ser otro deber, más bien pesado que un placer gratificante.

Si bien es efectivo que en una gran mayoría de los casos se produce una disminución del deseo, no es fácil discriminar cuántos de ellos se deben exclusivamente a las expectativas terminales respecto de la menopausia. En muchas mujeres, la sola idea de la menopausia se traduce en depresión por la inminencia del fin de su sexualidad, por la clausura de una etapa de la vida que puede haber sido más o menos placentera, pero que simboliza con mucha fuerza el paso del tiempo y la llegada a la vejez. Ese solo estado psicológico redunda en una falta de deseo que se retroalimenta permanentemente y que es confirmado por el entorno social que supone que los viejos no son capaces o no están interesados en el sexo.

A medida que disminuye su producción hormonal, las paredes vaginales se adelgazan y pierden elasticidad, lo que puede producir malestares durante el coito. Pero estas dificultades fisiológicas son hoy completamente subsanables a través del reemplazo hormonal, de tratamientos de aplicación local de estrógeno en la vagina y otras formas específicas de enfrentar los síntomas. Sin embargo, la mayoría de las mujeres encuestadas manifiesta que su capacidad para conseguir el orgasmo se mantiene casi intacta hasta muy avanzada edad. Sólo aumenta el tiempo que requiere para alcanzarlo que, a veces, es mayor al que estaba acostumbrada.

Más allá de todas las terapias, lo cierto es que no parece haber una verdadera razón para poner fin a la vida sexual. También a esta edad el deseo está íntimamente relacionado con lo psíquico. Tal es así, que ingerir una píldora de Viagra no sirve para nada si no va acompañada de un fuerte estímulo erótico, que es el que en definitiva produce la erección.

La sexualidad de los adultos mayores, sus características y sus necesidades han sido rotundamente ignoradas, no sólo por la familia sino también por médicos, psicólogos, por la literatura y los medios de comunicación. Recién el tema está comenzando a tratarse tímidamente. Pero aún, la preocupación relevante de la familia y del equipo médico circundante es que el viejo esté cómodo, bien alimentado y sano, pero en ningún caso que tenga las posibilidades de mantener una vida sexual activa y placentera. Eso ya no es parte de la vida que le corresponde al abuelo. ¡Y mucho menos a la abuela!

Esta realidad lleva a muchos a cerrar inútilmente un capítulo de sus vidas y volverse sexualmente inactivos a una edad en que aún podrían estar gozando plenamente de la intimidad de la pareja. Casos como el de Matilde, sesenta y cinco años, viuda, son estremecedoramente reveladores: «Jamás imaginé que el mejor sexo de mi vida llegaría después de los sesenta; ahora es un placer sereno, profundo y lleno de significado. A veces me asusta un poco porque si bien ya no estamos en edad de formar una familia, cuesta aceptar esa situación sin estar casados. Al final me saco la culpa de encima pensando que ya fui una buena madre y esposa y ahora tengo derecho a gozar de este regalo inesperado».

Se trata sin duda de un regalo, especialmente, para miles de adultos mayores que viven en una tremenda soledad. Poco a poco llega la hora de hablar del tema con honestidad, de reconocer que durante generaciones se aceptaron —incluso entre los viejos— estereotipos negativos, que relegaron el sexo después de los sesenta a una extravagancia o incluso a una perturbación.

Sin embargo, a medida que las expectativas de vida aumentan, que la población envejece, el tema adquiere mayor importancia y cada día son más quienes se ocupan del adulto mayor en todos sus aspectos: la alimentación, la salud, el turismo, la gimnasia, las clases de baile o informática. Está surgiendo la convicción de que terminada la llamada «vida activa» comienza una nueva etapa integral y llena de opciones interesantes. Una etapa en que se puede vivir de todo y pasarlo más que bien. La sociedad está dando cada vez más respuestas a esta nueva etapa que ya no se percibe como el fin de la vida sino como un período grato, sin apuros, libre de la responsabilidad frente a los hijos, de las exigencias laborales, de los roles sociales. Una de las grandes ventajas de la vejez es precisamente la libertad.

Aunque el sexo no se incorpora aún abiertamente a esta variada gama de intereses, son las nuevas prácticas las que están convirtiendo a los abuelos en personas jóvenes de espíritu, aptos y sanos físicamente, deseosos de viajar, de pasarlo bien y, también, de continuar con una vida sexual activa como la de Matilde.

Cada día es más común ver cómo se forman nuevas parejas, que se conocen en un viaje, en un centro de baile, en alguna comida de amigos. Sin embargo, los prejuicios están tan arraigados que esos romances se observan tiernamente pero como si no fueran a dormir juntos o como si fueran a tener un sexo casi infantil de un par de caricias furtivas. Pocos son capaces de mirarlos también como una pareja que llega a la cama, se desea, se estimula y goza sexualmente.

Esto lleva a que también en los años dorados, el sexo conlleve una carga de culpa que obliga a disimularlo. Los propios abuelos participan de la idea de que a medida que uno entra en años y madura, los intereses sexuales debieran calmarse porque lo contrario sería signo de senilidad.

Bailar no es sinónimo de senil, al revés, es señal de energía y encanto. Lo mismo ocurre cuando se viaja solo —o sola— sin necesidad de nieto alguno para hacerle compañía. Pero otra cosa muy distinta parece ser el deseo de emparejarse y gozar con Eros. Eso ya no es muestra de potencia ni gracia sino de chifladura.

El tema es tan tabú como lo fue antaño la sexualidad toda. Son muy pocas las investigaciones realizadas pero todas ellas contradicen los prejuicios y estereotipos existentes. En general, los estudios concluyen que, con la edad, el deseo o la necesidad por el sexo no disminuye necesariamente de manera significativa. Más aún, que si una pareja está disponible su actividad sexual se mantiene periódica y, lo más relevante, la mayoría de los encuestados está convencido de que la sexualidad contribuye a mantener su salud tanto física como psicológica.

Al mismo tiempo, las investigaciones muestran que la capacidad de erección y de orgasmo continúa indefinidamente. Incluso que alcanzar el orgasmo en hombres y mujeres es una aspiración aunque no siempre se logre. Dan cuenta también del desarrollo de prácticas sexuales variadas, que incluyen además del coito, la masturbación y el sexo oral. Muchos de los encuestados señalaron que tanto la actividad como la satisfacción sexual aumentó con los años en vez de disminuir. Otros reconocieron una disminución de la frecuencia pero confirmaron que el placer se incrementó.

Estos datos aún preliminares —considerando la escasez de información— indican que hay una inmensa posibilidad de satisfacción sexual, hasta ahora reprimida.

En cuanto a los problemas que se presentan, los estudios mencionan como las principales fuentes de frustración la impotencia, una demora excesiva para alcanzar el orgasmo y las dificultades para encontrar un compañero sexual. Es decir, los mismos problemas de siempre, quizás el único que se incrementa es justamente el de encontrar una pareja, porque si bien esto no es fácil para las mujeres de cuarenta, ¡mucho menos para las abuelas!

Pero afortunadamente, para todos estos males hay remedios y alternativas: el conocido Viagra para combatir la impotencia y los nuevos productos que permanentemente están apareciendo.

Sin embargo, mantener el interés por el sexo a lo largo de todo el ciclo vital no significa que, después de los sesenta, hombres y mujeres tengamos los mismos patrones de comportamiento. Las diferencias fundamentales siguen inalterables: una enorme variedad en la aparición e intensidad de las respuestas sexuales.

Lo que sin duda ocurre con la baja progresiva de la testosterona[9] es una demora en la velocidad de la respuesta fisiológica, se requiere más tiempo para la erección y también se hace más largo el período refractario, es decir, el tiempo necesario para una nueva erección después de la eyaculación. El sexo se hace menos urgente, las erecciones son menos frecuentes, puede ser más difícil sostenerlas, y la eyaculación es menos imperiosa. Como lo hemos dicho reiteradamente, hay una gran diferencia entre un ser humano y otro frente a cada uno de estos temas, pero las estadísticas muestran que la mayoría de los hombres al acercarse a los sesenta disminuye a la mitad su capacidad de respuesta sexual comparada con

9. Testosterona: hormona producida principalmente en los testículos, que actúa sobre el desarrollo de los órganos genitales y de los caracteres sexuales secundarios masculinos.

la que tenía a los veinte años. Esto significa la mitad de la potencia y la mitad de las eyaculaciones.

¿Por qué entonces quienes viven la experiencia de los años dorados aseguran que el placer se incrementa? Probablemente la respuesta está en una realidad que ya mencionamos con anterioridad y que bien podemos aprender mucho antes de la tercera edad: la sexualidad deja de estar centrada exclusivamente en la genitalidad.

Si bien la cantidad de encuentros sexuales se ve afectada por la edad, la calidad del placer se mantiene o aumenta, según declaran los propios involucrados. La mayoría de los hombres, a menos que tengan un problema de salud, son capaces de participar y disfrutar del sexo durante toda su vida. Su incapacidad para sostener o alcanzar una erección suele deberse más a la ansiedad y a la profecía autocumplida del fracaso que a su verdadera capacidad fisiológica. En ese sentido, el Viagra es quizás una ayuda sustantiva más en lo psicológico que en lo físico.

En cuanto a las mujeres, el mito de que la menopausia cierra de manera inevitable la ventanilla del sexo ha sido completamente desmentido por la realidad. Más aún, la declinación de su deseo y su capacidad de respuesta sexual es mucho más lenta y gradual que en los hombres. Los estudios revelan que a medida que las mujeres superan la etapa reproductiva y se desligan de sus responsabilidades maternales su disponibilidad y habilidad para el sexo se intensifican.

Los problemas de salud propios de la edad —corazón, presión, problemas circulatorios— a veces hacen necesario adaptar la vida sexual a otros formatos pero de ninguna manera tienen por qué impedirla. Los medicamentos que se recetan con tanta facilidad sin importar que inhiban el apetito sexual o disminuyan la capacidad de erección o el orgasmo constituyen una inexcusable falta de respeto a las personas. No hay razón para someterse a este tipo de problemas, es indispensable buscar una solución que, en la mayoría de los casos, los equipos médicos pueden encontrarla con un poco de dedicación y perspicacia. Para ello, es indispensable que los pacientes se atrevan a contar y a preguntar, y que los profesionales abran la mente y desechen los prejuicios históricos que le robaron el sexo a los abuelos.

Por lo tanto, el verdadero problema, el gran desafío de los años dorados frente al sexo no está en la falta de libido ni en las dificultades fisiológicas sino en la escasez de compañeros sexuales, especialmente para las mujeres.

En la búsqueda de la eterna juventud, es común que los adultos mayores busquen la admiración de mujeres jóvenes, no tanto para reafirmar su potencia sexual, sino más bien su identidad y su valor en un mundo que valora sobremanera la juventud y el atractivo físico.

El entorno social acepta e incluso admira al hombre capaz de conquistar una pareja veinte años menor, pero no ocurre lo mismo en el caso inverso. La sociedad mira con malos ojos a las mujeres mayores que se relacionan con hombres jóvenes. Si se considera que las mujeres viven alrededor de siete años más que los hombres, su situación es aún más grave porque estando dispuestas, con ganas y capaces de vivir una sexualidad plena, los compañeros de su edad están interesados en mujeres más jóvenes, mientras ellas —salvo excepciones— son castigadas si se atreven a transitar por el mismo camino. Más allá de los epítetos ofensivos que reciben, ambos se pierden una excelente oportunidad de tener una experiencia enriquecedora y placentera. La sociedad no puede seguir condenando a las mujeres a una sexualidad reprimida por la diferencia de edad.

El sexo después de los sesenta es tan válido, posible y legítimo para hombres como para mujeres.

VI

Epílogo: El porqué del sexo

Los «porqué» tienen que ver con la motivación para el sexo más allá del instinto animal y la reproducción de la especie. Tienen que ver con las razones por las cuales las mujeres deben abrirse al goce y a una vida sexual que las enriquezca. Son los argumentos que permiten entender ese esfuerzo —a veces desmesurado— por superar bloqueos psicológicos, mejorar la comunicación y trabajar activa y conscientemente por una sexualidad plena. Los «porqué» son infinitos, y probablemente cada persona podría agregar su razón propia e íntima, a las que enunciamos a continuación.

1. Porque abre un mundo de posibilidades

El sexo permite adentrarse en una gama de capacidades que son de la esencia del ser humano y que, en el caso de la mujer, la llevan a descubrir a la hembra que hay en ella. El sexo es un camino privilegiado para detectar esa faceta propia de la femineidad que la impulsa hacia el encuentro amoroso y la sexualidad, como fuentes inagotables de placer y de crecimiento personal.

Tal como la abstinencia sexual es un derecho y un valor para muchas culturas, el sexo y el placer también deben considerarse un derecho y un poderoso espacio de crecimiento.

Cuando es vivido sin ansiedades, sin obstáculos ni amarguras, el sexo expande fronteras, conectando la sexualidad con el ser integral de la persona, con su salud, sus emociones, sus relaciones interpersonales, su entorno, su mundo, sus fantasías. El sexo es una fuente de poder ya que, en la unión con el otro, se abren y se amplían los canales de energía propios de cada uno.

2. Porque comunica

El sexo inventa un lenguaje nuevo, una manera especial de presentarse frente al otro. Construye una forma distinta de dar y recibir, de ofrecer cariño y de expandir las acciones conjuntas. Desde tiempos inmemoriales, hombres y mujeres se han conocido, entendido y sentido a través de esas vibraciones químicas que constituyen el lenguaje originario.

El sexo abre el yo más profundo de la persona. Permite acceder a zonas distintas, muchas veces desconocidas, para transmitirlas al otro y, al mismo tiempo, recibir mensajes que el lenguaje común no sabe descifrar.

3. Porque aflora la sensualidad

A través del sexo se reconocen los propios impulsos.

Muchos hombres y mujeres temen enfrentarse con sus potencialidades y sus instintos básicos. Reprimen su sexualidad ante el miedo que les produce encontrarse con su ser más primitivo.

El sexo es fuente de placer, es apropiarse del propio cuerpo, de sus sentidos y sensaciones, de aquellos deseos y necesidades que, sobre todo en las mujeres, suelen perderse en algún escondite remoto. Con el sexo se recuperan el bienestar y el goce de la propia piel, la habilidad de estar conectados con el yo más interno, de suspender el tiempo y comunicarse únicamente a través de los sentidos.

Cuando el sexo sólo busca llegar a la meta, esta sensualidad se mantiene dormida. Y como los humanos somos seres integrales, con mente y cuerpo férreamente unidos, los sentidos también permanecerán inertes en otras áreas. Por el contrario, cuando las personas integran su sensualidad, ésta abre puertas y suaviza la existencia en todos los aspectos de la vida.

4. Porque crea intimidad

El erotismo que surge en la relación sexual es una forma poderosa de intimar, de compartir significados y emociones profundas. Es un abrirse mutuo para transmitir nuestra esencia más recóndita y, al mismo tiempo, captar la naturaleza más secreta del otro.

En la intimidad, la presencia de uno valida la del otro. De ese vínculo emerge la habilidad para compartir pensamientos y sentimientos cargados de comprensión, unidad y continuidad. Más allá de la realidad física, allí se produce la mayor cercanía posible entre dos seres humanos, y las mujeres la buscan con avidez.

Es una cercanía que permite balancear la propia individualidad con la poderosa necesidad de un «nosotros», de ser dos.

5. Porque es un pilar de la autoestima

Al comenzar el tercer milenio, las mujeres han conquistado su derecho a tener sexo, pero a costa de rendir correctamente. Por lo tanto, el sexo es hoy una fuente indispensable de valoración personal. Si existe carencia o déficit en ese plano, la mujer se sentirá invadida por dos sentimientos extremadamente dolorosos: la culpa y la vergüenza.

La culpa, por haber fallado, por no haber cumplido la tarea. La vergüenza, por ser defectuosa, incompleta, anormal.

Estar en armonía con las necesidades sexuales significa aceptarse y quererse, lo que, por cierto, se traduce en una seguridad personal que se irradia a los demás.

6. Porque relaja y emerge el ser auténtico

En la vida agitada y tensa que viven las mujeres desde mediados del siglo XX, el sexo es el camino para reencontrarse con su propio ser. El diario vivir las va alejando de su espontaneidad, de su verdadera personalidad y, sobre todo, del cuerpo y sus necesidades íntimas. Orientadas al bienestar de los demás por su rol maternal, las mujeres son expertas en producir placer pero, irónicamente, son torpes a la hora de recibirlo y gozarlo.

El sexo es un asunto lúdico, jovial y primitivo, que relaja y conecta con el yo auténtico y básico.

7. Porque alimenta los afectos

Más allá del desarrollo personal que la mujer encuentra en el sexo, éste es indispensable para cimentar una relación de pareja estable.

Las relaciones pasajeras son cada día más comunes y aceptadas socialmente. Muchas de ellas logran altos niveles de placer, de satisfacción e intimidad. Pero también es necesario que la sexualidad se desarrolle y alcance su plenitud dentro de relaciones estables, más allá de la adrenalina del enamoramiento, y evitando que la rutina adormezca los sentidos.

Hemos visto a lo largo del libro que no hay nada mejor para el buen sexo que una relación de complicidad, confianza y afecto. Sin embargo, muchas parejas no toman conciencia de la íntima conexión que existe entre sexualidad, amor y romance, desperdiciándose un gran potencial amatorio. Se pierden en la rutina, sin asumir que el amor es uno de los afrodisíacos más potentes de la naturaleza.

8. Porque el romance es indispensable

El amor romántico, el que se vive al inicio de la relación, ese amor exquisito y arrebatador, ese amor que huele a eterno, el de Romeo y Julieta, suele ser —por desgracia— de muy corta duración.

Por lo tanto, el amor que se necesita en la vida real, el que se requiere para lograr una relación larga y apasionada, es uno distinto. Uno que no se evapora en el día a día.

Es un romance coqueto, lúdico, pícaro. Es aquel que implica un esfuerzo cotidiano por considerar al otro, por sorprenderlo. Es el que está ligado a los aspectos sensibles del ser humano, el que crea una relación en la que abundan el afecto físico, las caricias y los besos. Es el amor que revela la atracción física, que deja en evidencia el desear y ser deseado.

Entre adultos, no hay romance sin sexualidad.

9. Porque ¡cómo vivir sin pasión!

El sexo es lo que imprime pasión a la vida humana. Es el entusiasmo, la fogosidad, el erotismo lo que rompe la monotonía.

La pasión es imprescindible porque evidencia la capacidad erótica del ser humano que no debe adormecerse. Es esencial al ser mujer.

A través de la pasión, se tiene el poder para concretar un encuentro sexual amoroso. En medio de la vida más agitada e intensa, la pasión crea el tiempo y el espacio para el amor. Que es, en definitiva, una necesidad esencial e ineludible para toda mujer. Y de todo ser humano.

Mujeres: la sexualidad secreta, de Patricia Politzer y Eugenia Weinstein
se terminó de imprimir en enero de 2010 en
Worldcolor Querétaro, S.A. de C.V.
Fracc. Agro Industrial La Cruz
El Marqués, Querétaro
México